本书是教育部青年基金项目"川陕革命老区留守儿童的教育问题与精准扶贫战略研究"（编号18XJC880013）结项成果。

川陕革命老区
留守儿童关爱实践研究

杨川林◎著

图书在版编目（CIP）数据

川陕革命老区留守儿童关爱实践研究 / 杨川林著. -- 成都：四川大学出版社，2024.12
ISBN 978-7-5690-6848-1

Ⅰ. ①川… Ⅱ. ①杨… Ⅲ. ①农村－少年儿童－社会服务－研究－四川②农村－少年儿童－社会服务－研究－陕西 Ⅳ. ① D669.5

中国国家版本馆 CIP 数据核字（2024）第 083230 号

书　　名：	川陕革命老区留守儿童关爱实践研究
	Chuan-Shan Geming Laoqu Liushou Ertong Guan'ai Shijian Yanjiu
著　　者：	杨川林
选题策划：	曾　鑫
责任编辑：	曾　鑫
责任校对：	吴　丹
装帧设计：	墨创文化
责任印制：	李金兰
出版发行：	四川大学出版社有限责任公司
	地址：成都市一环路南一段 24 号（610065）
	电话：（028）85408311（发行部）、85400276（总编室）
	电子邮箱：scupress@vip.163.com
	网址：https://press.scu.edu.cn
印前制作：	四川胜翔数码印务设计有限公司
印刷装订：	四川煤田地质制图印务有限责任公司
成品尺寸：	185mm×260mm
印　　张：	15.75
字　　数：	378 千字
版　　次：	2024 年 12 月 第 1 版
印　　次：	2024 年 12 月 第 1 次印刷
定　　价：	78.00 元

本社图书如有印装质量问题，请联系发行部调换

版权所有 ◆ 侵权必究

扫码获取数字资源

四川大学出版社
微信公众号

序

川陕革命老区是中国共产党领导的红四方面军在川陕边界建立的革命根据地,是土地革命战争时期第二大苏区,为中国革命胜利做出了重要贡献和巨大牺牲。川陕革命老区以原川陕苏区为核心,范围包括陕西省四个地级市(宝鸡、汉中、安康、商洛)、四川省五个地级市(绵阳、广元、南充、达州、巴中)以及重庆市城口县等共68个县(市、区),总面积15.7万平方公里,2015年末户籍人口3636万人。[①]

2015年2月14日,习近平总书记到陕西考察工作期间,专门到陕西省延安市杨家岭福州希望小学看望那里的师生。习近平总书记离别的时候对大家说:"革命老区、贫困地区要脱贫致富,从根儿上还是要把教育抓好,不能让孩子输在起跑线上。国家的资金会向教育倾斜、向基础教育倾斜、向革命老区基础教育倾斜。"[②] 正如习近平总书记所言,革命老区要把教育抓好,重点就是要处理好革命老区数量庞大的留守儿童的问题。

改革开放以来,亿万农民去往城市和沿海地区,追求更多的机会、更高的收入和更好的生活水平。留守儿童便是伴随着这亿万农民工的出现而产生的,它作为一个新型而特殊的群体,需要人们给予更多的关注。中国的留守儿童,大多数在西部地区,其中川陕革命老区则是最为集中的区域之一。[③] 川陕革命老区留守儿童的教育关乎中华民族伟大而史诗般复兴的根基问题以及红色基因传承问题。[④] 党的十九大以后,以习近平同志

[①] 国家发展改革委. 发展改革委关于印发川陕革命老区振兴发展规划的通知(发改地区〔2016〕1644号), http://www.gov.cn/xinwen/2016-08/04/content_5097513.htm, 2016年08月04日.

[②] 习近平:脱贫致富从根儿上要把教育抓好. http://www.xinhuanet.com/politics/2015-02/15/c_1114372674.htm, 2015年02月15日.

[③] 中华全国妇女联合会课题组. 我国农村留守儿童、城乡流动儿童状况研究报告. http://news.china.com.cn/txt/2013-05/18/content_28862083.htm, 2013年5月18日.

[④] 习近平:做好红色基因的传承和传播. http://www.xinhuanet.com/politics/leaders/2019-09/17/c_1125003316.htm, 2019年09月17日.

为核心的党中央顺势而为，旗帜鲜明地带领全国人民，以"补弱""爱小"与"反哺"的精准扶贫方式，源源不断地向川陕革命老区送来关爱，赢得了大山区万千老百姓的拥护和信任，产生了广泛的社会影响。同时，在大山外也形成合力，全力爱护老区成千上万的留守儿童，彰显了中华民族扶弱济贫、关爱幼童的传统美德，接续传承了中国共产党以人民为中心的思想。

全面总结川陕革命老区留守儿童关爱历史以及关爱行动，既是对历史的梳理与总结，更是对未来的展望与期待。本书秉持着对历史有责、对儿童有用、对社会有益的态度，仔细梳理川陕革命老区所有县级区域的关爱案例与关爱实践，讲述了全社会关爱川陕革命老区山区孩子的感人故事。要想社会更多地了解和接受革命老区的留守儿童，消除一些社会偏见以及误解，就要主动把老区关爱留守儿童的实践说清楚，让社会了解留守儿童关爱的现状，引导更多的力量助力川陕革命老区山区留守儿童的关爱实践。让世界对老区的留守儿童多一分理解、多一分支持、多一分帮助。妥善解决川陕革命老区留守儿童的教育问题，既是执行《川陕革命老区振兴发展规划》（发改委〔2016〕1644号）的现实行动，也是落实《国务院关于加强农村留守儿童关爱保护工作的意见》（国发〔2016〕13号）的川陕范本。让川陕革命老区成千上万的留守儿童们快乐而幸福地成长，让革命老区万千农民工在他乡安心地工作，让党中央放心革命老区对红色血脉的赓续和对红色基因的传承。对川陕革命老区留守儿童的关爱，是新时代中国共产党全心全意为人民服务的体现，也是贯彻习近平总书记在川陕两省关于革命老区教育问题的系列讲话精神的重要行动。

编 者

2024 年 10 月 10 日

前　言

留守儿童是我国20世纪80年代以来逐渐出现的一个群体，主要分散在各地农村。尤其是在远离城市、交通不便、地理环境复杂、经济相对落后的丘陵和山区地带，留守儿童的人数较多。留守儿童年龄不大，长期远离父母，生活、心理及学习教育条件均不太好。留守儿童的情况逐步引起了全社会的广泛关注，关爱留守儿童的工作也由此开始。笔者在调研中发现，川陕革命老区各级人民政府、民间组织、爱心人士做了非常多的公益爱心行动，不过还没有一本较为全面的专著来介绍总结川陕革命老区关爱留守儿童的情况。

本书采用文献法、案例分析法、田野考察法以及数据分析法等多种研究方法，分别通过CNKI、万方、维普、政府官方网站等学术数据库以及权威信息平台搜集有关资料，以2011年至2020年为限，以具有代表性的川陕革命老区的地域为空间，较为全面地对各时段、68个县（市、区）留守儿童情况进行了梳理。同时也对各级党委政府、社会组织、民间群体等关爱留守儿童的工作，进行了详细的文献收集与整理。结合国家关爱留守儿童的政策演变，划分了川陕革命老区68个县（市、区）关爱留守儿童的阶段特征并梳理出典型的区域特点，以各类表格、对比趋势线、扇形统计图，以及实地场景摄像照片等多种形式向读者展示出来，内容翔实，让读者一目了然，其研究方法与内容表达方式带有一定的独创性。

本书为总结留守儿童关爱特色提供了全新的视角，是首次大规模地对川陕革命老区的全区域留守儿童进行研究的专著，可为政府进一步完善留守儿童政策，为后续研究提供一定的参考依据。本书论述了党与政府是关爱留守儿童的中流砥柱，呈现了十年间川陕革命老区在党中央的坚强领导下在留守儿童关爱领域翻天覆地的变化。本书是首部川陕革命老区留守儿童全区域治理经验梳理与留守儿童乡土关爱案例总结的学术专著，是近年来中国留守儿童关爱史领域第一部立足川陕革命老区的学术专著，具有鲜明的政治站位、时代意义、乡土气息。

早年，笔者在秦岭山区与大巴山区为当地的留守儿童开过讲座，勉励他们好好学习与健康生活，并常年保持着书信联系。笔者曾说过：等他们18岁时，把这本专著的手稿和所有实地调研札记作为成年礼送给他们。同时，告诉可爱的他们：在我们与你们相识之后，无论岁月变迁，我们都会宛如初见，我们的心从未离开过他们。笔者在平凡而普通的职业生涯中，能为党与国家给予留守儿童的大爱著书，能为川陕革命老区68个县（市、区）级政府关爱留守儿童的人间真情见证，能为骨肉分离又自强不息的山区老百姓做一点儿善事，能为可爱的孩子们点亮一盏小灯，是笔者一生中最为荣耀的事情。笔者希望山区的留守儿童不要辜负笔者的期望，勇敢攀登与天天向上，活出属于自己的精彩人生。

"同在蓝天，我们是一家"，谨以此书，献给全世界所有关心与关爱川陕革命老区留守儿童的人们。

目 录

第一章　绪　论 …………………………………………………………… 1
　第一节　留守儿童概况 …………………………………………………… 1
　第二节　国内关爱留守儿童的文献综述与政策演变 …………………… 2
　第三节　本书的研究概述 ………………………………………………… 8

第二章　南充市关爱留守儿童的历史概述与经典案例 ………………… 10
　第一节　南充市关爱留守儿童的现实背景、文献综述与发展历程 …… 10
　第二节　南充市关爱留守儿童的乡土特色与行动年表 ………………… 17
　第三节　南充市关爱留守儿童的经典案例与典型经验 ………………… 63
　本章小结 …………………………………………………………………… 72

第三章　巴中市关爱留守儿童的历史概述与经典案例 ………………… 75
　第一节　巴中市关爱留守儿童的现实背景、文献综述与发展历程 …… 75
　第二节　巴中市关爱留守儿童的乡土特色与行动年表 ………………… 87
　第三节　巴中市关爱留守儿童的经典案例与典型经验 ………………… 109
　本章小结 …………………………………………………………………… 114

第四章　广元市关爱留守儿童的历史概述与经典案例 ………………… 116
　第一节　广元市关爱留守儿童的现实背景、文献综述与发展历程 …… 116
　第二节　广元市关爱留守儿童的乡土特色与行动年谱 ………………… 126
　第三节　广元市关爱留守儿童的经典案例与典型经验 ………………… 157
　本章小结 …………………………………………………………………… 161

第五章 宝鸡市太白县、凤县关爱留守儿童的历史概述与经典案例 …… 164
第一节 宝鸡市关爱留守儿童的现实背景、文献综述与发展历程 …… 164
第二节 宝鸡市太白县、凤县关爱留守儿童的乡土特色与行动年表 …… 173
第三节 宝鸡市太白县、凤县关爱留守儿童的经典案例与典型经验 …… 186
本章小结 …… 188

第六章 重庆市城口县关爱留守儿童的历史概述与经典案例 …… 190
第一节 城口县关爱留守儿童的现实背景、文献综述与发展历程 …… 190
第二节 城口县关爱留守儿童乡土特色与行动年表 …… 207
第三节 城口县关爱留守儿童的经典案例与典型经验 …… 216
本章小结 …… 220

第七章 川陕革命老区关爱留守儿童的教育政策建议与举措 …… 222
第一节 党和政府是关爱留守儿童的中流砥柱 …… 222
第二节 建立有川陕乡土特色的农村留守儿童关爱服务体系 …… 228

后 记 …… 237

| 第一章 |

绪　论

我国数以千万计的留守儿童，大多数在西部地区，其中川陕革命老区（以下简称"老区"）是留守儿童最为集中的区域之一。川陕革命老区留守儿童问题的出现引发了一系列的基础教育问题，如学生辍学、问题少年、校园暴力、心理健康等问题，影响到留守儿童的健康成长与全面发展。川陕革命老区留守儿童所处的年龄段，正是他们接受教育的黄金时间，是世界观、人生观、价值观形成的关键时期，这一时期能否接受良好的教育会对他们一生的发展产生重大影响。

第一节　留守儿童概况

农村青壮年为了追求更好的生活，离开家乡去外地打工，寻找更多发展机会。由于各种原因，他们往往只能将子女、妻子以及父母留在农村。这些留守农村的人群被称为留守儿童、留守妇女和留守老人。国家统计局数据显示，2010年我国有农村留守儿童约6103万人，农村留守老人约4000万人。

外出务工潮给中国社会发展注入了活力，农民工的贡献对匡民经济的快速增长功不可没。然而，大量农村劳动力的流出也对农村的社会结构和家庭带来了前所未有的冲击，一般的家庭，在一年的绝大部分时间里，夫妻或一方外出、一方在家带孩子与务农，或双双外出（亦往往分赴两地），将孩子留给年迈的爷爷奶奶或外公外婆照看，甚至托过给邻居或朋友照顾，团聚的时间少之又少。同时，留守儿童的父母也面临着夫妻关系不和谐的问题，长期分居，缺乏正常、必要的沟通。

留守儿童的主体特征体现在以下几个方面：一是留守儿童的性格特征。在田野考察中，笔者发现，由于得不到家长的引导与帮助，留守儿童容易在性格发展上出现异常，甚至产生价值观的偏离。二是留守儿童的意志特征。不同年龄阶段的留守儿童意志发展水平不同，低龄留守儿童常因抑制反应功能的缺陷。随着留守儿童的年龄增长，适当的干预可让他们学会抑制和延迟自己的反应，他们的问题行为才会得到改善。三是留守儿童的情感需求特征。留守儿童在这一点上表现得更加明显。由于长期缺乏日常亲情的互动，他们有着强烈的情感渴望和心理上对亲情的依恋，内心强烈地渴望他人的关注。四是留守儿童的心理需求特征。他们对安全的需要以及爱与归属的需要格外强烈。留守儿童对爱与归属的需要相比对安全的需要更强烈，主要包括两个方面：第一，对友爱的需要，即留守儿童需要融洽的伙伴关系和忠诚的友谊；第二，对归属的需要，即留守儿童有一种归属于一个群体的感情需求，希望成为群体中的一员，相互关心和照顾。

家庭作为社会共同体的一种最古老的形式，在满足社会的基本需求和维持社会秩序方面起着重要作用。从当前的实际状况来看，家庭功能的失调，主要表现为家长影响式微以及家庭教育功能弱化，这可以说是引发留守儿童教育问题的主因。学校是培养人的场所，学生在这里既要学知识，又要学做人。特别是在 20 世纪 90 年代社会转型期，留守儿童的队伍越来越大，学校既要做好这个特殊群体的监护人，又要为社会培养合格的人才；既要对留守儿童负责，又要对社会负责。在调查中发现，阅览室、文化宫、电影院等社会教育场所配置不够。换言之，以正面形式提供给留守儿童的社会教育平台与载体较少。

第二节　国内关爱留守儿童的文献综述与政策演变

一、留守儿童的概念界定

"留守儿童"，是个空间概念，代表着父母与孩子两地分开，长久不能相见，父子母子因为空间相隔而难以交流；"留守儿童"，也是时间概念，代表着爱与被爱双方时间错位，需要爱的时间与给予爱的时间，无法前后连贯与匹配；解决"留守"儿童最为有效、根本与彻底的办法，就是创造一切条件结束"留守"，让他们"团聚"。一方面，让父母回到孩子身边，家庭在故乡"团聚"，空间与时间上的留守结束。另一方面，孩子走出大山，寻找他们的父母，在异乡和父母"团聚"，结束留守而成为普通儿童。2004年 5 月，教育部基础教育司召开了"中国农村留守儿童问题研究"研讨会，解决留守儿童问题正式进入政府工作日程，并引起了学者的广泛讨论，但不同学者对留守儿童的定义存在较大差异。

（一）全国妇联对留守儿童的定义

全国妇联作为关注我国妇女与儿童的群众性团体组织，于 2008 年发布了《全国农村留守儿童状况研究报告》，推动留守儿童的关爱服务体系建设。该报告中将"农村留守儿童"界定为"父母双方或一方从农村流动到其他地区，孩子留在户籍所在地农村，并因此不能和父母双方共同生活的 17 周岁及以下的未成年"。此定义下的农村留守儿童包含了以下几个特征：一是父母至少一方外出，二是农村户籍，三是儿童年龄需在 17 周岁及以下。但此定义未明确说明父母离家的时长。根据此定义，全国妇联以国家统计局2005年全国1‰人口抽样调查数据和2010年第六次全国人口普查数据推算：2005年全国留守儿童的总数量约为5800万人，到2010年时，这一数量上升至6102万人。

（二）教育部门对留守儿童的定义

关于留守儿童的各项政策主要集中在教育方面，例如，2010年，国务院下发了《国家中长期教育改革和发展规划纲要（2010—2020年）》，提到要建立健全政府主导、社会参与的农村留守儿童关爱服务体系和动态监测机制。2012年国务院下发的《国务院关于深入推进义务教育均衡发展的意见》中再次提到要建立健全农村留守儿童关爱服务体系。2013年，教育部等6部门发布了《关于加强义务教育阶段农村留守儿童关爱和教育工作的意见》，进一步明确了留守儿童的教育和关爱工作的具体思路。以上几个文件虽然从全局上对留守儿童的教育关爱工作做了详细部署，但都未明确界定留守儿童的具体内涵。

随后，教育部自2010年起开始统计全国留守儿童数量，2010—2012年全国义务教育阶段在校生中农村留守儿童数量分别为2271万人，2200万人、2271万人。在2013年的《全国教育事业发展统计公报》中给出了留守儿童的具体定义：农村留守儿童是指"外出务工连续三个月以上的农民托留在户籍所在地家乡，由父、母单方或其他亲属监护接受义务教育的适龄儿童少年"。根据此定义，教育部对农村留守儿童的界定条件为：一是义务教育阶段的学龄儿童，二是农村户籍，三是父母双方外出或有一方外出，四是外出时间需连续3个月以上。依据定义，2015年全国义务教育阶段在校生中农村留守儿童共2019.24万人。

（三）民政部门对留守儿童的定义

2016年，国务院下发了《国务院关于加强农村留守儿童关爱保护工作的意见》（以下简称《意见》），确认民政部为留守儿童关爱保护工作的牵头单位。自此，民政部设立了未成年人（留守儿童）保护处，全面负责摸底排查、完善农村留守儿童信息管理，改变了之前妇联、教育部、团中央等部门共同管理留守儿童的分散格局。《意见》对留守儿童进行了重新界定："留守儿童是指父母双方外出务工或一方外出务工另一方无监护能力、不满十六周岁的未成年人。"随后出台的《关于开展农村留守儿童摸底排查工作的通知》中，将父母外出务工时长限定为6个月以上。民政部长期作为托底保障的部门，从减量的角度出发重新制定了该口径，据此留守儿童数量2016年为902万，2018年为697万。

（四）国家统计局对留守儿童的界定

2015年国家统计局、联合国儿童基金会等机构共同发布的报告中对留守儿童定义："父母双方或一方流动，留在原籍不能与父母双方共同生活在一起的儿童。其中，农村留守儿童是指留守儿童中户籍所在地为农村的儿童，城镇留守儿童是指留守儿童中户籍所在地为城镇的儿童。"该报告显示，我国农村留守儿童数量为4001万人。

（五）留守儿童概念的分歧与定义

在检索到的所有文献资料中，仔细分析会发现"留守儿童"这个概念实际所指并不相同。这也可以从一个方面解释为什么农村留守儿童总体规模数据悬殊。该数据通常有几个版本：①农村留守儿童规模在1000万人（续梅，2004；王玉琼，2005）；②总体规模在2200多万人（段成荣、周福林，2005）；③总体规模在5500多万人（项继权，2005）；④总体规模在5800万人（中国妇联，2008）；⑤总体规模在7000万人（齐学红，2004）。究其原因，主要归因于概念的下述外延不同。

外出形式不同。对于一般农村家庭而言，外出形式无外乎四种：举家外出、丈夫外出、妻子外出、夫妇外出。举家外出形式，这类随迁儿童也就是我们一般所说的"流动儿童"。其他三种也就是父母一方或双方外出，子女留守农村，即所谓"留守儿童"（段成荣，2005）；而有的学者认为，只有父母双方外出才可能产生"留守儿童"（范方、桑标，2005；吕绍清，2006）。

儿童年龄的界定范围不同。按照联合国儿童权利公约，未满18周岁的人都是儿童，因此，留守儿童指的是18周岁以下的人（叶敬忠，2005）。在我国绝大多数学者都将处于义务教育阶段的人认定为儿童，具体年龄认定却比较模糊。留守儿童有的指17周岁以下的未成年人（全国妇联，2008），有的指16周岁以下，还有指14周岁以下。

父母外出时间的限定不同。由于要考虑父母外出打工对留守儿童的影响，鉴于外出时间过短对留守儿童教育的影响并不明显，因此，在研究中需要排除那些外出时间过短的情形，所以，绝大多数界定的外出时间一般在半年以上（郝振、崔丽娟，2007），也有观点认为父母外出打工时间不少于1年。

通过对比全国妇联、教育部、国家统计局以及民政部对留守儿童的定义发现，各部门对留守儿童的年龄、父母外出情况等方面的界定存在差异。关于年龄的差异，全国妇联界定留守儿童的年龄是17周岁及以下，教育部则界定为义务教育阶段内（6～15岁），而民政部统计时的范围则是16周岁以下。关于父母外出情况，全国妇联和教育部界定为父母至少一方外出，而民政部的统计口径则为父母双方外出务工或一方外出务工另一方无监护能力，排除了父母单方外出的情况。关于父母外出时长，教育部认为父母外出时长为3个月，民政部则认为需6个月以上。

参照我国的《义务教育法》，"年满六周岁的儿童，由其父母或者其他法定监护人送其上学接受并完成义务教育；条件不具备的地区的儿童，可以延至七周岁"，本书将留守儿童年龄界定为6～16周岁。因此，本书所提及的农村留守儿童是指农村地区因父母双方或一方长期外出而被父母单方、长辈、他人抚养、照顾及管理或独立生活的，年龄在6～16岁的未成年人。

二、国内留守儿童研究的核心领域与典型范式

（一）基于"留守儿童问题"的研究领域

1. 法律监护问题研究

吕绍清（2006）的研究发现，父母长期外出务工，家庭功能弱化以及交流不便，会对留守儿童的教育带来负面影响，主要体现为监护弱化、监护动荡、逆向监护、动态留守。朱俊芳（2005）等通过调查以及深度访谈认为，原生家庭功能缺失，导致留守儿童多是隔代教养，留守儿童的祖辈监护人往往溺爱孩子，导致他们的任性与放纵。在个别地方，留守儿童自我监护与自律性差，易受到社会不良风气影响，容易形成奢侈浪费的不良习惯，无法自律。张艳萍（2005）认为，缺少必要的亲子沟通与有效的家庭教育，留守儿童身心发展不成熟，自制力差。对于单亲外出的留守儿童，罗仕芳等（2004）通过心理量表统计发现，母亲留家监护的孩子比较内向，较多胆怯，不够自信刻苦；父亲留家监护的孩子则不细心，缺乏爱心，学习生活习惯较差。

2. 安全教育问题研究

留守儿童缺乏安全教育，其生存环境存在安全隐患是学界的共识。姚云（2005）了解到，留守儿童在全国被拐卖儿童群体中居第二位。周宗奎等（2005）认为，留守儿童容易受到非法侵害。朱蕴丽等（2005）认为，留守儿童防范意识薄弱，安全知识匮乏，且长期生活在弱势群体中间，容易发生交通、水火等安全事故，甚至受到不法分子的人身侵害。

3. 心理健康问题研究

学界揭示了留守儿童多方面的心理问题。刘亚等（2004）认为留守儿童自卑、逆反，存在情绪与交往问题。甄树哲（2006）认为，留守儿童忧郁、散漫、多疑，或行动霸道。周宗奎等（2005）认为，留守儿童年龄越小，心理问题越突出，女生甚于男生；在人际关系和自信心方面，留守儿童显著地不如非留守儿童，但在孤独感、社交焦虑方面则与其他儿童没有显著差异。王东宇等（2005）认为，父母与孩子分离时间的长短、代养人的教养方式、是否与姐妹同住，以及性别、年级等是影响留守儿童心理健康等的重要因素。

4. 学业问题研究

学界对留守儿童学业问题研究的结论不统一。朱科蓉等（2002）发现留守儿童的学习成绩不受父母是否外出和外出时间长短的影响。吕项等（2006）发现，学习很差的留守儿童只是极少数，绝大多数留守儿童喜欢或很喜欢上学。王胜等（2006）认为，多数留守儿童的学习状况不容乐观。郭三玲（2005）发现，留守儿童学习成绩明显低于其他

儿童。田红霞等（2005）认为留守儿童学习差，基本属于放任自流状态。段成荣等（2005）发现，小学留守儿童的在校率和其他普通儿童没有明显差异，受教育状况良好，但初中留守儿童在校率较低。

（二）基于"留守儿童关爱"的研究领域

1. 社区关爱方面

众多学者提出了改进留守儿童社区教育的对策。比如，引导社会组织发挥作用，帮助留守儿童，培训农民工家长，更新其家庭教育观念（课题组，2004）；基层学区和共青团牵头，联合当地妇联、村委会，共建农村儿童教育监护体系（田红霞等，2004）；在学校配备社会工作者，在农村建立儿童权益维护中心，定期开展社区教育活动（莫艳清，2006）；建立农村区域公共图书馆和文化室等，使留守儿童阅读有图书、娱乐有伙伴、锻炼有地方（郭三玲，2005）；招募大学生志愿者组成专门的帮教队伍，为留守儿童提供服务。社会要重视儿童思想道德教育和心理健康教育辅导（迟希新，2006）。

2. 家庭关爱方面

在弥补留守儿童家庭教育方面，学界提出了一些具体建议。例如，留守儿童父母要具有强烈的责任心，要通过电话、写信等方式实施有效的亲情教育，为孩子提供的物质生活条件切忌过度（甄树哲，2006）；有关机构依法明确留守儿童家长的抚育义务，督促他们外出打工必须留下一方在家监管子女，或携带子女到打工地就学（郭三玲，2005）；监护人应引导留守儿童主动向父母倾诉亲情，反馈学习生活情况，以便赢得关心理解和亲情支持，增强学习积极性和自觉性（程良道，2005）。

3. 学校关爱方面

学界对留守儿童学校教育普遍寄予厚望并提出了系列建议。比如，扩展农村学校的道德与心理教育功能，开发实施校本课程（迟希新，2006）；改革内部管理体制，提高教师素质和教学质量，及时帮助留守儿童监护人履行监护职责，组织活动抚慰留守儿童心灵，针对部分家庭的需求，收取一定费用，改善学校寄宿教育与生活条件（殷世东等，2006）；实施人性化教育，建立留守儿童档案，开设心理咨询与辅导课程（田红霞等，2005）；开展宣传活动，提高留守儿童对农民打工现象的认识，让他们从较高的层次去认识和理解父母的劳动（孙志飞，2006）。

纵观上述研究成果不难发现，2004年以来，随着政府与社会对留守儿童问题关注度的增加，越来越多的学者及相关机构对此问题进行考察与研究，并有针对性地提出对策和建议，取得了积极的成果。

三、国内关爱留守儿童的政策演变

（一）萌芽期（1978—1999年）

改革开放后，随着经济的发展，农村劳动力开始向城市流动，农民工子女教育问题逐渐引起关注。最初，国家对农民工子女的政策干预并非始于留守儿童，而是始于流动儿童。随着农民工数量的逐渐增多，流动儿童的教育问题开始凸显。1998年3月，国家教委、公安部联合印发《流动儿童少年就学暂行办法》，对流动儿童的教育问题做出规定。2000年以前，留守儿童问题尚未得到学界和社会的广泛关注，通过中国知网数据库的搜索，2000年以前关于留守儿童的研究文献仅有三篇，可见此阶段对留守儿童的关注度极低。但对流动儿童的关注为以后社会各界将视线转向留守儿童打下了现实基础。

（二）发展期（2000—2015年）

2004年教育部召开"中国农村留守儿童问题研究"座谈会，将留守儿童问题界定为严重的社会问题，留守儿童问题开始引起中央部门的重视。教育部基础教育司委托中央教科所开展中国农村留守儿童问题的研究，拉开了农村留守儿童调研的序幕，释放出中央即将出台留守儿童政策的信号。

2006年3月，《国务院关于解决农民工问题的若干意见》中要求"输出地政府解决好农民工托留在农村子女的教育问题"，至此，留守儿童的教育问题被正式纳入国家政策议程。同年5月，教育部出台《教育部关于教育系统贯彻落实〈国务院关于解决农民工问题的若干意见〉的实施意见》，针对留守儿童的教育问题提出具体的解决措施。7月，全国妇联出台《关于大力开展关爱留守儿童行动的意见》，提出了一系列为留守儿童办实事的举措。

2007年5月，全国妇联等13部委联合发布了《关于开展"共享蓝天"全国关爱农村留守流动儿童大行动的通知》，提出开展以"共享蓝天"为主题的支持、维权、关爱和宣传四大行动计划。7月，中组部等七个部门联合发布《关于贯彻落实中央指示精神积极开展关爱农村留守流动儿童工作的通知》，强调要切实做好农村留守流动儿童的教育管理工作，加强对留守流动儿童的权益保护和救助保障力度，为留守流动儿童提供医疗保健和关爱支持等服务。

2010年《国家中长期教育改革和发展规划纲要（2010—2020年）》中指出要建立健全政府主导、多方力量共同参与的农村留守儿童关爱服务体系和动态监测机制，吸引社会力量参与到留守儿童关爱保护中来，加快农村寄宿制学校建设，优先满足留守儿童的住宿需求。

2012年《国务院关于深入推进义务教育均衡发展的意见》指出要建立健全农村留守义务教育阶段学生关爱服务体系，把关爱留守学生工作纳入社会管理创新体系之中，构建学校、家庭和社会各界广泛参与的关爱网络，创新关爱模式。对数量庞大的义务教育阶段留守儿童的关爱工作有较强的指导意义。

2013年教育部等五部门发布《关于加强义务教育阶段农村留守儿童关爱和教育工作的意见》，指出要不断改善留守儿童教育条件，不断提高留守儿童教育水平，加强留守儿童心理健康教育和法制安全教育，逐步构建社会关爱服务机制。

2014年9月，《国务院关于进一步做好为农民工服务工作的意见》出台，指出要保障农民工随迁子女平等接受教育的权利，实施关爱留守儿童行动，保障留守儿童安全。

这一阶段的留守儿童关爱保护政策呈现不断增多的趋势，农村留守儿童的关爱保护工作被纳入国家发展规划和社会管理体系之中，政策内容与留守儿童的相关性更加密切，政策的针对性也越来越强，为关爱留守儿童工作的开展提供了有力的保障。

（三）深化期（2016年以来）

2016年《国务院关于加强农村留守儿童关爱保护工作的实施意见》为农村留守儿童关爱保护体系建设提供了系统性的指导。文件要求完善留守儿童关爱服务体系，健全留守儿童救助保护机制，从源头上减少留守现象，并提出一系列推动留守儿童关爱保护工作深入开展的保障性措施。这是迄今为止农村留守儿童关爱保护政策中最为明确具体、最有针对性且将留守儿童作为一类群体对待的独立性政策，是留守儿童关爱保护政策深化的标志，推动了我国留守儿童关爱保护政策的不断深化和完善。

我国留守儿童关爱保护政策从无到有，从简单到逐步完善，表现出明显的演进性特点。留守儿童关爱保护政策具有以下特征。一是政策理念更加科学化，人本理念和儿童保护理念在留守儿童关爱保护政策中得到彰显。二是政策内容更加丰富和全面，不再只是侧重于某单一领域。三是政策的工具性作用发挥得更加明显，政策的执行力和约束力增强，政策功能得到强化。

过去十年，我国经济社会快速发展，催生了数量庞大的农村留守儿童。党和国家高度重视农村留守儿童的健康成长，破解农村留守儿童难题成为近几年我国青少年工作中的重中之重。总体来看，关爱保护和促进发展并重，成为解决我国农村留守儿童根本问题的重要基石。这一新格局的建立，是新的历史条件下保障儿童生存和发展权益、维系亿万家庭幸福、促进社会公平公正的必然要求，也是决胜乡村振兴、全面建设社会主义现代化国家的战略要求和重要部署。

第三节　本书的研究概述

本书围绕川陕革命老区留守儿童的关爱政策、关爱历史、关爱模式、关爱案例与关爱特色等开展基础理论研究。通过分析与研究68个县（市、区）留守儿童的十年关爱实践与行动，全面呈现出川陕革命老区关爱留守儿童的历史发展与关爱特色。

一、研究对象与研究方法

本书基于时间发展脉络全面梳理与总结川陕革命老区〔陕西省四个地级市（宝鸡、汉中、安康、商洛）、四川省五个地级市（绵阳、广元、南充、达州、巴中）以及重庆市城口县等共 68 个县（市、区）〕的留守儿童关爱行动与实践。本书采用文献法、案例分析法、田野考察法以及数据分析法等多种研究方法，分别通过 CNKI、万方、维普、政府官方网站等学术数据库以及权威信息平台搜集有关资料，重点围绕川陕革命老区区域里面的留守儿童研究开展文献跟踪以及量化分析研究，全面梳理与分析各个市级层面关爱留守儿童的学术热点、重点领域、区域政策与典型案例。以 2011—2020 年十年跨度为区间，结合国家关爱留守儿童的政策演变，划分了各个省市关爱留守儿童的阶段特征并梳理出典型的区域特点。根据各个省市的留守儿童关爱特点，我们深入到各个县级层面，从海量的政府关爱留守儿童行动中，凝练了关爱留守儿童的行动轨迹以及关爱路径，并依据各个县的行动年表，从关爱领域、关爱形式、具体的关爱行动几个维度来进行具体分析，以表格、饼状图的形式进行可视化呈现。

二、研究内容与研究思路

在本书的每一章，笔者按照统一的范式开展研究。具体而言，首先，从该区域的人文与自然环境入手，较为详细地叙述与总结留守儿童生活的外在物质环境与人文环境，由于每个县（市、区）都独具特色，因此每个县的留守儿童关爱都自成体系，具有很深的乡土特征。本书从宏观上分析了每一个市留守儿童关爱的教育政策以及演变历史，力图从全貌上把握每一个县（市、区）留守儿童关爱的本真特色以及发展过程。其次，在关爱历史领域，由于各方面资料的限制，本书采用了十年断代研究，这十年恰好是我国关爱留守儿童最为重要的关键期，通过这十年关爱历史的梳理，可以充分见证党与国家一直高度关注留守儿童。再则，本书将研究具体到每一个县（市、区）的留守儿童关爱实践、关爱特色以及关爱模式。在关爱行动方面，按照时间顺序梳理了十年来各级县级组织、学校以及公益人士关爱留守儿童的重要事件，并形成了县级层面的关爱年表。在关爱的数据与量化方面，本书重点分析了关爱主体、关爱内容、关爱模式等领域，并通过可视化技术呈现出来。最后，本书较为全面地总结了该区域留守儿童的典型模式、典型经验、典型人物以及典型案例等。

三、研究意义与研究价值

本书全面梳理总结了川陕革命老区关爱留守儿童的历史发展成果，以十年为一个断代时期，对于乡土留守儿童研究的话语生成、关爱特点以及经验，都有一定的启发性。本书为各个地方总结留守儿童关爱特色提供了全新的视角，也是首次大规模川陕革命老区关于全区域留守儿童研究的专著，为政府进一步完善留守儿童政策，为后续研究提供一定的参考。

| 第二章 |

南充市关爱留守儿童的历史概述与经典案例

本章以时间线索搜集整理相关资料，梳理总结了南充市近十年（2011—2020年）留守儿童全区域治理经验与留守儿童乡土关爱案例。第一节介绍南充市关爱留守儿童的现实背景、文献综述与发展历程，了解南充市关爱留守儿童历史与现实发展状况，奠定后文基础；第二节以2011—2020年十年为时间段回顾南充市三区一市五县在关爱留守儿童上所做出的实际行动，并从关爱主体、关爱领域及关爱形式三方面进行了深入分析；第三节在以上基础上，发掘南充市关爱留守儿童的经典案例与典型经验，肯定南充市在关爱留守儿童工作上做出的贡献，提炼出可供借鉴并能推广的经验方法。

第一节　南充市关爱留守儿童的现实背景、文献综述与发展历程

一、南充市关爱留守儿童的现实背景

（一）南充市的历史沿革

南充市历史悠久，文化底蕴丰厚。南充有2200多年的建城史，早在唐尧、虞舜之前便谓"果氏之国"，春秋以来历为都、州、郡、府、道之治所。新中国成立后，南充是省级行政机构川北行署的驻地。南充是三国文化和春节文化的发祥地，民风淳朴，民俗优雅，三国文化、丝绸文化、红色文化和嘉陵江文化交融生辉，川北大木偶、川北灯戏、川北剪纸、川北皮影饮誉中外。钟灵毓秀的南充孕育了辞赋大家司马相如、史学大家陈寿、天文历法巨匠落下闳和忠义大将军纪信等众多历史名人。南充是川陕革命根据地的重要组成部分，朱德元帅、罗瑞卿大将、民主革命家张澜以及共产主义战士张思德均诞生于此，1931年抗日战争爆发以来，有五万余英雄儿女加入川陕地区的抗战队伍。

（二）南充市的经济发展概况

在2017年，全市有仪陇、南部、阆中和嘉陵4个国家扶贫工作重点县，南部、仪陇、营山、蓬安和阆中5个革命老区县，仪陇1个国家秦巴片区县，南部、仪陇、蓬安、阆中、嘉陵和高坪6个省级秦巴片区县。2020年最新数据显示，全市共有38个乡（含1个民族乡），162个镇，42个街道办事处，面积1.25万平方公里。人口总数723.71万人。其中，城镇人口210.76万人，乡村人口512.95万人，是四川东北部地区最大的城市。

南充，一座拥有2200多年的历史古城，虽然自然资源丰富，但是在很长一段时间里经济一直以农业为主，工商业和服务业并不发达。近几年随着经济发展，越来越多的外出务工人员选择重返家乡，为了孩子不再留守。为了奔赴幸福美好生活，从政府高层到普通民众，每个人都在积极投入，共同为这一目标作出努力。

二、南充市关爱留守儿童的学术热点与文献综述

（一）南充市留守儿童的基本情况

南充市是四川省第二大人口城市，据《2020年南充市国民经济和社会发展统计公报》，南充市有乡村人口507.7万人，城镇人口211.5万人，乡村人口远高于城镇人口，是典型的农业大市、劳务输出大市。基于这样的人口特点可以窥探出南充市留守儿童的两点基本情况。

第一，南充留守儿童规模大。2018年，我国共有农村留守儿童697万人，其中四川省农村留守儿童规模最大，为76.5万人，而四川省农村留守儿童中，数南充规模最大。"是外出打工，还是留下来陪伴孩子"。这是众多留守儿童父母要面临的一个现实选择，农民工自身为生活背井离乡，受到户籍制度及其他主客观因素的影响，无力带着孩子一起生活，孩子就这样被留在家中，可以说，自有农民工起就有留守儿童。2015年，市政府妇儿工委办公室联合南充市妇联对"留守儿童"开展了专题调研，数据显示，南充市有留守儿童95.8万人，占17周岁以下的儿童总人口的47.4%，其中绝大部分留守儿童来自农村。到2020年全市共有农民工230万人，留守儿童35万人。

第二，农村"留"的比重最大。农村留守儿童比重大是一个普遍性的社会现状，自20世纪80年代以来，我国农村劳动力出现了大规模流动，为城乡经济发展做出了巨大贡献。而独特的城乡二元经济社会结构和与之相联系的户籍制度，使得上亿农村务工人员只能"城乡两栖"，也因此产生了庞大的农村留守儿童群体。经济因素是人口流动的主要原因，因生产力受阻，加之南充市突出的城乡人口差距，占据着半边天的农民工在经济利益的驱动下选择外出打工，无疑致使南充市农村留守儿童占比最大。

（二）近十年南充留守儿童文献史分析

为研究南充市近十年有关留守儿童的学术文献，作者在CNKI（中国知网）上以

"主题"为检索点,以"留守儿童"为检索词,匹配词分别为"南充""顺庆""高坪""嘉陵""阆中""西充""南部""蓬安""营山""仪陇"进行检索,查找出 2011—2020 年研究南充市留守儿童的相关文章,筛选出符合要求的学术文章共 23 篇。现将相关文献以表格方式罗列(表 2-1),并进行简要分析。

表 2-1 南充市留守儿童相关重要学术文献汇总(2011—2020 年)

题名	作者	来源	发表时间	数据库类型
农村留守儿童寄宿制学校空间环境研究——以四川南充地区为例	蒲培勇	昆明理工大学	2011/04/01	硕士
西部农村"留守儿童"生存现状的调查及对策	孟彦虎等	今日中国论坛	2012/12/15	期刊
南充市某农村地区特殊家庭留守儿童心理健康状况	余成民等	四川精神卫生	2013/08/10	期刊
农村特殊家庭留守儿童自我意识及家庭环境状况	陈琴等	四川精神卫生	2013/08/10	期刊
留守儿童视力与戴镜情况调查及影响因素分析	陈琳等	中外医学研究	2014/09/15	期刊
南充市农村留守儿童生存状况调查	杨丽等	中国妇幼保健	2014/10/01	期刊
农村特殊家庭留守儿童心理健康状况调查分析	余成民等	西部医学	2014/12/20	期刊
南充市建设农村留守儿童寄宿制学校和改善空间环境研究	张鹤	中国市场	2016/02/25	期刊
2012 年南充市城郊结合部和普通农村儿童生长发育状况及看护人相关因素研究	陈心容等	实用预防医学	2017/02/15	期刊
留守中学生学习生活调查研究——以四川省南充市为例	罗恋	科学咨询(教育科研)	2017/03/12	期刊
南充某地农村留守儿童的个性心理情绪特征及行为干预对策探讨	唐箐华等	国际精神病学杂志	2017/04/25	期刊
农村留守儿童道德品质和积极心理品质的关系研究——以南充市营山县 X 小学为例	徐虹	西华大学	2017/05/01	硕士
农村学前留守儿童心理健康状况研究——以四川省南充市为例	张秋菊	教育导刊(下半月)	2018/10/15	期刊
留守儿童媒介素养影响因素及有关调节效应的实证研究——以四川南充两所中学为例	杨彩英	华中师范大学	2019/05/01	硕士
留守儿童与非留守儿童口腔健康状况比较	郑杨灿	世界最新医学信息文摘	2019/06/21	期刊
农村留守儿童卫生服务利用及影响因素分析	谭琼	智慧健康	2019/12/25	期刊
南充市农村留守儿童社会能力及行为问题调查	杨秋等	医学信息	2020/02/15	期刊

续表

题名	作者	来源	发表时间	数据库类型
四川省营山县农村初中历史教学现状与对策——以小桥镇和灵鹫镇为例	韩华莉	西华师范大学	2020/04/01	硕士
南充市近郊农村儿童的手机媒介接触及其对社会化的影响	袁媛	西华师范大学	2020/04/01	硕士
关于留守子女犯罪和受害情况的思考——以阆中市留守子女为研究对象	杨智芝等	法制与社会	2013/03/15	期刊
西充县留守儿童语文课外阅读状况调查研究	蒋孟姗	西华师范大学	2017/04/01	硕士
四川省南部农村留守初中生心理弹性影响因素分析	何芙蓉等	中国学校卫生	2011/02/25	期刊
我国农村留守儿童身心健康问题社会介入探究——以四川省南部县南隆镇涌泉村为例	陈文刚	中国校外教育	2018/06/30	期刊

从数据库来看，有关南充留守儿童的学术文献主要是期刊论文，其次也有少量的硕士论文，从文章内容可以看出研究涉及领域广泛，包括心理学、教育学、社会学、法学等。其中，留守儿童的身心健康一直是学者关注的重点，南充市相关研究人员也对此做出了很大贡献。2012年，川北医学院附属医院呼吸内科采用分层整群随机抽样的方法调查南充城郊结合部儿童和普通农村儿童的生长发育和营养状况的差异，探寻影响两类儿童生长发育的影响因素，为进一步开展农村儿童营养与健康教育提供了科学依据。2014年，南充市中心医院采用整群随机抽样法对南充市辖区476名学生进行视力筛查及近视相关因素问卷调查，有针对性地为留守儿童近视防治工作提供科学依据。2019年，南充市中心医院采用随机抽样的方法对留守儿童与非留守儿童的口腔健康状况进行了分析，提出要加强留守儿童的口腔卫生保健。

南充市不仅留守儿童规模庞大，而且农村"留"的比重最大。很多儿童因为上学距离较偏远且缺少父母的陪伴照看，为上学方便缩短赶路时间以及安全着想，大部分学生选择住校。罗恋、韩华莉、蒋孟姗等人研究了留守儿童学习，例如，蒋孟姗对西充县留守儿童语文课外阅读状况开展调查研究，提出了对于西充县留守儿童语文课外阅读的建议和思考。此外，蒲培勇、张鹤对寄宿制学校环境改善方面进行了研究。蒲培勇在大量实地考察的基础上，深入研究南充地区农村留守儿童寄宿制学校空间环境状况，旨在建设有利于留守儿童身心健康发展的教育环境。

从以上简要分析来看，研究内容较为广泛，研究方法也多采用实地调研、整群抽样、分层抽样、问卷、访谈、个案分析等方法，这是以往研究的优点，但是，对于南充市关爱留守儿童的历史概述与经典案例的研究几乎还是空白。本书在南充市已有的关于留守儿童研究的基础上，深入各区、县，梳理总结南充市近十年关爱留守儿童的行动路径，发现其中的经典案例和好的做法，旨在为南充市留守儿童的研究建立一个新的研究起点，为南充市留守儿童的今天和明天贡献一份微薄力量。

（三）南充市留守儿童产生的原因分析

南充作为川陕革命根据地的一个重要组成部分，其留守儿童的产生也是多元因素下的结果。

第一，社会发展所带来的人口流动性大。1978 年 12 月，中国共产党十一届三中全会在北京召开，会议揭开了中国社会主义改革开放的序幕。自此，商品经济浪潮席卷而来，出现了农民工大规模向城市流动寻求发展机会的现象。根据南充市第七次全国人口普查公报，流动人口为 1118798 人，与 2010 年第六次全国人口普查相比，流动人口增加 634772 人，增长 131.14%，可以得出南充市流出人口大致有三百多万人，也因此出现了大量的留守儿童。

第二，家庭环境因素。南充的自然资源使得当地的农业经济有着得天独厚的发展条件，但是，农业还没有发展成支柱性产业，没有产业化、规模化，农业生产收益低下，留不住人。而在市场经济的大发展下，人们不再只满足于有衣穿有饭吃，每个小家都在追求更好的生活，除了基本的衣食住行以外，还在尽力改善居住环境、获取优质教育资源等。

三、南充市关爱留守儿童的历史阶段与演变规律

本节研究南充市关爱留守儿童的历史阶段与演变规律，获取数据的方式主要是通过南充市教育和体育局官网以"留守儿童"为关键词进行检索，获取近十年有关留守儿童的新闻报道量，宏观上把握南充市近 10 年（2011—2020 年）关爱留守儿童的发展历程。

（一）划分阶段的标准——官方新闻报道总趋势

在南充市教育和体育局官网获取到 2011—2020 年共有相关报道 58 条，见表 2-2。

表 2-2 2011—2020 年南充市留守儿童新闻报道条数

年份	新闻条数（条）
2011	1
2012	3
2013	1
2014	2
2015	3
2016	19
2017	12
2018	7
2019	7
2020	3

对所获取的新闻报道数量按照简要趋势分析，从图2-1中可以清楚地看到，对关爱留守儿童的相关新闻报道在2011—2015年的变化趋势相对平稳，在2016年达到峰值，2016年之后又趋于下降趋势。因此，以该新闻报道在年份二的变化趋势为标准对南充市关爱留守儿童的历史阶段做出划分：萌芽期（2011年以前），发展期（2011—2015年），深化期（2016—2020年）。

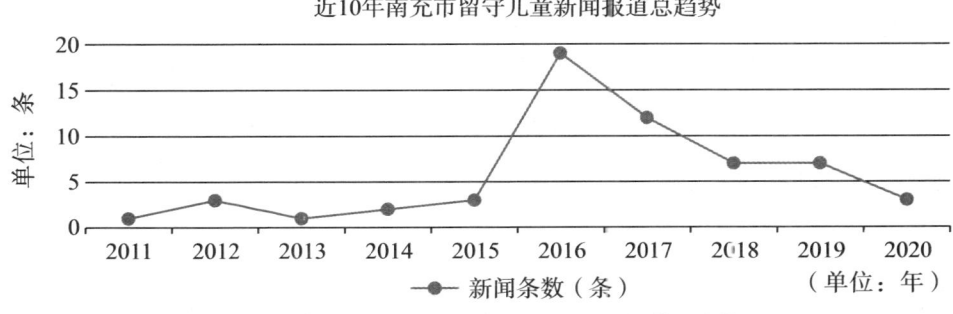

图2-1　近10年南充市留守儿童新闻报道总趋势

（二）南充市关爱留守儿童行动的阶段划分

1. 萌芽期——物质关怀，暖身暖心（2011年以前）

在2011年以前，南充市已经通过大众媒介对留守儿童进行相关报道，总体上来讲关注程度比较高。但是关注深度不够，对留守儿童的报道多侧重实时性问题，缺乏连续性、多角度的深度报道。根据彭楷涵、江明科的《南充日报留守儿童报道分析》，在2007年8—11月和2008年8—11月的南充日报中，多是关爱性活动的报道，占文章总数46％，而对留守儿童心理健康状况报道的文章则很少，只有1条。这个时期通过开展活动给予物资帮扶，力求满足留守儿童的基本生存需要。

2. 发展期——狠抓教育，扶志强心（2011—2015年）

加强留守儿童教育关爱工作的理念越来越深入人心，这一时期南充市切实加强教育关爱工作，健全工作机制，制定《关于加强留守儿童教育管理工作的实施意见》，建立联席会议制度，形成市、县、校三级工作机制，在全省率先将建设留守儿童之家、农村寄宿制学校等作为民生项目，大量投资用于建设农村寄宿制学校80所，建成标准化留守儿童之家500多个；加强家校联动，积极推进家长学校的建设，弥补留守儿童家庭教育的缺失；大力实施关爱行动，广泛推行"建立一份留守儿童家庭档案，制定一张留守儿童家校联系卡，建立一份留守儿童成长档案，落实一个帮教人员，每月一封家信（一个电话）活动"，积极关爱留守儿童活动，并多次开展心理咨询服务，取得了很大成效。

3. 深化期——多方联动，成熟机制（2016—2020年）

这一阶段关爱留守儿童的项目机制越来越完善，一个典型例子就是"童伴计划"的开展。2015年10月，共青团四川省委联合中国扶贫基金会、中国公益研究院在四川省启动了留守儿童关爱项目"童伴计划"。项目启动的初衷源于2015年贵州等地接二连三地发生留守儿童死亡事故，留守儿童问题虽引起社会广泛关注，但并未得到解决。自2006年，四川在全国率先启动了关爱留守儿童工作，全省首批共7个市（州）、10个县（区）、100个行政村纳入项目试点，南充市的高坪区和营山县被纳入试点。"童伴计划"项目力求为留守儿童建立一种全方位的关爱保护体系，"童伴妈妈"的出现把对留守儿童身心健康的关爱真正落到了实处，对留守儿童的健康成长意义非凡。南充市在2022年关爱留守儿童8万人至10万人，有效覆盖全市留守儿童较集中的村，把"童伴计划"打造成为全市关爱农村留守儿童、协同参与基层社会治理的标杆品牌项目。

（三）南充市关爱留守儿童的特点

1. 高度重视，健全工作机制

南充市教育行政主管部门及各级中小学校成立留守学生关爱工作领导小组，将留守学生教育管理工作纳入重要议事日程，定期召开专题会议，研究部署相关工作，制订并实施留守学生关爱工作计划和方案，使留守学生关爱工作制度化、规范化、常态化。按照"家庭教育正位，学校教育进位，社会教育补位"的工作思路，积极主动与团市委、妇联通力协作，共同做好关爱活动；及时和留守学生家庭联系，密切掌握留守学生在家庭和社会的生活情况和动态，及时解决留守学生的生活困难问题，加强对留守学生在校外的监管力度；与司法部门开展了"留守学生"法制宣传，聘请法制辅导员定期到学校开展"以案说法""案例评析"等法律知识讲座；配合市妇联举办家教讲座；与交警部门联合开展"警校共育"活动；积极配合公安、文化、工商等部门开展专项治理活动，为留守学生成长创设了良好的环境。

2. 深入调研，为科学管理提供依据

每学年，由基教科牵头组织开展全市"留守学生"调研工作，摸清留守学生现状和动态发展情况后，及时提出有针对性的意见和建议，并制定出台了系列文件，为南充市留守学生关爱工作的有效开展提供了强有力的政策保障。同时，各中小学校还建立了留守学生成长档案，详细记录留守学生健康成长信息并实行动态管理。相关颁发文件见表2-3。

表2-3 南充市关爱留守儿童政策文件

文件名称	颁布时间	发文机关
《南充市农村留守儿童关爱保护工作联席会议制度》	2017/9/14	市政府办公室
《关于加强留守儿童教育管理工作的实施意见》	2014/8/13	市教育局
《仪陇县留守流动儿童关爱服务体系建设实施方案》	2012/9/28	仪陇县人民政府办公室
《南充市高坪区农村留守儿童关爱救助工作实施方案》	2015/10/8	高坪区人民政府

3. 创新形式，共建育人平台

一是通过整合学校现有资源和争取社会各界捐资等方式筹集资金。全市大部分中小学校已建立"留守学生之家"，且均能按"五个一"要求配备设施，其中标准化留守学生之家达500多个。二是扎实办好家长学校。全市95%以上的中小学校均成立了家长学校，每学期定期举办学习讲座等，经常邀请有经验的专家、教师给"留守学生"的监护人授课，引导家长以正确的教育方式加强对孩子的管理。南部、西充等县还开展了县级合格示范家长学校创建活动。三是积极争取资金和项目，加强农村寄宿制学校建设，并充分利用寄宿制学校的优势，鼓励、引导留守学生在学校寄宿，切实解决农村留守学生就学和生活的实际困难。

第二节 南充市关爱留守儿童的乡土特色与行动年表

关爱留守儿童工作，南充市一直在行动。由于南充市经济社会发展总体水平不高、区域发展不平衡等问题突出，各个区域在关爱留守儿童的方式和行动上存在一定差异，但整体上来讲，各区域都做了大量工作，有很多优秀的经验和工作亮点，值得相互学习借鉴，值得研究和推广。为深入了解和掌握南充市关爱留守儿童的乡土特色与行动路径，本节具体到南充市的3区1市5县，以2011—2020年为时间段进行研究。在各区域人民政府官网以"留守儿童"为关键词检索公开发布的新闻，从中获取相关资料。从发布时间、关爱主体、关爱领域、关爱形式和关爱内容五个维度进行划分，做年表梳理。发布时间界定在2011—2020年十年时间段内；关爱主体包括五大类：基层学校、以乡镇为单位的党政机关、县级部门、市级单位、其他公益组织和团体；关爱领域包括五大类：生活关爱、学业关爱、情感关爱、健康关爱、安全关爱；关爱形式包括四大类：慰问活动、公益活动、基层调研、政策设计。

一、顺庆区关爱留守儿童的乡土特色与行动路径

（一）顺庆区关爱留守儿童情况

顺庆区是南充市中心城区，地处四川盆地东北部、嘉陵江中游西岸，是南充市的政治、经济、文化中心。截至2020年4月，全区辖7个乡镇、12个街道办事处、82个城市社区、2个农村社区、108个行政村，面积555平方公里。区内有西南石油大学、西华师范大学、川北医学院等5所高校和16所中专院校、176所中小学校。在关爱留守儿童行动中，各高校积极组织志愿活动，做出了重要贡献。

（二）顺庆区关爱留守儿童行动年表（2011—2020 年）

在进行南充市顺庆区 2011—2020 年关爱留守儿童行动年表的总结时，以"留守儿童"为关键词在南充市顺庆区人民政府官网进行搜索，摘取 2011—2020 年相关内容，见表 2-4。

表 2-4 顺庆区关爱留守儿童行动年表

发布时间	关爱主体	关爱领域	关爱形式	关爱内容
2011/08/26	顺庆区人民政府	/	政策设计	发布《关于做好春节期间留守家庭关爱工作的通知》。
2012/07/02	舞凤街道办事处	生活关爱	慰问活动	六一儿童节来临之际，舞凤街道办事处为燕儿窝社区和清泉寺社区 27 名留守儿童送去书包、文具等学习用品及慰问金。
2013/04/27	开发区税务局	生活关爱	慰问活动	4 月 26 日上午，南充经济开发区税务局在局领导的带领下为辉景乡辉景小学校留守儿童送去学习文具和生活日用品等慰问品。
2013/05/02	顺庆区司法局	/	政策设计	发布 2013 年度法律援助工作要点，针对农村留守儿童、妇女、老人等不同特点，提供个性化、专业化服务。
2013/09/18	潆溪街道办	安全关爱	公益活动	在潆溪街道办事处和潆溪派出所指导下，志愿消防队对当地弱势群体开展消防安全巡查、火灾隐患排查等工作。
2013/9/29	共青团顺庆区委	情感关爱	公益活动	共青团顺庆区委在全区开展了"爱心圆梦"活动，专门收集留守学生的愿望，帮孩子实现愿望。
2013/09/29	顺庆区公安分局	安全关爱	公益活动	女民警向小学生讲"预防性侵"，增强自我保护意识。
2013/10/14	共青团顺庆区委	情感关爱	公益活动	共青团顺庆区委主办"让我们心灵有个家"关注留守儿童心理健康教育讲座。国家二级心理咨询师、亲子教育专家卢慧就留守儿童存在的心理问题进行了针对性讲解。
2013/10/30	区政府	/	政策设计	推进义务教育均衡发展，为农村未成年人特别是留守儿童提供更多接受科学和参加科普活动的机会。
2014/03/14	开发区税务局	生活关爱	慰问活动	开展"大手拉小手活动"，慰问福利院残疾儿童和留守儿童，开展"一帮一"结对帮扶活动；开展"暖冬行动"，到社区看望留守儿童和困难家庭。
2014/06/05	顺庆区公安分局桂花派出所	安全关爱	公益活动	顺庆区公安分局桂花派出所民警走进辖区校园，利用学校法制课堂进行安全知识宣传，讲解法律知识。

续表

发布时间	关爱主体	关爱领域	关爱形式	关爱内容
2014/07/11	顺庆区民防志愿队	安全关爱	公益活动	顺庆区第一支民防志愿队成立暨授旗仪式在该区人武部举行，来自搬罾镇的25名志愿者宣誓入队。
2014/09/02	区政府	/	政策设计	发布了《顺庆区深入推进义务教育均衡发展实施意见》，提出及时解决农村留守儿童在教学、就业、生活等方面存在的困境。
2015/01/28	西门市场	生活关爱	慰问活动	市西门市场个协党支部的党员代表到顺河小学，慰问了该校30名留守儿童，并为他们每人送去200元慰问金。
2015/04/27	共青团顺庆区委等	生活关爱	公益活动	共青团顺庆区委等于展"将帅故里爱心直通车"活动，为仪陇县瓦子镇天院寺村小捐赠一批书籍与文体用品。
2015/05/28	西华师大青年志愿者协会	学业关爱	公益活动	南充市青少年素质发展中心西华师大青年志愿者协会"阳光少年之家"和法学院家教站的14名大学生于3月7日（周六）为中城平城街社区的留守儿童和民工子女辅导功课。
2015/05/28	中城街道	情感关爱	公益活动	5月4日，中城街道团委组织辖区团干部成立青年志愿者队伍深入社区，开展关爱留守儿童送温暖活动，激发孩子们的爱国情怀。
2015/07/03	南充五一医院及志愿者	情感关爱	公益活动	南充五一医院医生与志愿者来到顺庆区渔溪乡小学，开展关爱留守儿童心理健康知识讲座。
2015/07/09	解放军第五十一医院	情感关爱	公益活动	解放军第五十一医院的医务工作者和志愿者来到顺庆区渔溪乡小学，为一百多名留守儿童上了一堂心理辅导课。
2015/07/10	顺庆区关工委、共青团顺庆区	学业关爱	公益活动	组织顺庆区10所学校的学生、市福利院孤残儿童、农村留守儿童共计百余人参加了"爱心夏令营"。
2015/09/08	顺庆区永丰镇	安全关爱	公益活动	在暑假来临之际，开展文明交通安全行动宣传演讲，加强交通安全教育。
2015/10/13	共青团顺庆区	生活关爱	慰问活动	2月8日，在共青团顺庆区委书记的带领下，顺庆区团委一行人走访和慰问了潆溪镇困难团干部和留守儿童。
2015/10/13	南充市关工委	学业关爱	公益活动	"学党史、颂党恩、跟党走"夏令营活动在顺庆实验小学开营，来自全区各中小学的90余名"留守儿童"参加了活动。
2015/10/13	顺庆区关工委	生活关爱	慰问活动	9月1日上午，顺庆区关工委到顺河乡看望慰问了贫困学生和留守儿童，并为他们送去了3000元的慰问金。

续表

发布时间	关爱主体	关爱领域	关爱形式	关爱内容
2015/10/13	区关工委、区团委	生活关爱	公益活动	11月24日上午，顺庆区关工委、共青团顺庆区委在万泰大酒店举行了顺庆区关心下一代"助学、助困、助残"捐赠仪式。来自社会各界的20余家爱心企业现场进行了"助学、助困、助残"捐赠。
2015/10/13	南充仁爱公益	学业关爱	公益活动	南充新闻网工作人员与社会公益组织——南充仁爱公益联盟的志愿者为顺庆区凤山乡留守儿童赠送书籍、书包、铅笔等学习用品。
2015/10/13	顺庆区灯台乡	生活关爱	公益活动	该乡政府和灯台派出所联合建立了"法制安全联系卡"和"留守儿童法制帮扶卡"制度，对留守儿童进行结对帮扶。
2015/10/13	长征路社区关工委	学业关爱	公益活动	大学生志愿者辅导留守学生学习，帮助度过了一个丰富多彩的暑假生活。
2015/10/13	顺应区政府	/	政策设计	出台了《顺庆区深入推进义务教育均衡发展实施意见》，其中提到依法保障进城务工农民子女接受义务教育的权利。
2015/10/13	顺应区政府	/	政策设计	制定了《南充市顺庆区全民科学素质行动计划纲要（2012—2015）实施方案》。其中提到推进义务教育均衡发展，为农村未成年人特别是留守儿童提供更多接受科学和参加科普活动的机会。
2015/11/13	顺应区政府	健康关爱	公益活动	免费筛查超早期宫颈癌、免费婚检、免费为备孕妇女发放叶酸、免费为居民建立健康档案，对留守儿童上门提供健康咨询和服务。
2016/01/08	顺庆区渔溪乡小学	情感关爱	公益活动	举办"留守儿童画展"，帮助留守儿童释放思念情绪，激发创作灵感，充实课余生活。
2016/03/29	南充市公安局交警支队	学业关爱	慰问活动	南充市公安局交警支队直属一大队的交警们前往辉景镇双桂村小学看望慰问留守儿童，询问了孩子们的学习、生活情况，并赠送爱心书包等学习用具。
2016/05/03	顺庆区辉景小学	学业关爱	公益活动	开办乡村少年宫，丰富留守儿童课余生活。
2016/05/03	西华师范大学	学业关爱	公益活动	大学生志愿者带领60名留守学生参观学校校园、开展户外科普课、观摩航模展演。
2016/06/03	顺庆区关工委	情感关爱	慰问活动	分发节日礼物、玩互动游戏、点蜡烛吃蛋糕，让少年儿童感受到节日的快乐。
2016/06/21	顺庆区和平街道关工委	情感关爱	慰问活动	开展"关爱儿童、关注未来"慰问活动。对小朋友表达关心和爱护，给予希望和祝福，发放慰问品。

续表

发布时间	关爱主体	关爱领域	关爱形式	关爱内容
2016/07/06	顺庆区关工委	学业关爱	公益活动	开展"永葆爱党情怀、共援济困之声"爱心夏令营活动。通过红色文化之旅，加强爱国主义教育。
2016/07/18	南充市某公益大学生志愿者协会	学业关爱	公益活动	组织社区20余名留守儿童走进南充"非遗"传承基地——西山风景区一家雕刻艺术精品馆，开展以"心手相连，益起飞翔"为主题的社区儿童暑期教育社会实践活动。
2016/08/01	市公安局交警支队直属四大队	学业关爱	公益活动	市公安局交警支队直属四大队和顺庆区公安分局共兴派出所的民警，来到共兴镇麻石沟村留守儿童之家，为20余名留守儿童辅导暑假作业，陪他们做游戏，讲解道路交通安全知识。
2016/08/01	中华少年儿童慈善救助基金会	情感关爱	公益活动	"红伞心理援助计划"项目正式落户南充。致力于儿童心理、行为问题预防与干预，项目服务对象包括农村儿童、留守儿童、流动儿童以及贫困儿童和福利院儿童等，服务学生群体年龄范围在小学四年级至初中三年级之间。
2016/09/02	顺庆区公安分局西河派出所	安全关爱	公益活动	民警为孩子们开展校园安全防范知识讲座，普法保安全。
2016/10/14	中华少年儿童慈善救助基金会	情感关爱	公益活动	开展"红伞计划"，提高留守儿童心理健康水平，促进留守儿童心理健康发展。
2016/11/17	南充市中医医院	学业关爱	公益活动	该医院团支部组织发起"情满金秋，与爱同行"——为留守儿童捐建爱心书屋活动。
2016/12/26	顺庆区华凤二小	学业关爱	公益活动	顺庆区华凤二小利用课余时间开展各类课程，丰富学生的学习生活。学校还开展了心理辅导、心理咨询、感恩教育等专题活动。
2017/03/28	西华师大青年志愿者协会	学业关爱	公益活动	启动"精神慰藉进社区"活动，社区志愿者进社区陪伴老人、义务为留守儿童补习功课。
2017/06/09	顺庆区灯台乡任家祠村	学业关爱	公益活动	6月4日，顺庆区灯台乡任家祠村"第一书记"和村干部带着村里的5名留守儿童进城游玩，增长孩子见识。
2017/07/11	西华师范大学	学业关爱	公益活动	7月9日上午，西华师范大学美术学院的一支大学生志愿队走进顺庆区中城街道平城街社区，义务为辖区的孩子们上了一堂美术课。
2017/09/09	爱心人士	学业关爱	公益活动	胡亨霖老同志用自己的退休金资助两名留守儿童，帮助他们抓好学业。
2017/09/11	爱心山村教师	/	公益活动	顺庆区顺河乡五显庙村，唐廷绪老师坚守岗位，做山里娃的引路人。

续表

发布时间	关爱主体	关爱领域	关爱形式	关爱内容
2018/05/04	市青少年宫、顺庆区金台小学	学业关爱	公益活动	定期义务支教，无偿帮助留守儿童。
2019/11/19	顺庆区妇联组织巾帼志愿者	生活关爱	公益活动	1月18日下午，顺庆妇联组织巾帼志愿者前往该区新建街道办镇泰路社区，开展关爱留守儿童、留守老人的安全知识宣讲活动，并送去书包、被褥等暖冬物资。
2019/04/04	市中医医院	安全关爱	公益活动	4月3日，南充市中医医院的志愿者来到顺庆区龙桂乡开展义诊活动，为该乡广大群众进行健康体检，宣传健康知识。
2019/05/28	西华师范大学	生活关爱	慰问活动	西华师范大学志愿者到顺庆区平城街社区看望老人和留守儿童。
2019/06/01	顺庆实验小学	学业关爱	慰问活动	5月30日上午，六一儿童节即将到来之际，顺庆实验小学、金泉社区看望慰问在校留守儿童、贫困学生，为孩子们发放食品、蜡笔等学习和生活用品。
2019/06/06	南充上善社会工作服务中心	学业关爱	公益活动	南充上善社会工作服务中心向中华少年儿童慈善救助基金会"小爱也温暖"公益基金提供帮扶资源。
2019/12/31	顺庆区关工委	学业关爱	公益活动	四川青峰农业开发有限公司和顺庆区关工委联合开展"暖冬助学"活动，为12名困难家庭留守儿童送去了书包、笔袋和红包。
2020/01/07	区政府	/	公益活动	顺庆成立五个"童伴之家"，选聘童伴妈妈关爱留守儿童。
2020/03/08	南充市仪凤街幼儿园工会及疫情防控工作小组	生活关爱	慰问活动	开展了以"疫情无情人有情·留守儿童我关爱"为主题的慰问活动。慰问对象包括北城园区、仪凤园区的留守儿童、困难儿童。
2020/05/30	顺庆区总工会、顺庆区妇女联合会	学业关爱	慰问活动	在共兴镇小学举行"六一关爱慰问儿童"活动，共涉及学生144名，捐赠资金43200元，包括共兴小学、顺河小学、梵殿小学等学校。
2020/07/22	共青团顺庆区委	/	基层调研	共青团顺庆区委通过前期调研，在辖区15个贫困村成立了"童伴之家"，探索农村留守儿童福利保障的有效途径，为政府决策提供依据。
2020/10/14	陶行知教育基金会	学业关爱	公益活动	陶行知教育基金会向顺庆区36所中小学捐赠了价值135万元的教育信息化设备和教学资源。
2020/12/29	顺庆区关工委和区委老干部局	学业关爱	公益活动	顺庆区关工委和区委老干部局为农村困难家庭留守儿童送去书包、笔袋、棉衣和红包。

（三）关爱主体、关爱领域及关爱形式分析

下面通过对顺庆区2011—2020年关爱留守儿童行动年表中涉及的关爱主体、关爱领域及关爱形式三个维度出现的条数进行数据分析，结果如图2-2至图2-4所示。

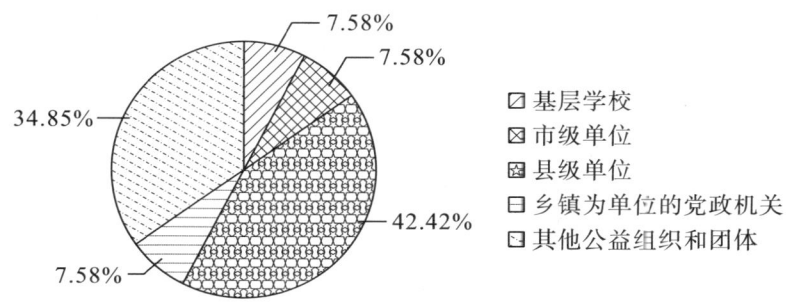

图2-2　顺庆区留守儿童关爱主体分析图

由图2-2可知，在关爱主体方面，县级单位占比42.42%，其他公益组织和团体占比34.85%，市级单位、乡镇为单位的党政机关及基层学校各占比7.58%、7.58%、7.58%。关爱留守儿童不只是政府的事情，在持续的发展过程中社会各界力量要聚在一起拧成一股绳，为孩子营造一片蓝天。

由图2-3可以看出学业关爱占比最大，达到44.64%，其次是生活关爱、情感关爱、安全关爱、健康关爱，分别占21.43%、17.86%、12.50%、3.57%。教育的优先战略地位是任何时候都不容忽视的，整体来看，顺庆区政府非常重视教育的发展。区政府发布相关文件助推义务教育均衡发展；加大投资，完成中小学危房改造，建设"留守儿童之家"。当然教育不止指向通俗的学校知识教育，还有安全、法律、生命健康等方面的教育在同步推进。特别是到了夏季，孩子放暑假回到家里，安全问题（如防溺水）成了一项重点课题，在缺少监护人的有效监护下，需要借助爱心人士的帮助为留守儿童度过一个快乐有爱且安全的暑假保驾护航。例如，顺庆区公安局深入留守儿童之家进行安全知识宣讲，进行法律安全知识宣讲，开展各类活动，帮助孩子们度过一个安全愉快的假期。

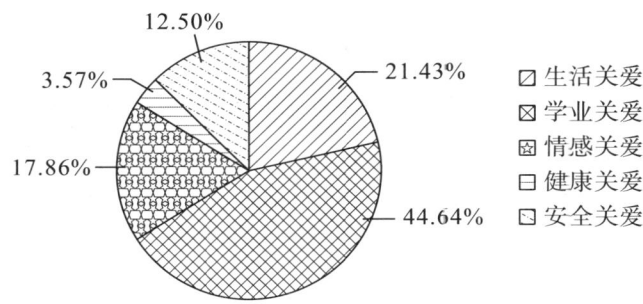

图2-3　顺庆区留守儿童关爱领域分析图

心理健康教育也不可或缺，各部门积极开展慰问活动，深入基层了解留守儿童真实

情况的同时，也对孩子们给予激励和鼓舞。2016年，"红伞心理援助计划"正式落户南充，这是一项长期持续的公益项目，以提高留守儿童心理健康水平、促进留守儿童的心理健康发展为宗旨，助力孩子们成长为一个健康有爱、有责任有担当的社会青年。

由图2-4可知，关爱的形式主要是公益活动，占69.70%，其次是慰问活动、政策设计及基层调研，分别占19.70%、9.09%、1.52%。政府部门的捐赠慰问、爱心项目的实施，以及涌现出的无私奉献的爱心人士从物质层面到精神层面再到制度层面都越做越好，把关爱留守儿童体系建设得越来越全面。

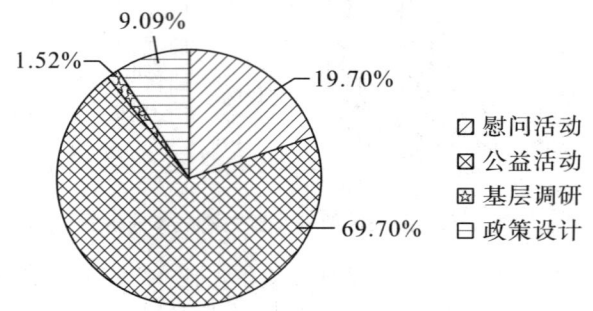

图2-4　顺庆区留守儿童关爱形式分析图

二、仪陇县关爱留守儿童的行动路径

（一）仪陇县关爱留守儿童情况

2021年，仪陇县召开未成年人社会综合保护体系建设工作会议，提到全县共有未成年人200330人，占县人口总数的五分之一，其中留守儿童占70%。仪陇县高度重视未成年人的保护工作，特别是针对留守儿童的情况，建立多方联动机制，为留守儿童营造一个幸福、安全的生活空间。

（二）仪陇县2011—2020年关爱留守儿童行动年表

在进行仪陇县2011—2020年关爱留守儿童行动年表的总结时，以"留守儿童"为关键词在仪陇县人民政府官网进行搜索，摘取2011—2020年相关内容，见表2-5。

表2-5　仪陇县2011—2020年关爱留守儿童行动年表

发布时间	关爱主体	关爱领域	关爱形式	关爱内容
2011/01/29	板桥乡	/	政策设计	板桥乡关于深入推进社会矛盾化解、社会管理创新、公正廉洁执法三项重点工作的实施意见。
2012/01/04	永乐镇	学业关爱	公益活动	捐赠生活、学习等用品，并有针对性地进行物质、精神、学习帮扶。
2012/07/19	华中师范大学	生活关爱	基层调研	对马鞍镇留守儿童现状进行调查。

续表

发布时间	关爱主体	关爱领域	关爱形式	关爱内容
2012/09/28	三蛟镇	学业关爱	基层调研	调查了解三蛟镇留守儿童的教育情况，分析其原因，确定改变措施，以作为之后对教育教学管理和改革的参考。
2012/10/30	马鞍镇	/	政策设计	马鞍镇人民政府关于印发马鞍镇2012年关爱留守儿童活动实施方案的通知。
2012/10/31	思德乡	生活关爱	政策设计	创新服务方式，变以往坐着办公为现在的"走着、跑着"办公，主动到家里去帮扶。
2012/11/29	大罗乡人民政府	/	政策设计	在工作总结中强调积极探索关爱留守儿童的新思路。
2012/11/30	县政府	情感关爱	公益活动	四川省2012年"恒爱行动——爱心妈妈为孤残留守儿童编织毛衣活动"启动仪式在行政中心中型会议室举行。号召爱心人士，争当"爱心妈妈"，关爱孤残儿童。
2012/12/27	凤仪乡	情感关爱	基层调研	凤仪乡人大对0~18岁的留守儿童现状进行了走访和调查。通过到学校，去家庭，走近了留守儿童的心灵，了解了他们的现状。
2013/01/21	仪陇县友成志愿者	/	公益活动	志愿者唐静为关爱留守儿童做出贡献。
2013/06/30	保平镇关工委	生活关爱	公益活动	保平镇关工委、团委、妇联联合保平小学、安乐小学开展"爱心妈妈"结对帮扶留守儿童活动。
2013/09/23	大寅小学	安全关爱	公益活动	大寅小学每个班开设一堂安全知识教育课，对全校学生特别是留守学生进行安全教育。
2014/01/22	光华乡	/	政策设计	关于成立关爱留守儿童服务工作领导小组的通知，结合光华乡的实际情况，成立光华乡关爱留守儿童服务工作领导小组，公示成员名单。
2014/01/24	大仪镇	生活关爱	慰问活动	大仪镇人民政府、大仪信用社联合开展"暖冬行动 关爱留守儿童"主题活动，对大仪小学20余名成绩优异、家庭困难的留守学生进行了集中慰问，发放慰问金共计7000余元。
2014/01/28	三蛟镇	/	政策设计	下发《关于集中开展"走基层、解难题、办实事、惠民生"活动的实施方案》的通知。留守儿童在强调的重点帮扶对象之内。
2014/04/30	仪陇县残联	生活关爱	基层调研	仪陇县残疾人联合会理事长带领残联工作人员深入"三民"服务联系村社炬光乡青山村实地调研产业发展，关心残疾人生活情况、送慰问金。

续表

发布时间	关爱主体	关爱领域	关爱形式	关爱内容
2014/05/27	朱德故居管理局	生活关爱	慰问活动	朱德故居管理局领导率相关科室人员到琳琅村社区看望慰问贫困留守儿童,为6户家庭较困难的留守儿童送去慰问金。
2014/05/30	铜鼓乡党委政府	生活关爱	公益活动	通过结对帮扶,予以物资、资金、技术、政策指导等更加精准的帮扶。
2014/06/30	仪陇县水务局	生活关爱	公益活动	在新政小学,与留守儿童交心谈心,互赠礼物,通过县妇联给他们捐钱捐物。
2014/07/31	板桥乡	学业关爱	公益活动	乡关工委组织社会志愿者率先开办"板桥乡校外辅导站",免费为留守儿童做兴趣辅导。
2014/09/23	光华乡	学业关爱	基层调研	对光华小学的学生进行调查,了解留守儿童占比,分析问题并提出应对策略。
2014/12/02	县邮政局	情感关爱	公益活动	举行有奖竞猜等活动,帮助留守儿童与父母远程视频。
2014/12/17	石佛乡	/	政策设计	强调切实抓好妇女发展和妇女儿童权益维护,创新农村留守儿童老人关爱服务体系。
2015/01/28	县卫生局	健康关爱	公益活动	下发《仪陇县卫生局关于集中开展"走基层、送温暖"活动的通知》。
2015/01/30	爱心公益组织	学业关爱	公益活动	爱心公益组织牵线江苏一外资企业为仪陇村小捐资助学。
2015/06/02	县统计局	生活关爱	基层调研	仪陇县统计局走基层与留守孩子过六一儿童节,给予留守儿童心理上的关爱和物质上的帮助。
2015/6/29	南充市委	学业关爱	慰问活动	南充市委领导深入仪陇县看望留守儿童,送祝福,并为他们送去书包、文具、故事书籍等礼物。
2015/07/30	国网仪陇供电公司	学业关爱	公益活动	国网仪陇供电公司组织青年志愿者到柴井乡八一小学留守学生之家——"国家电网·快乐学校",开展关爱留守儿童活动,为50名孩子赠送书籍、文具、篮球等爱心礼物。
2015/08/06	碧泉乡	/	政策设计	制定了《碧泉乡建立"留守儿童之家"的实施方案》。
2015/08/07	柴井乡	情感关爱	慰问活动	副乡长带领乡民政所、乡妇联同志到柴井小学看望了黄博等六位留守儿童,捐助路费,圆了他们与远在广州打工的父母团聚的梦。
2015/08/11	石佛乡	/	政策设计	下发了《关于认真做好"留守儿童""空巢老人"教育管理工作的通知》。
2015/09/30	财政局	/	政策设计	发布了《妇女儿童发展规划〈两纲〉(2011—2015年)中期评估报告》。

续表

发布时间	关爱主体	关爱领域	关爱形式	关爱内容
2015/12/18	县教育局	健康关爱	政策设计	县教育局通过系列举措努力营造留守儿童健康成长良好环境。
2016/01/28	仪陇县爱心公益协会	生活关爱	公益活动	仪陇县爱心公益协会组织爱心人士为老木乡小学75名留守学生发放了总价值2万余元的"温暖包"。
2016/08/03	县妇联	生活关爱	公益活动	县妇儿工委办、县爱心达人俱乐部为学校30名贫困留守儿童每人捐赠价值200元的学习用品和200元现金，县妇联分别慰问学校两名困难教职工。同时，文星镇政府为学校10名贫困儿童每人捐助200元。
2016/08/30	四川农业大学米团公益暖米支队的志愿者	学业关爱	公益活动	四川农业大学米团公益暖米支队7月13日奔赴仪陇县观紫镇，开展以"陪伴留守儿童，助力乡村教育"为主题的乡村夏令营活动。
2016/11/15	大罗乡	生活关爱	基层调研	大罗乡集中开展"走基层、送温暖"活动，着重解决包括留守儿童在内的困难群众缺少棉衣、棉被无法安全过冬的问题。
2016/11/22	炬光乡	/	政策设计	炬光乡就关爱留守儿童作出新举措。一是营造关爱氛围，二是开展关爱活动。
2016/12/21	爱心人士	/	公益活动	仪陇苏家沟村小的代课老师罗光琼十年如一日坚持在岗位上，用爱温暖留守儿童。
2017/01/10	南充市红十字会志愿者协会	学业关爱	公益活动	为义门乡棕垭子村小学的30多名留守儿童送去了1200册图书和4个书架，价值15000元。
2017/02/09	县政府	/	基层调研	下发了《关于开展农村留守儿童摸底排查工作的通知》。
2017/02/16	县民政局	/	政策设计	县民政局积极开展关爱下一代工作，制定相关策略。
2017/05/27	县妇女儿童工作委员会	生活关爱	慰问活动	仪陇县公安局参加"放飞希望 绽放微笑 心系留守儿童情牵贫困家庭"集中慰问活动，爱心企业为留守学生捐赠了大量生活学习用具。
2017/07/24	永乐镇	情感关爱	公益活动	永乐镇开展留守儿童亲情感恩教育活动，帮助留守儿童与父母视频通话，增进感情。
2017/09/28	爱心人士	学业关爱	公益活动	爱心人士情系仪陇贫困儿童，捐资助学20余万元。
2017/11/08	中国人民保险集团公司	生活关爱	公益活动	中国人民保险集团公司发起"国学希望教室"公益助学捐赠活动，为铜鼓乡小学捐赠了国学书籍、运动服和其他助学物资。
2017/12/26	武棚小学	健康关爱	公益活动	为进一步做好学校安全工作，关爱留守儿童，呵护女生，武棚小学组织召开了主题为"相逢在花季"的女生专题教育工作会。

续表

发布时间	关爱主体	关爱领域	关爱形式	关爱内容
2017/12/29	安徽壹基金	学业关爱	公益活动	安徽壹基金众多爱心人士一起走进柴井小学。活动中，壹基金为1~3年级学生准备了"小恩"机器人，还开展了"学唐诗""背唐诗"活动。
2018/04/20	县税务局	学业关爱	慰问活动	看望慰问高阳村和尖山村两个村小学在读的留守儿童，并为他们送去文体用品。
2018/06/13	四川省关工委	/	基层调研	四川省关工委执行主任来度门镇调研关心下一代工作。
2018/06/14	丁字桥镇	/	政策设计	丁字桥镇多措并举开展暑期防溺水工作。
2018/09/05	县人民政府	/	政策设计	仪陇县人民政府关于印发《仪陇县统筹推进县域内城乡义务教育一体化改革发展实施方案》的通知，其中强调完善留守儿童关爱体系。
2018/11/23	磨盘小学	情感关爱	公益活动	开展系列心理健康教育活动。
2018/11/26	南充市关工委	/	基层调研	市关工委调研乐兴小学"十百千万关爱"活动，推动该校留守儿童关爱工作的深入开展。
2018/11/28	县政府	生活关爱	公益活动	签约大型公益慈善项目——《送给未来的礼物》。
2019/01/09	永光乡	/	政策设计	仪陇县永光乡人民政府下发《永光乡春节期间关爱服务农民工"七大行动"的实施方案》的通知，开展关爱留守人员活动。
2019/02/02	丁字桥镇丁字桥	/	公益活动	2月2日，丁字桥镇丁字桥村"留守儿童之家"项目建成并投入使用。
2019/02/02	大罗乡	生活关爱	慰问活动	大罗乡开展"三留守人员"慰问活动，党委成员冉勇、李明同志在大罗乡政府对留守妇女、留守老人及留守儿童进行了慰问，每人送上300元慰问金。
2019/02/25	县图书馆	学业关爱	公益活动	县图书馆向秋垭乡广洞沟村留守儿童赠送600多册图书。
2019/04/22	大仪小学	情感关爱	公益活动	大仪小学举行关爱留守儿童心理健康讲座，帮助留守儿童克服心理问题。
2019/05/08	县妇联	生活关爱	慰问活动	县妇联主席一行四人，到果山小学慰问留守儿童。
2019/07/26	马鞍镇	生活关爱	公益活动	马鞍镇开展"关注农民工，情系留守儿童"主题党日活动。
2019/09/16	赛金小学	生活关爱	慰问活动	赛金小学学校支部、工会、政教处联合组织开展了"情暖留守儿童 欢庆中秋佳节"系列活动。

续表

发布时间	关爱主体	关爱领域	关爱形式	关爱内容
2019/12/12	凤仪乡	生活关爱	基层调研	凤仪乡在全乡范围内扎实开展留守儿童调查摸底工作，对留守儿童情况进行登记，掌握家庭情况，对他们的生活情况及存在的困难和问题详细询问并记录备案。
2019/12/12	五福镇	生活关爱	基层调研	提出扎实做好全覆盖走访。镇村干部每周坚持对农民工及其家庭留守儿童、老人、妇女进行入户走访，了解生活近况，力所能及地排解生活困难。
2020/01/17	县领导	学业关爱	慰问活动	开展"走基层，送温暖"活动，勉励留守儿童要好好学习。
2020/03/13	仪陇县大寅镇关心下一代工作委员会	/	政策设计	仪陇县大寅镇关心下一代工作委员会制定2020年工作实施方案。
2020/05/18	银山小学	情感关爱	公益活动	银山小学举行心理健康及青春期专题讲座。
2020/06/01	马鞍镇	生活关爱	慰问活动	六一儿童节前夕，马鞍镇党委走进马鞍镇险岩农村社区、玉兰农村社区，为农村留守儿童送上节日礼物和祝福。
2020/06/01	马兴镇	生活关爱	慰问活动	马兴镇开展"情满六一·与爱同行"主题慰问活动，并举行捐赠活动。
2020/07/13	观紫镇	安全关爱	公益活动	安全知识宣讲，并通过微信对留守儿童家长进行防溺水教育。
2020/07/20	爱心人士	生活关爱	慰问活动	共产党员张思德走访慰问留守儿童家庭，为其排忧解难。
2020/07/22	仪陇县渔田幼儿园	/	/	仪陇县渔田幼儿园举行第三届"渔鱼"教育论坛，围绕环境创设、家园共育、幼儿教育、幼儿心理健康教育等方面，结合实际案例，开展了学术研讨交流活动。
2020/12/18	爱心基金会	学业关爱	公益活动	爱心基金会为仪陇乡村学校捐赠书籍和物资。

（三）关爱主体、关爱领域、关爱形式分析

对仪陇县近十年（2011—2020年）关爱留守儿童行动年表中的关爱主体、关爱领域及关爱形式三个维度进行分析，如图2-5至图2-7所示。

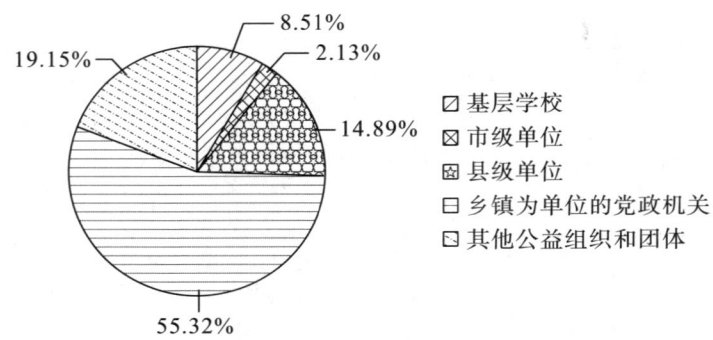

图 2-5 仪陇县留守儿童关爱主体分析图

如图 2-6 所示，仪陇县留守儿童关爱主体主要是以乡镇为单位的党政机关，占 55.32%，其次是其他公益组织和团体、县级单位、基层学校、市级单位，分别占 19.15%、14.89%、8.51%、2.13%。例如三蛟镇，通过基层调研了解当地留守儿童的教育现状，分析产生问题的原因，确定改变留守学生现状的措施，从而为以后的教育教学做参考。还有马鞍镇、思德乡、凤仪乡等，把关爱留守儿童工作落到了实处。

从整体上来看（如图 2-6 所示），仪陇县关爱留守儿童的领域集中在对留守儿童的生活关爱和学业关爱上，占 55.88%、23.53%。情感关爱、安全关爱、健康关爱占 11.76%、5.88%、2.94%。同时，仪陇县政府强调发挥学校的主阵地作用，呼吁社会各界力量携手关注留守儿童，积极探索关爱留守儿童的新思路。特别是在 2019 年，全县多所学校贯彻落实《今冬明春农民工服务保障七大专项行动方案》，仪陇县多所学校通过多种形式开展留守儿童暖心关爱活动。

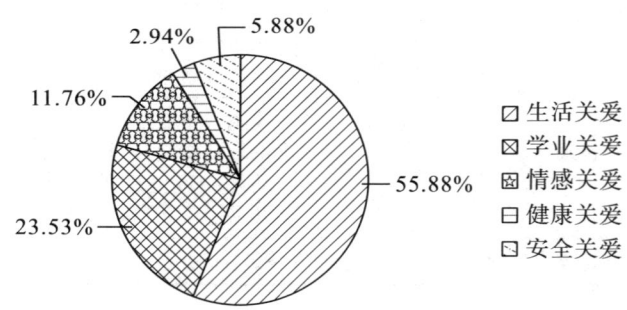

图 2-6 仪陇县留守儿童关爱领域分析图

如图 2-7 所示，仪陇县关爱留守儿童的形式以公益活动为主，占 36.36%。其次是政策设计、慰问活动、基层调研，分别占 22.73%、20.45%、20.45%。好的政策、好的措施提出后，重在有效落实。仪陇县扎实走好每一步，把关爱留守儿童的事情落到实处。积极开展"走基层、送温暖"活动，深入群众当中，实现精准帮扶。例如，思德乡积极创新服务方式，变以往坐着办公为"走着、跑着"办公，主动到家里去帮扶。2012年，三蛟镇调查了解当地留守儿童的教育现状，分析产生该现状的原因，为开展留守儿童工作制定合适措施，也为教育教学管理和改革提供参考。凤仪乡、光华乡等积极开展实地调研和摸底排查工作，对留守儿童情况进行登记，掌握他们的家庭情况，对他们的生活情况及存在的困难、问题详细询问并记录备案。在摸清现状的基础上，提出的举措实践起来更有成效。

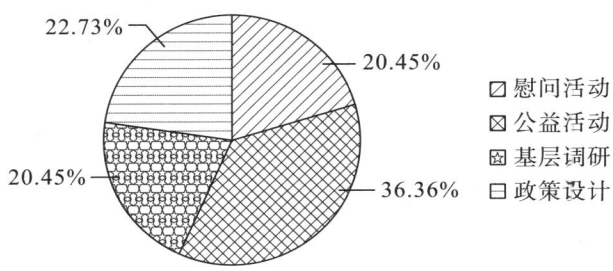

图 2-7 仪陇县留守儿童关爱形式分析图

三、阆中市关爱留守儿童的行动路径

（一）阆中市关爱留守儿童情况介绍

在阆中市人民政府官网进行"留守儿童"的检索，最早的一条记录是 2015 年 1 月 13 日方山乡发布的《关于持续深入开展"走基层"活动实施方案》的通知。据悉，各乡镇认真贯彻四川省委、阆中市委《持续深入开展"走基层"活动》的要求，时间是 2014 年 12 月至 2015 年 2 月（每年 12 月开始，用 3 个月时间集中开展"走基层"活动）。各乡镇积极认真开展"走基层"活动，活动完成之后再进行工作总结，这体现了市委市政府对留守儿童的高度关注，同时也把关爱留守儿童这份责任落到了实处。到了 2015 年年底，阆中市为切实解决留守人员特别是弱势群体的实际困难，动员全社会关心关注他们的生产生活，各乡镇陆续发布《开展关注留守·让爱回家"十个一"活动实施方案》的通知，发出"关注留守·让爱回家"倡议书，营造了全社会共同关注留守儿童的良好氛围。

（二）阆中市 2011—2020 年关爱留守儿童行动年表

在阆中市人民政府官网以关键词"留守儿童"进行检索，筛选出 2011 年至 2020 年关爱留守儿童的相关信息，其中 2011 年 1 月到 2014 年 12 月的信息在官网上未显示（见表 2-6）。

表 2-6 阆中市 2011—2020 年关爱留守儿童行动年表

发布时间	关爱主体	关爱领域	关爱形式	关爱内容
2011/01/01—2014/12/31	/	/	/	/
2015/01/13	方山乡	/	政策设计	印发《关于持续深入开展"走基层"活动实施方案》的通知。

续表

发布时间	关爱主体	关爱领域	关爱形式	关爱内容
2015/01/20	龙泉镇	/	政策设计	龙泉镇持续深入开展"走基层"活动实施方案。
2015/03/27	老观镇	/	政策设计	关于持续深入开展"走基层"活动实施方案,其中重点提到围绕留守儿童等特殊群体动员社会各界广泛开展捐资捐物行动。
2015/05/25	福星乡	/	政策设计	关于切实做好2015年"五一"及汛期安全生产工作的通知,其中提到针对留守儿童和老人,要谨慎用火、用气、用电严防事故的发生。
2015/07/29	共青团阆中市委	学业关爱	公益活动	7月29日,共青团阆中市第五届"金色梦想,成长之旅"留守儿童英语夏令营的志愿者走进解元乡,关爱留守儿童。
2015/08/13	阆中市财政局	/	政策设计	关于印发《阆中市财政局2015年工作要点》的通知,其中提出积极发展社会福利和慈善事业,进一步加大对城乡留守儿童、妇女、老人的关心关怀力度。
2015/08/24	阆中供电公司	学业关爱	公益活动	阆中供电公司共产党员服务队举行"金秋助学"座谈会,捐资助学。
2015/09/18	阆中市365爱心公益协会	生活关爱	公益活动	阆中市365爱心公益协会"关注贫困儿童、保障儿童权益"爱心公益活动在阆中市东方广场举行。
2015/12/13	文成镇	/	政策设计	文成镇制定了《关爱"空巢老人、留守儿童"活动的实施方案》。
2015/12/28	妙高镇	/	政策设计	妙高镇制定了《妙高镇开展关注留守·让爱回家"十个一"活动实施方案》。
2016/01/11	妙高镇	/	政策设计	妙高镇关爱留守儿童,发出"关爱留守儿童·让爱回家"倡议书。
2016/01/11	河楼乡	/	政策设计	河楼乡关于印发《河楼乡开展关注留守·让爱回家"十个一"活动实施方案》的通知。
2016/01/12	天宫乡	/	政策设计	天宫乡发出关爱"三留守"人员活动倡议书。
2016/01/12	文成镇	/	政策设计	文成镇制定了《关注留守·让爱回家"十个一"活动实施方案》,发出关于关爱留守儿童·让爱回家活动倡议书。
2016/01/12	垭口乡	/	政策设计	垭口乡制定了《关注留守·让爱回家"十个一"活动实施方案》,发出关于关爱留守儿童·让爱回家活动倡议书。

续表

发布时间	关爱主体	关爱领域	关爱形式	关爱内容
2016/01/12	金垭镇	/	政策设计	发出"关注留守·让爱回家"暖冬行动倡议书。
2016/01/18	五马镇	/	政策设计	五马镇关于印发《五马镇开展关注留守·让爱回家"十个一"活动实施方案》的通知。
2016/01/19	北门乡	/	政策设计	北门乡人民政府制定了《关注留守·让爱回家"十个一"活动实施方案》。
2016/01/20	五马镇	/	政策设计	发出"关注留守·让爱回家"倡议书。
2016/01/26	石滩镇	/	政策设计	发出"关注留守·让爱回家"倡议书。
2016/02/16	石龙镇	/	政策设计	石龙镇关于印发《石龙镇开展关注留守·让爱回家"十个一"活动实施方案》的通知。
2016/06/01	四川省政协	学业关爱	慰问活动	"国际六一儿童节"来临之际,四川省政协领导深入阆中市西山乡中心校,开展了以"快乐学习、健康成长"为主题的慰问活动。
2016/06/01	南充市委常委、宣传部	学业关爱	慰问活动	南充市委常委、宣传部先后走进洪山镇小学、大庆中心校、妙高中心校、河溪镇小学看望慰问留守儿童并送上书包、图书等慰问品。
2016/06/07	解元乡	/	基层调研	解元乡开展留守儿童、妇女、老人摸底排查工作。
2016/06/22	楼桥乡	/	基层调研	桥楼乡全面启动留守儿童、老人摸底排查工作。
2016/08/18	宝马镇干部	生活关爱	慰问活动	看望留守儿童及空巢老人40人,与留守儿童交流,嘱咐注意暑假安全。
2016/09/18	阆中市红十字会"阆苑爱"分会	生活关爱	慰问活动	"阆苑爱"爱心协会中秋关爱留守儿童,送去月饼、书包等礼品。
2016/11/08	妙高镇	/	政策设计	发布《关于持续深入开展"走基层、送温暖"活动的实施方案》。
2016/12/30	阆中市卫生健康局	生活关爱	慰问活动	走访慰问贫困留守老人、留守儿童和留守妇女活动。送上书包、文具、水壶、脸盆等慰问物资和慰问金。
2017/05/19	阆中市卫生健康局	健康关爱	基层调研	对七里、老观镇等8个乡镇(街道办事处)0～3岁、4～6岁、小学一年级、小学四年级、初中一年级、初中三年级的农村留守儿童和非留守儿童开展了健康状况调查。

续表

发布时间	关爱主体	关爱领域	关爱形式	关爱内容
2017/05/26	阆中市委、市政府	学业关爱	公益活动	"科普进校园"活动进入石子中心校，活动中市妇联、团市委分别向石子中心校的留守儿童捐赠了生活和学习用品，市残联、市科协捐赠了助残助学资金，市科协还捐赠了科普图书100本。
2017/06/01	南充监狱局	生活关爱	慰问活动	南充市监狱局组织青年狱警到五马镇东木门村村委会看望慰问留守儿童。
2017/06/01	南充市水务局	生活关爱	慰问活动	走访慰问西山乡贫困留守儿童，付强代表南充市水务局给20名贫困留守学生发放了爱心书包和文具。
2017/06/02	南充市税务局	学业关爱	慰问活动	税务局到河楼乡中心校看望慰问31名贫困留守儿童，送上爱心书包和文墨等，并向河楼乡中心校赠送儿童书刊1000余册。
2017/06/27	思依镇	/	基层调研	思依镇开展农村留守儿童摸底排查工作。
2017/07/13	南充市税务局	学业关爱	公益活动	开展"书香暑期·关爱留守儿童"活动，送去书包、文具和图书等学习用品。
2017/09/25	社会爱心人士	生活关爱	公益活动	北京新时空科技股份有限公司的爱心企业家刘继勋先生在彭城中心校，与三名家庭贫困的学生结成帮扶对象。
2017/10/26	南充市水务局	/	政策设计	阆中市水务局关于印发《精准扶贫结对帮扶工作方案》的通知。
2018/01/29	南充市卫生健康局	健康关爱	公益活动	在全市开展"把健康带回家，健康幸福过大年"活动，普及健康知识，发放慰问物资。
2018/02/08	河楼乡	安全关爱	基层调研	河楼乡开展干部走基层活动，其中以留守老人和留守儿童为重点，深入家中排查用电用气安全隐患。
2018/06/01	阆中市总工会	学业关爱	公益活动	在阆中市裕华镇中心学校开展"放飞梦想，绽放微笑"关爱留守儿童活动，给100余名留守儿童送去价值近10000元的学习用品和生活物资，向学校捐资助学5000元。
2018/10/31	阆中市政府	/	政策设计	阆中市人民政府办公室关于印发《阆中市农村留守儿童"合力监护、相伴成长"关爱保护工作方案》的通知。
2018/11/08	阆中市关工委	生活关爱	公益活动	启动"献艺农村学校 关爱留守儿童"志愿者活动。

续表

发布时间	关爱主体	关爱领域	关爱形式	关爱内容
2019/01/28	阆中市统计局	生活关爱	公益活动	开展"暖冬行·爱传递"活动，以"一助一""多助一"的形式，对阆中市妙高镇陈家梁村的困难群众、留守儿童及农民工进行了结对帮扶，并根据各家各户的实际需求赠送了慰问品。
2019/02/04	水观镇人民政府	/	政策设计	中共水观镇委员会、水观镇人民政府关于印发《水观镇2019年春节期间走访慰问农民工和农民工家庭活动方案》的通知。
2019/03/01	望垭镇人民政府	/	政策设计	望垭镇人民政府关于印发《望垭镇农村留守儿童"合理监护、相伴成长"关爱保护工作方案》的通知。
2019/05/13	扶农中心校	安全关爱	基层调研	对学生涉水情况进行调查研究，建立完善涉水学生档案。
2019/05/31	阆中市救助管理站	生活关爱	慰问活动	阆中市救助管理站未成年人保护中心到彭城中心校慰问留守学生。
2019/06/12	四川交投广南高速阆中收费站	情感关爱	公益活动	开展"路姐"妈妈信箱公益活动，关爱留守儿童。
2019/06/14	思依镇乡	安全关爱	公益活动	开展2019年关爱贫困留守儿童法治教育活动。
2019/07/30	金垭镇	/	政策设计	金垭镇召开夏季安全生产工作会，强调要扎实加强暑期学生安全教育。
2020/01/16	市委宣传部、市文明办	学业关爱	慰问活动	活动中市团委为该镇部分留守儿童学生赠送了书包和慰问品。
2020/01/19	南充市民政局	生活关爱	慰问活动	与留守儿童亲切交谈，发放春节慰问物资。
2020/05/31	阆中市民政局	生活关爱	慰问活动	六一儿童节来临之际，阆中市民政局、市未成年人保护中心到部分学校及留守儿童家中，看望慰问部分留守儿童。
2020/06/02	阆中市总工会	生活关爱	慰问活动	阆中市总工会六一儿童节前夕在福星中心校开展关爱留守儿童慰问庆祝活动，并举行捐赠仪式。
2020/08/24	思依镇	健康关爱	公益活动	思依镇开展系列文明实践志愿服务活动，关爱留守儿童身心健康。
2020/09/30	阆中市民政局机关党支部	学业关爱	慰问活动	开展"迎国庆、感党恩，慈善月、献爱心"主题活动，党员代表来到飞凤中心校、天宫中心校看望慰问部分留守儿童，送去慰问金和学习用品。
2020/10/28	五马镇人民政府	/	政策设计	五马镇人民政府《关于做好"三留守"关爱服务工作的实施方案的通知》，其中指出从留守儿童迫切需要出发，为其排忧解难。

续表

发布时间	关爱主体	关爱领域	关爱形式	关爱内容
2020/10/29	江南街道办事处	/	政策设计	阆中市人民政府江南街道办事处关于做好农村"三留守"关爱服务工作的通知。
2020/11/09	老观镇	生活关爱	公益活动	通过"慧眼工程"助力"平安老观"和"智慧老观"建设,外出务工的年轻人可通过手机实时了解留守老人、留守儿童的生活情况,开展实时互动。
2020/11/28	五马镇	/	政策设计	五马镇三机制真情服务"三留守",加快建立关爱留守儿童、妇女和老人志愿服务行动长效机制。

(三) 关爱主体、关爱领域、关爱形式分析

对阆中市近十年(2011—2020年)关爱留守儿童行动年表中的关爱主体、关爱领域及关爱形式三个维度进行分析,如图2-8至图2-10所示。

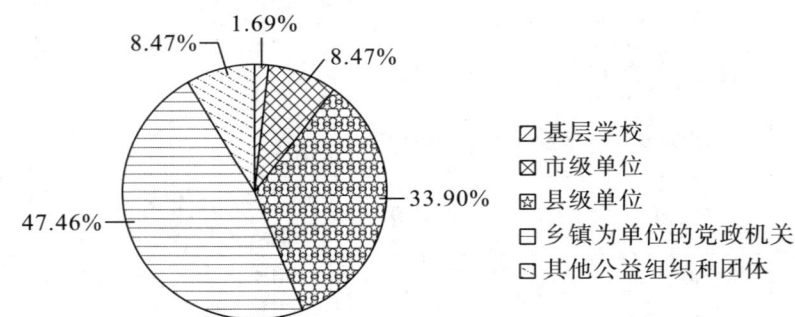

图2-8 阆中市留守儿童关爱主体分析图

阆中市辖23个乡镇、5个街道,总人口80万人,在留守儿童关爱主体上也主要是以乡镇为单位的党政机关和县级单位为主,分别占47.46%、33.90%,如图2-8所示。市级单位、其他公益组织和团体、基层学校分别占8.47%、8.47%、1.69%。2015年,政府发布《关于持续深入开展"走基层"活动实施方案》,各乡镇如方木乡、木兰镇、龙泉镇、老观镇等纷纷响应政策号召,可以看出以乡镇为配合单位的党政机关做出了很多努力。

如图2-9所示,阆中市关爱留守儿童的领域,首先集中在生活关爱、学业关爱方面,分别占50.00%、31.25%。其次是安全关爱、健康关爱、情感关爱,分别占9.38%、6.25%、3.13%。生活保障是基础,各单位通过捐衣、捐学习用具、捐资金等在物质上给予留守儿童帮扶,努力在生活上给予温暖。

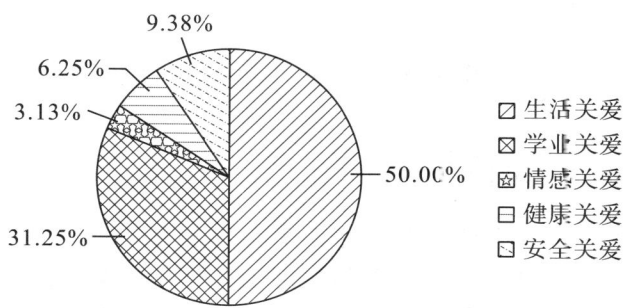

图2-9 阆中市留守儿童关爱领域分析图

如图2-10所示,在关爱形式上,阆中市具有一个显著的特点,政策设计占多数,达到43.75%,其次是慰问活动、公益活动及基层调研的开展,分别占23.44%、23.44%、9.38%。为认真贯彻省、市委"持续深入开展'走基层'活动"的要求,2014年12月至2015年2月,用3个月时间集中开展"走基层"活动,2016年,国务院印发《关于加强农村留守儿童关爱保护工作的意见》,2016年5月6日,阆中市政府积极响应号召,下发了阆中市农村留守儿童摸底排查工作的通知。各乡镇积极开展摸底排查工作,依据自身实际情况,部署安排工作,严格按照上级要求,认真完成排查工作。

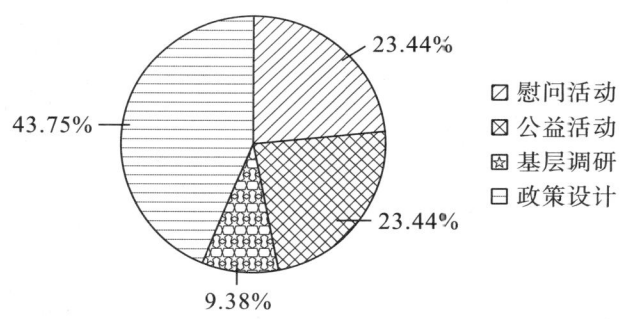

图2-10 阆中市留守儿童关爱形式分析图

由于在关爱形式的划分上把这个"活动"的实施方案归类为政策设计,所以在关爱领域没有给予相应划分。但这里值得说明的是,"关注留守·让爱回家"活动的开展,在心理上、生活上都对留守儿童有很大的积极影响。实际上,此活动非常关注留守人员的身心健康,特别是能在一定程度上弥补留守儿童缺失的亲情。2016年,妙高镇、河楼乡、天宫乡、金垭镇、文成镇、垭口乡石滩镇、五马镇、北门乡纷纷开展"关注留守、让爱回家"暖冬行动,呼吁社会各界爱心人士和爱心企业携起手来共行善举、共筹大爱、共促和谐。到了2016年,国务院发布《关于加强农村留守儿童关爱保护工作的建议》,提出加强农村留守儿童关爱保护工作,维护未成年人的合法权益。北京青少年法律援助与研究中心主任指出,家庭监护是保障儿童健康成长的基础制度。但在当前我国城镇化的大背景下,农民工的频繁流动导致很多留守儿童处于缺乏父母关爱甚至有效监护的状态。

四、南部县 2011—2020 年关爱留守儿童工作行动路径

(一) 南部县留守儿童状况分析

南部县是劳务输出大县,早在 2012 年,就有 40 多万名青壮年常年外出打工,他们的子女有超过一半成了留守儿童,基于当时的实况,南部县委、县政府十分重视关爱留守儿童工作,强调创新管理方式,构建起社区、家庭、学校"三结合"的系统网络,并逐步建成"党政主导、部门联动、社会参与、全民关怀"的长效机制。

(二) 南部县 2011—2020 年关爱留守儿童年表

在南部县人民政府官网以关键词"留守儿童"进行检索,筛选出 2011 年至 2020 年关爱留守儿童的相关信息,其中 2011 年的信息在官网上未显示(表 2-7)。

表 2-7 南部县 2011—2020 年关爱留守儿童年表

发布时间	关爱主体	关爱领域	关爱形式	关爱内容
2011/01/01—2011/12/31	/	/	/	/
2012/03/26	爱心人物	/	公益活动	村民李勇用自己的积蓄创建托管之家,帮助农村留守儿童健康成长。
2012/04/13	南部县委	/	政策设计	《南部县国民经济和社会发展第十二个五年规划纲要》中提到加强基层组织和文化阵地建设,关爱农村留守儿童。
2012/04/28	县司法局	/	基层调研	各部门组成考察组前往南充市顺庆区、高坪区学习考察。
2012/05/03	爱心人物	/	/	南部县董家小学特岗教师罗春燕,悉心关爱班上留守儿童。
2012/12/10	南部县"蚂蚁"总协会	生活关爱	公益活动	组织协会志愿者,积极开展扶助弱势群体活动,筹资捐物,辅助留守儿童等弱势群体。
2013/06/04	团县委	生活关爱	公益活动	举办"农信情,未来梦——关爱留守学生六一圆梦行动"对五灵小学贫困留守学生进行捐助。
2013/11/20	南部县总工会、团县委、县妇联	生活关爱	公益活动	11 月 18 日,南部县总工会、团县委、县妇联联合开展"暖冬行动"。
2013/12/27	团县委联合县关工委	生活关爱	公益活动	举办"手拉手心连心·关爱留守儿童"迎新年公益联谊晚会。筹资 2 万余元,为建兴小学贫困留守学生现场发放了学习、生活用品和新年礼物。

续表

发布时间	关爱主体	关爱领域	关爱形式	关爱内容
2014/03/17	南部县公益志愿者协会	生活关爱	公益活动	20余名志愿者来到该县碾垭乡、定水镇开展捐资助学活动。
2014/04/12	柳驿乡	/	公益活动	柳驿乡组织开展大春生产义工活动,对留守儿童等进行信息收集,建立相应台账。
2014/06/03	县妇联	生活关爱	慰问活动	县妇联到"三民"活动结对帮扶的南隆镇改清村开展六一儿童节慰问活动,为困难儿童送上文具用品和慰问金。
2014/06/04	团县委	情感关爱	公益活动	团县委联合相关单位和爱心组织在兴盛乡小学和升水镇小学举行"携手未来·心语心愿"留守儿童圆梦行动。
2014/07/15	太华乡	安全关爱	公益活动	太华乡依法治县领导小组开展"送法律下基层"活动,对留守儿童等重点群体开展法律援助宣传咨询活动。
2014/10/14	兴盛小学	/	公益活动	兴盛小学"留守儿童之家"正式挂牌。
2014/10/16	南部县卫生局	健康关爱	公益活动	南部县卫生局到兴盛小学对农村"留守学生"开展爱心义诊。
2015/03/11	南隆镇关工委	生活关爱	慰问活动	对辖区内的35户留守儿童、孤儿、贫困户等家庭进行了慰问。
2015/05/11	团县委	生活关爱	公益活动	"携手未来 心语心愿"圆梦活动在楠木小学举行,为楠木小学401名留守学生、农民工子女争取到了鸿基金401个"爱的背包",总价值超过8万元。
2015/03/11	全国妇联儿童工作部	/	基层调研	就农村留守儿童关爱服务体系建设工作进行调研。
2015/07/29	爱心教师	/	公益活动	南部县碾盘乡小学一位80后女教师无私奉献,为留守孩子搭建一个家。
2015/08/13	县团委	安全关爱	公益活动	在该县石泉小学举行"儿童平安计划"暑期留守学生项目活动。
2015/10/08	爱心人士	/	公益活动	南部建兴镇一对夫妻不图回报做公益,时常免费为当地留守儿童举办文艺表演。
2015/11/18	南部县滨江街道振兴街南段社区	情感关爱	公益活动	在"亲情聊天室"里,留守儿童通过QQ视频与父母通话。
2015/12/01	爱心人士	/	公益活动	南部县第三小学校长张代信退休后无私资助困难学生,倡导成立留守儿童之家。
2015/12/09	县委、县政府	学业关爱	公益活动	向现场60名特医学生发放了助学金,以及书包、钢笔等文具,并向该县捐赠了价值22万元的图书、果桌椅和文具。

续表

发布时间	关爱主体	关爱领域	关爱形式	关爱内容
2015/12/11	市委政法委机关党委	安全关爱	公益活动	市委政法委机关党委组织部分干部到帮扶点南部县盘龙镇玉龙山村,开展妇女儿童维权法律知识讲座,为村民讲解法律知识。
2016/03/09	爱心人士	生活关爱	公益活动	王春雨自退休后一直义务服务社区群众,照看和教育社区留守儿童。
2016/06/01	共青团南部县委	生活关爱	公益活动	在该县碾盘乡上柏庙村开展"城乡联心庆'六一'·社会聚力助扶贫"活动。
2016/07/27	县关工委县	学业关爱	公益活动	组织开展了"留守儿童托管中心学感恩"夏令营活动,志愿者辅导留守儿童完成暑假作业、学习国学知识、参与劳动。
2016/08/03	24365服务平台	情感关爱	公益活动	举办了以"关爱留守儿童·让爱流淌"为主题的志愿服务活动,陪伴孩子们游戏,帮助他们积极面对生活。
2016/09/08	峨眉电影集团四川省电影公司	生活关爱	公益活动	到南部县兴盛乡二龙场村,为村里的"夫妻小学"送去画笔、足球、篮球等价值5000余元的开学礼物。
2016/09/21	乡村女教师	/	/	桐坪乡第二小学女教师田霞是孩子们的老师,留守儿童的"妈妈",在岗位上无私奉献。
2016/11/16	成都南部商会	生活关爱	公益活动	给南部县铁鞭小学270名留守学生送去棉被并发放爱心助学款。
2016/11/30	南充市户外公益协会	学业关爱	公益活动	向西河乡小学176名留守儿童捐赠3000余册图书。
2017/01/04	大连海事大学支教团志愿者	情感关爱	公益活动	通过大连海事大学支教团志愿者提供的多媒体视频设备,帮助南部县东坝小学的留守儿童与外出务工父母视频通话。
2017/07/14	24365服务平台	生活关爱	公益活动	为太霞乡太霞小学96名贫困留守学生送去"暑期大礼包"。
2017/07/27	24365服务平台	健康关爱	公益活动	以6岁至15岁的留守儿童为重点服务对象,邀请一线名师和专家,每周六在线为学生提供心理辅导、成长倾诉等服务。
2017/08/11	县文化广播电视和旅游局	生活关爱	公益活动	开展慰问演出活动,向留守儿童捐赠物资。
2017/09/20	爱心人士	/	公益活动	南部县伏虎镇关工委执行主任杜克荣,为留守儿童创办家长学校。
2017/12/06	共青团南部县委	生活关爱	公益活动	为南部县盘龙镇人民小学捐赠总价值近3万余元的"温暖包"。
2018/01/03	南部县美容商会	生活关爱	公益活动	为大桥小学180余名留守儿童送去温暖礼包。

续表

发布时间	关爱主体	关爱领域	关爱形式	关爱内容
2018/01/29	爱心人士	学业关爱	公益活动	南充市南运集团退休职工叶千秀，人称"爱心婆婆"，资助多名贫困学子读书。
2018/05/25	爱心人士	生活关爱	公益活动	王运浩公司成立"留守儿童基金"，用于帮助南部县生活贫困的留守儿童。
2019/01/10	爱心企业	生活关爱	公益活动	在蓬安县锦屏镇西拱桥村活动广场举行"情系西拱桥·爱暖冬季"爱心捐赠活动。
2019/03/26	南充市级社会组织功能型党支部	生活关爱	公益活动	开展"关爱留守儿童捐本书"网络公益助学，为营山县灵鹫镇鸡嘴村小学送去学习物品、新衣等。
2019/03/29	中心乡小学	健康关爱	/	学校成立了心理健康室，给留守儿童提供心理咨询辅导。
2019/06/05	南充供电公司	安全关爱	公益活动	对西兴孙家坝村九组部分留守儿童家中的线路、开关等电力设备进行了仔细检查，并对老化设备进行了免费更换。
2019/12/05	县图书馆	学业关爱	公益活动	2019年天府书展基层阅读活动在南部县图书馆及各乡镇分馆同步举行。
2019/12/11	县教科体局	生活关爱	公益活动	"守初心·爱永恒"暖冬行动启动仪式在该县定水小学举行，60名学生获赠"温暖包"。
2019/12/31	教师夫妇	/	公益活动	结对帮扶一名留守儿童。
2020/04/01	县委	学业关爱	公益活动	志愿者在楠木镇牌坊村开展"童伴之家——关爱留守学生·青春志愿行"活动，向当地17名家庭困难且父母长年在外务工的留守学生送去学习、文体用品，并一对一陪伴留守学生。
2020/05/13	县妇联	生活关爱	公益活动	南部县妇联举办科学家教进家庭讲座暨"母亲邮包"发放仪式。
2020/06/03	县妇联	生活关爱	公益活动	到南部县部分乡村、学校，为贫困家庭学生、留守儿童送礼物，开展图书捐赠等活动。
2020/07/13	升钟公益志愿者协会	生活关爱	公益活动	南部县升钟公益志愿者协会走进太霞乡小学，开展了以"送温暖、献爱心"为主题的爱心捐赠活动。
2020/08/08	县图书馆	学业关爱	公益活动	志愿者进入八尔湖镇推广"我爱阅读100天"读书打卡阅读系列实践活动，指导留守儿童阅读。
2020/08/31	南部县	/	政策设计	南部县提出纵深推进未成年人关爱保护专项行动，强调实行教育、民政多部门联动，加强对留守儿童的关注。
2020/11/16	爱心人士	生活关爱	公益活动	南部县长坪镇黄金垭社区蔡晓泉为留守儿童捐款捐物。

（三）关爱主体、关爱领域、关爱形式分析

下面对南部县 2011—2020 年关爱留守儿童行动年表蓬安县 2011—2020 年关爱留守儿童工作行动年谱中涉及的关爱主体、关爱领域及关爱形式三个维度出现的新闻条数进行具体分析，结果如图 2-11 至图 2-13 所示。

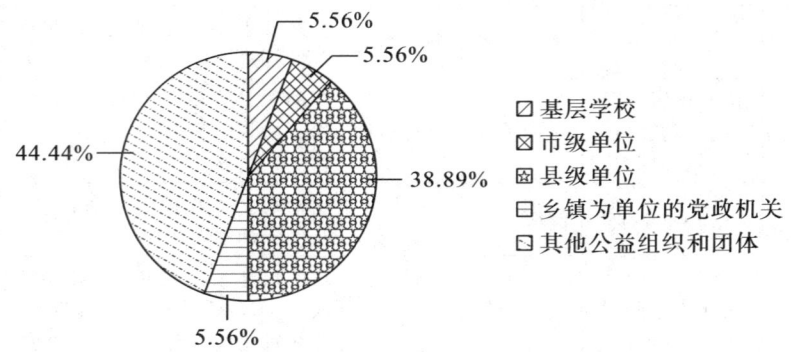

图 2-11　南部县留守儿童关爱主体分析图

从图 2-11 南部县留守儿童关爱主体分析图来看，南部县关爱留守儿童的主体集中在其他公益组织和团体、县级单位，分别为 44.44%、38.89%。市级单位、乡镇为单位的党政机关、基层学校均占 5.56%。关爱留守儿童是我们共同的担当与责任，其他公益组织和团体在这里做出了很多贡献，包括南部县"蚂蚁"总协会、南部县公益志愿者协会等。

从图 2-12 可以看出南部县留守儿童关爱的领域主要集中在生活关爱上，占 55.17%，其次是学业关爱、情感关爱、安全关爱、健康关爱，分别占 17.24%、13.79%、10.34%、3.45%。在生活关爱上比较典型的就是通过开展各种公益活动，为留守儿童捐助生活用品、学习用品。

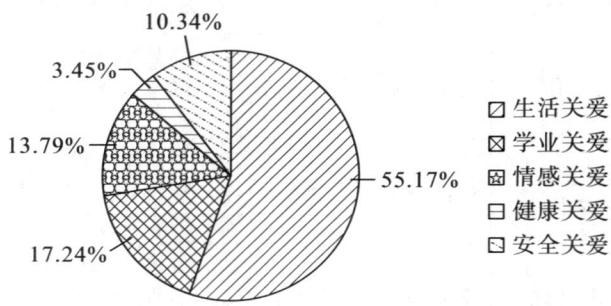

图 2-12　南部县留守儿童关爱领域分析图

从图 2-13 可以看出南部县留守儿童关爱形式以开展慰问活动为主，占 88.68%，公益活动、基层调研、政策设计均占 3.77%。南部县是劳务输出大县，县委、县政府十分重视并创新"留守儿童"管理工作，关注留守儿童工作发展。在结合自身实际情况的基础上构建了社区、家庭、学校"三结合"关爱网络，逐步形成"党政主导，部门联动，社会

参与，全民关怀"的长效机制，为留守儿童健康成长营造了良好的社会环境，留守儿童的身心健康明显得到改善。

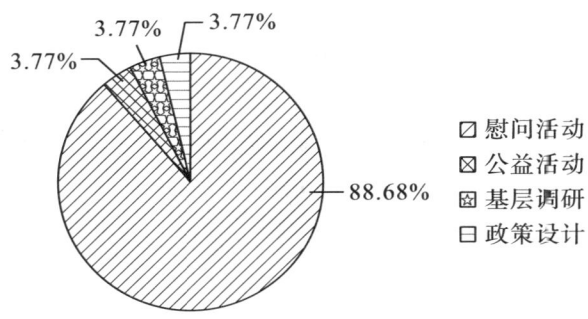

图 2-13　南部县留守儿童关爱形式分析图

此外，涌现出了很多爱心人士。一批爱心人士脱颖而出，南部县三官镇红岩村老幼托管之家负责人李勇、南部县董家小学特岗教师罗春燕、南部县建兴镇一对夫妻、南部县伏虎镇关工委领导、南部县长坪镇黄金垭社区蔡晓泉、南部县蜀北街道草市街社区的居委会领导、南充市南运集团退休职工叶千秀等，平凡的人用无私的爱为社会做出贡献，他们的光芒点亮受助者心中的希望。

五、蓬安县 2011—2020 年关爱留守儿童工作行动路径

（一）蓬安县留守儿童情况分析

蓬安县强调开展结对帮扶关爱留守儿童活动，动员女同志担任"爱心妈妈"，对留守儿童实行"一对一"帮扶。为贯彻落实国务院、省、市、县关于全面开展农村留守儿童摸底排查工作的文件精神，各乡镇在这一年积极开展农村留守儿童摸底排查工作，深入了解农村留守儿童的真实情况。

（二）蓬安县 2011—2020 年关爱留守儿童工作行动年表

在蓬安县人民政府官网以"留守儿童"为关键词进行检索，搜索并摘取出相关内容，从发布时间、关爱主体、关爱领域、关爱形式及关爱内容五个维度进行梳理分析，结果见表 2-8。

表 2-8　蓬安县 2011—2020 年关爱留守儿童工作行动年表

发布时间	关爱主体	关爱领域	关爱形式	关爱内容
2011/05/12	河舒镇	/	政策设计	建立家庭、学校、社会"三位一体"的留守儿童关爱体系。
2011/07/28	爱心人士	情感关爱	/	爱心老人丁思友帮助"问题"儿童走上正轨。

续表

发布时间	关爱主体	关爱领域	关爱形式	关爱内容
2011/09/26	蓬安供电公司	安全关爱	公益活动	在蓬安县革命老区"川电留守儿童之家"诸家初级中学,开展"关爱留守儿童,安全宣传进校园"活动。
2012/04/01	南充记者	生活关爱	基层调研	南充记者深入蓬安县骑龙乡"留守儿童之家",体验留守儿童小代恒一天的生活。
2012/04/11	驻蓬安县武警中队雷锋班战士	情感关爱	公益活动	每到周末,武警官兵轮流来到骑龙乡陪伴留守儿童。
2012/04/16	骑龙乡	情感关爱	公益活动	志愿者帮助留守儿童与父母视频通话。
2012/06/21	锦屏中心卫生院	安全教育	公益活动	锦屏中心卫生院的医务工作者为锦屏小学500名师生讲解夏季防溺水安全知识。
2012/09/29	蓬安义工	生活关爱	公益活动	在蓬安县相如镇政府街社区举办"情系中秋"关爱留守儿童主题活动,社区义工为35名留守儿童送上月饼、水果和学习用品。
2012/12/01	相如镇城南桥社区干部	情感关爱	公益活动	社区干部与留守儿童结成帮扶对子,定期开展亲情见面会等活动。
2013/02/13	金溪镇政府	生活关爱	慰问活动	为沈家坝村6名留守儿童和10名空巢老人送去保暖鞋、保暖手套和大米、食用油等新年"大礼包"。
2013/06/16	河舒镇"爱心妈妈"服务队	学业关爱	公益活动	在河舒小学为留守儿童送学习用品,开展结对帮扶活动。
2013/07/21	西南石油大学	情感关爱	公益活动	西南石油大学志愿者在锦屏镇莲花村五组开展留守儿童关爱活动。
2013/07/24	县图书馆	/	公益活动	蓬安县图书馆为留守儿童专设"留守儿童之家"。
2013/07/25	磨子西街社区	安全关爱	/	将社区活动中心变成留守儿童"快乐大本营",预防夏季孩子下水存在的安全隐患。
2013/08/05	共青团南充市委	情感关爱	公益活动	南充100名留守儿童搭乘"心愿航班"到深圳与父母团聚。
2013/08/30	骑龙乡党委副书记	生活关爱	慰问活动	在白鹤嘴村开展留守儿童送温暖慰问活动,送去书包、衣物和文具。
2013/10/10	蓬安县人民武装部	情感关爱	慰问活动	蓬安县人民武装部工作人员邓跃龙成为一名代理爸爸,在群乐乡认领10名留守儿童,与他们一起度国庆。
2013/11/12	高庙乡	情感关爱	公益活动	高庙乡便民服务中心为空巢老人和留守儿童搭建远程视频交流平台。
2013/11/28	两路乡爱心服务支部文艺演出队	情感关爱	慰问活动	两路乡爱心服务支部文艺演出队在蓬安县两路乡中心小学开展慰问演出,抚慰留守儿童的心灵。

续表

发布时间	关爱主体	关爱领域	关爱形式	关爱内容
2014/03/05	县检察院	生活关爱	公益活动	"代理检察官妈妈"们来到骑龙乡白鹤嘴村留守儿童之家,为47名"结对帮扶儿女"上法制课,开展亲子活动,捐赠学习用品。
2014/06/26	骑龙乡	安全关爱	公益活动	骑龙乡开展暑期留守儿童安全宣传教育活动,加强留守儿童防溺水等夏季安全教育管理工作。
2014/06/27	徐家镇	/	政策设计	徐家镇多举措抓好暑期留守儿童防溺水工作,预防暑期溺水事故。
2014/07/23	长梁乡	生活关爱	慰问活动	向中坝小学贫困留守儿童致以慰问,送书籍、学习工具等。
2014/07/28	高庙乡	安全关爱	/	高庙乡开展暑期留守儿童防溺水宣传工作。
2014/08/13	县图书馆、县义工协会	学业关爱	公益活动	在县图书馆少儿阅览室为留守儿童开办暑期免费辅导班。
2015/03/06	县检察院	学业关爱	慰问活动	县人民检察院的"爱心妈妈"们到骑龙乡白鹤嘴村,看望慰问当地留守儿童,赠送书包、文具和书籍等学习、生活用品。
2015/06/25	群乐乡	/	基层调研	群乐乡开展做好留守儿童和空巢老人摸底调查工作。
2015/07/08	城南桥社区	情感关爱	公益活动	帮助留守儿童通过视频通话与外出务工的父母交流沟通。
2015/11/09	福德镇	情感关爱	公益活动	福德镇举行"关注农民工、关爱留守儿童、情系千万家"义演活动。
2016/02/04	县人社局	生活关爱	慰问活动	县人社局领导干部一行到利溪镇挖龙坳村、新园乡踏坡梁村和宽敞沟村,深入开展走访慰问活动。
2016/05/21	福德镇	/	基层调研	福德镇开展农村留守儿童摸底排查工作。
2016/05/25	团县委	生活关爱	慰问活动	团县委在天桥小学开展"穿越时空的团聚"慰问留守儿童活动。
2016/05/26	群乐乡	/	基层调研	群乐乡开展农村留守儿童摸底排查工作。
2016/05/26	平头乡	/	基层调研	平头乡召开农村留守儿童摸底排查工作会议。
2016/05/26	徐家镇	/	基层调研	徐家镇开展农村留守儿童摸底排查工作。
2016/05/27	龙云镇	/	基层调研	龙云镇开展农村留守儿童摸底排查工作。
2016/05/27	金甲乡	/	基层调研	金甲乡开展农村留守儿童摸底排查工作。
2016/05/30	蓬安县志愿者	情感关爱	公益活动	蓬安县志愿者为留守儿童圆梦,收集他们的心愿带给父母。
2016/05/30	开元乡	/	基层调研	开元乡召开农村留守儿童摸底排查工作会议。

续表

发布时间	关爱主体	关爱领域	关爱形式	关爱内容
2016/06/01	团县委	情感关爱	公益活动	开展以"穿越时空的团聚"为主题的爱心公益活动。团县委收集了全县21个乡镇65名留守儿童的六一儿童节愿望,并前往各地把心愿带给他们的父母,帮助孩子实现心愿。
2016/06/20	高庙小学	生活关爱	公益活动	对父母均外出务工的6至12周岁的贫困家庭在校学生,实行"一对一"结对帮扶。
2016/06/22	石孔乡	/	基层调研	石孔乡开展农村留守儿童摸底排查工作。
2016/07/11	睦坝乡	/	基层调研	睦坝乡开展农村留守儿童摸底排查工作。
2016/07/20	开元乡	/	基层调研	开元乡开展农村留守儿童摸底排查工作。
2016/07/25	长梁小学	安全关爱	公益活动	开展"关爱留守儿童现状,增强安全防范意识"活动,邀请实验小学教师上了一堂防火逃生技能课。
2016/07/26	两路乡	/	基层调研	两路乡开展农村留守儿童摸底排查工作。
2017/03/08	县法院	安全关爱	公益活动	在鲜店小学开展主题为"关爱留守儿童,预防性侵害"的法制宣传教育活动。
2017/03/28	共青团蓬安县委	生活关爱	公益活动	在天成小学举行"爱的背包"关爱留守儿童成长计划活动,向三至六年级留守儿童捐赠"爱的背包"138个。
2017/05/27	县总工会	生活关爱	慰问活动	六一儿童节来临之际,县总工会来到两路小学,为91名留守儿童送上节日祝福,发放慰问品。
2017/05/31	县团委	情感关爱	公益活动	在金溪镇向东小学举行"爱心手拉手,成长心连心"关爱留守儿童暨六一儿童节公益活动。
2017/06/01	蓬安县志愿者协会	情感关爱	公益活动	开展"爱心手拉手 成长心连心"关爱留守儿童活动,帮助孩子们实现心愿。
2017/11/06	杨家镇	/	基层调研	杨家镇开展农村留守儿童摸底排查工作。
2017/11/06	巨龙镇	/	基层调研	巨龙镇开展农村留守儿童摸底排查工作。
2017/11/07	凤石乡	/	基层调研	凤石乡开展农村留守儿童摸底排查工作。
2017/11/29	利溪镇	/	基层调研	利溪镇开展农村留守儿童摸底排查工作。
2018/05/04	市委常委、副市长	生活关爱	慰问活动	市委常委、副市长带领市工商银行一行深入联系帮扶村徐家镇水对沟村、小河口村,为该村贫困留守儿童送去六一儿童节前慰问。
2019/01/09	县妇联	情感关爱	公益活动	县妇联组织开展"留守儿童为父母写一封信"活动。
2019/07/02	西华师范大学	健康关爱	基层调研	西华师范大学教育学院师生来到群乐小学开展关爱留守儿童成长社会调查活动。

续表

发布时间	关爱主体	关爱领域	关爱形式	关爱内容
2020/05/20	向东小学	健康关爱	公益活动	开展学生心理健康教育，使留守儿童心理健康教育常态化。
2020/10/25	县教科体局	情感关爱	公益活动	县教科体局在桑梓小学举行了"情暖童心 相伴童行"志愿者服务活动。

（三）关爱主体、关爱领域、关爱形式分析

对蓬安县 2011—2020 年关爱留守儿童行动年表中涉及的关爱主体、关爱领域及关爱形式三个维度出现的条数进行具体分析，结果如图 2－14 至图 2－16 所示。

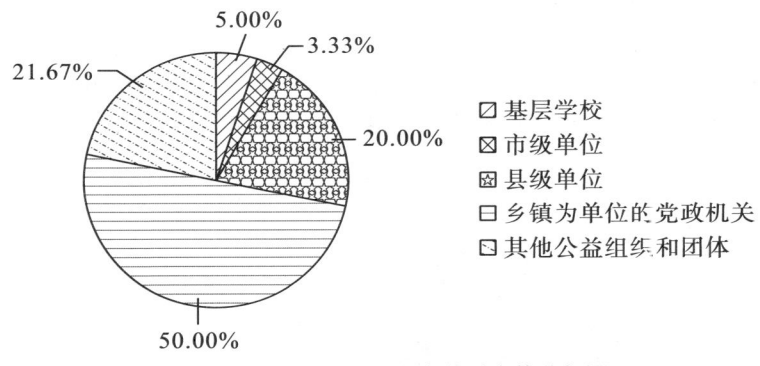

图 2－14 蓬安县留守儿童关爱主体分析图

如图 2－14 所示，关爱主体是乡镇为单位的党政机关、其他公益组织和团体、县级单位，分别占 50.00%、21.67%、20.00%，基层学校和市级单位也有一定的参与，分别占 5.00%、3.33%。蓬安县以乡镇为单位的党政机关占到关爱主体的一半，起到了关键性的引领作用。特别是在 2016 年，开元乡、福德镇、睦坝乡、巨龙镇、凤石乡等积极响应政策号召，开展本乡镇留守儿童摸底排查工作，为后续健全留守儿童关爱机制奠定了基础。

如图 2－15 所示，关爱领域集中在情感关爱和生活关爱上，分别占 40.48%、28.57%。其次是安全关爱、学业关爱、健康关爱，分别占 19.05%、7.14%、4.76%。蓬安县坚持"三强化"措施关爱留守儿童，一是强化制度建设到位，加强留守儿童之家的建设，对留守儿童的信息进行规范精确化处理后归档。动员党员、志愿者、教师等担任"代理妈妈"，开展结对帮扶。二是强化宣传教育，在学校开展"安全知识进校园"活动，还采取送文化下乡的形式，对留守儿童较多的村社进行家教知识的宣传辅导，教育留守儿童家长及临时监护人承担起教育孩子的责任。充分利用节假日，组织召开返乡家长会，引导他们树立科学的教育观。三是强化心理疏导，在学校、村（社区）建立QQ 群、微信等通信平台，利用节假日组织留守儿童与父母进行视频交流，拉近距离；定期和不定期组织开展"1+1"结对帮扶活动和谈心活动，确保每一个留守儿童都能感受到社会大家庭的温暖。

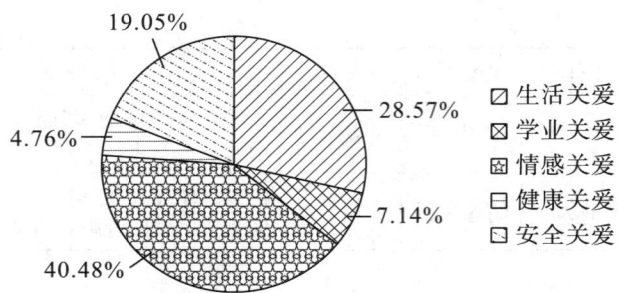

图 2—15 蓬安县关爱留守儿童涉及的关爱领域分析图

如图 2—16 所示，蓬安县留守儿童的关爱活动形式主要是公益活动、基层调研，分别占 48.22%、32.14%；慰问活动、政策设计分别占 16.07%、3.57%。"没有调查就没有发言权"，蓬安县认真贯彻落实《关于开展农村留守儿童摸底排查工作的通知》，各乡镇在 2016—2017 年相继开展农村留守儿童摸底排查工作，重点掌握蓬安县农村留守儿童的数量规模、分布区域、结构状况以及农村留守儿童的家庭组成、生活照料、受教育程度等基本信息，建立农村留守儿童数据库，确保数据真实，并健全信息报送机制，以细化完善关爱保护政策措施。

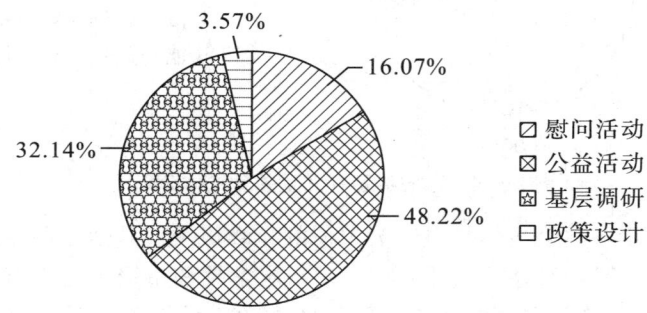

图 2—16 蓬安县留守儿童关爱形式分析图

六、营山县 2011—2020 年关爱留守儿童工作行动路径

（一）营山县留守儿童现状分析

营山县地处四川盆地东北部，介于嘉陵江与渠江流域之间，是南充的东大门，全县面积 1635 平方公里，总人口 97 万，常住人口 25 万人。营山县全年在外务工人数超过全县总人口的三分之二，是劳务输出大县，因外出打工人数多，留守儿童问题日益严峻。营山县也在不断做出努力，给予留守儿童情感关爱和生活帮助。

（二）营山县 2011—2020 年关爱留守儿童工作行动年表

在营山县人民政府官网以关键词"留守儿童"进行检索，筛选出 2011 年至 2020 年关爱留守儿童的相关信息，其中 2011 年到 2015 年这个时间段里的信息在官网上未显示，见表 2-9。

表 2-9 营山县 2011—2020 年关爱留守儿童工作行动年表

发布时间	关爱主体	关爱领域	关爱形式	关爱内容
2011/01/01—2015/12/31	/	/	/	/
2016/05/05	县委副书记、县长	生活关爱	慰问活动	县委副书记、县长到安化完小慰问留守儿童。
2016/05/06	城南镇	生活关爱	慰问活动	对文峰村贫困留守儿童进行六一儿童节日慰问。
2016/05/06	营山妇联	生活关爱	慰问活动	到丰产乡卷洞村及增产乡龙骨村等地看望留守儿童，赠送慰问品。
2016/05/06	营山县关工委	学业关爱	公益活动	营山县关工委、扶贫开发协会和营山农商银行联合开展了"2015 年暖冬助学行动"。
2016/06/08	教育界政协委员	生活关爱	公益活动	六一前夕，教育界政协委员一行到城南镇文峰村，开展"关爱留守儿童，助力精准扶贫"主题活动，为 47 名留守儿童赠送了学习、生活等用品。
2016/06/08	县委书记	生活关爱	慰问活动	县委书记一行深入凉风乡金石村看望慰问当地贫困家庭的留守儿童，并调研了该村脱贫攻坚工作。
2016/06/22	市交通运输局	生活关爱	公益活动	开展"南充播报·微公益·首届关爱留守儿童捐本书"公益活动，为留守儿童筹集到书、书包、水壶等物资。
2016/07/11	木垭籍乡友	生活关爱	慰问活动	来自全国各地的营山县木垭籍乡友组团返乡，到木垭完小看望慰问留守儿童。
2016/12/16	营山县妇联	生活关爱	公益活动	妇联带领市帼志愿者协会和县实验幼儿园深入丰产乡丰产完小和茶盘乡燃灯莲花村小开展走基层送温暖活动。
2017/05/24	晨光公益协会	生活关爱	公益活动	晨光公益志愿者协会在双流镇双店村小学举办了以"关爱留守儿童、播撒爱心阳光"为主题的公益活动。
2017/06/02	县委	学业关爱	慰问活动	县委书记等领导前往城区部分学校开展慰问活动，为留守儿童和贫困学生送上了学习用品。
2017/06/05	四川省人民检察院	情感关爱	公益活动	在营山县济川一小举行"知心姐姐护航成长·留守儿童圆梦'六一'"活动。
2017/09/18	爱心人士	学业关爱	公益活动	营山县回龙中心小学校关工委执行主任蒋乐中，乐于关心下一代事业，办家长学校，创家校共育新模式。
2018/01/23	共青团营山县委	安全关爱	公益活动	2018 年法治进校园巡讲活动暨关爱留守学生暖冬行动启动仪式在营山县法堂小学举行，除开展各种法律知识宣讲活动外，志愿者还送上"温暖大礼包"。
2018/05/01	公益协会	生活关爱	公益活动	公益协会举行义卖活动捐赠留守儿童。

续表

发布时间	关爱主体	关爱领域	关爱形式	关爱内容
2018/06/22	国网营山供电公司	生活关爱	公益活动	成立"南充张思德服务联盟"营山分部,开展多次帮扶留守儿童活动。
2018/09/10	晨光公益志愿者协会	/	公益活动	在县城宝珍广场启动九九公益日"壹乐园儿童服务站"筹建募捐活动,募捐资金用于农村留守儿童服务站的建设。
2018/09/10	爱心志愿者	生活关爱	公益活动	开展"慈善聚焦精准扶贫,携手共创美好生活"主题活动,筹集善款用于关爱营山贫困儿童、留守儿童等。
2018/09/14	童伴妈妈	情感关爱	公益活动	营山县黄渡镇,"童伴妈妈"组织当地留守儿童开展丰富多彩的活动,引导孩子们开心告别暑假生活,快乐迎接新学期。
2018/11/16	营山人民检察院	安全关爱	公益活动	安装未成年人安全法制预警云平台,助力农村留守儿童健康成长。
2019/06/10	市关工委	/	基层调研	市关工委领导到南部县调研指导关心下一代工作。
2019/07/22	宜宾职业技术学院大学生	情感关爱	公益活动	在黄渡镇景阳村的"童伴之家"开展陪伴留守儿童活动。
2019/09/09	县政府	生活关爱	公益活动	在营山县绥山广场举行"慈善聚焦精准扶贫·携手共创美好生活"2019年"中华慈善日"暨"天府慈善月"主题慈善之夜活动。将募集到的善款和物资用于贫困儿童救助和留守儿童关爱项目。
2019/09/10	县政府	学业关爱	公益活动	设立教育振兴基金,用于开展贫困学生和留守儿童资助等公益事业。
2019/09/16	市关工委	/	政策设计	营山县召开关心下一代会议,总结2018年以来关心下一代工作开展情况,安排部署下一步全县关心下一代工作。
2019/12/11	共青团委、营山晨光公益志愿者协会	生活关爱	公益活动	为木桠小学建档立卡贫困留守儿童送去过冬棉衣、文具、牛奶等慰问品。
2020/10/21	爱心企业	学业关爱	公益活动	四川中源恒建筑有限公司和中国狮子联会四川果城服务队志愿者到合兴小学,开展公益助学活动。
2020/11/26	晨光公益志愿者协会	学业关爱	公益活动	在清水乡福源小学和回龙镇幸福小学,为28名留守儿童送上了爱心"温暖包"。

(三) 关爱主体、关爱领域、关爱形式分析

下面对营山县2011—2020年关爱留守儿童行动年表中涉及的关爱主体、关爱领域及关爱形式三个维度出现的条数进行具体分析,结果如图2-17至图2-19所示。

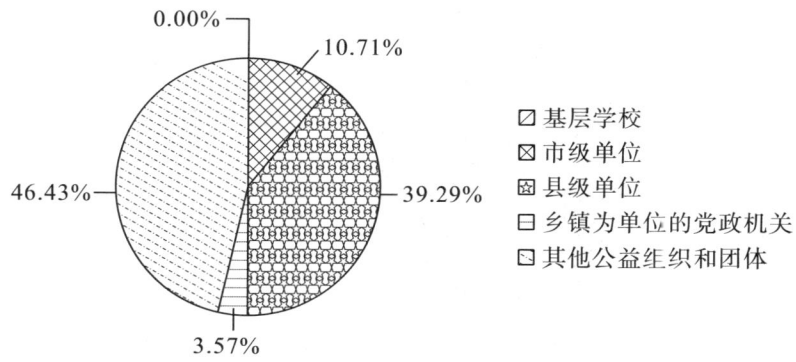

图 2-17　营山县留守儿童关爱主体分析图

如图 2-17 所示，营山县关爱留守儿童的主体集中在其他公益组织和团体、县级单位，分别占 46.43%、39.29%，其次是市级单位、乡镇为单位的党政机关，分别占 10.71%、3.57%。在收集的资料中发现以基层学校为关爱主体单独出现的极少，大多是和其他关爱主体一起开展关爱留守儿童活动。根据图 2-18 可以清楚看出营山县在生活关爱领域贡献突出，占 60.87%。各关爱主体会在平日或是节假日到当地深入学校开展慰问活动，赠送慰问物资，如营山妇联、营山县关工委等。也有各公益组织助力关爱留守儿童，如营山晨光公益志愿者协会。（要说明的是：在健康领域占比为 0.00%，这并不能说明营山县未关注留守儿童健康，可能在检索信息时，涉及健康领域的相关讯息其针对性不是很强，所以未精确进行归类，且各领域本身或多或少有一定交叉性。）

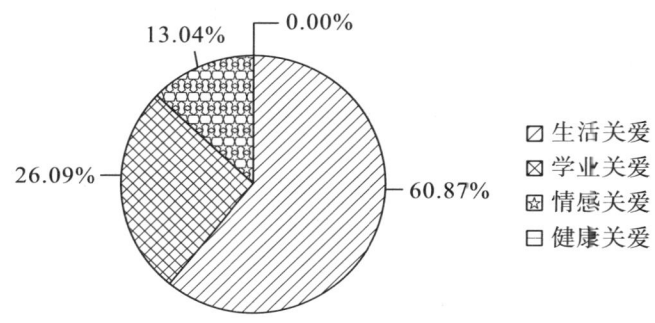

图 2-18　营山县留守儿童关爱领域分析图

公益活动在整个关爱形式中占据主要地位，如图 2-19 所示，占比为 71.43%，其次是慰问活动、基层调研和政策设计，分别占 21.43%、3.57%、3.57%。典型的公益项目就是 2015 年 10 月启动的"童伴计划"项目。以"童伴计划"为契机，营山县形成了"童伴之家不断完善、童伴妈妈履职尽责、志愿服务有声有色、关爱活动亮点纷呈"四轮驱动的良好局面。

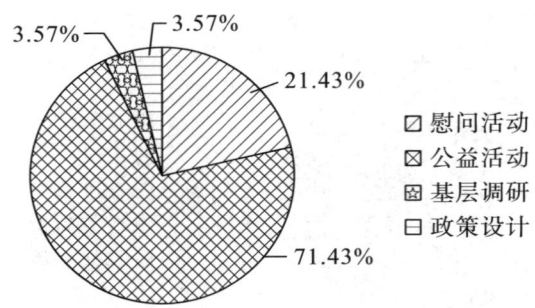

图 2-19 营山县留守儿童关爱形式分析图

七、西充县 2011—2020 年关爱留守儿童工作行动路径

(一) 西充县留守儿童现状

西充地处四川盆地东偏北部,毗邻川北重镇南充,面积 1108 平方公里,辖 23 个乡镇(街道),其中,乡 5 个、镇 16 个、街道 2 个,总人口 56.6 万人。在西充县人民政府官网以"留守儿童"为关键词进行检索,搜索到最早关于留守儿童的相关信息报道是在 2014 年,从这一年起西充县通过促进各项机制的完善来保障留守儿童健康成长,整体上来讲,西充县通过深入调研和认真核实留守儿童信息,建立档案,及时把握留守儿童动态信息,扎实开展形式多样的关爱活动,定期开展家校交流沟通;加大帮扶,落实各项教育惠民政策,有效促进了留守儿童健康成长。

(二) 西充县 2011—2020 年关爱留守儿童工作行动年表

在西充县人民政府官网以"留守儿童"为关键词进行检索,搜索并摘取出相关内容,从发布时间、关爱主体、关爱领域、关爱形式及关爱内容五个维度进行梳理分析,结果见表 2-10。

表 2-10 西充县 2011—2020 年关爱留守儿童工作行动年表

发布时间	关爱主体	关爱领域	关爱形式	关爱内容
2011/01/01—2013/12/31	/	/	/	/
2014/02/07	县妇联	生活关爱	慰问活动	县妇联干部带上子女到莲池乡看望慰问留守儿童。
2014/04/14	县法院	安全关爱	公益活动	西充县法院开展"关爱留守儿童"专项活动。
2014/06/30	仙林镇	安全关爱	公益活动	仙林镇联合仙林小学开展暑假期间留守儿童安全教育宣传活动,加强交通安全教育和暑期防溺水教育。

续表

发布时间	关爱主体	关爱领域	关爱形式	关爱内容
2014/08/14	义兴镇中心小学	/	公益活动	针对留守儿童开展暑期少年宫活动，帮助暑期没父母陪伴的孩子度过一个丰富的暑假生活。
2015/02/05	县政府	生活关爱	公益活动	"汇聚农商真情关爱留守儿童"为主题的2015年共青团"暖冬行动"活动正式启动，本次活动帮助全县300余名农村留守儿童温暖过冬。
2015/06/18	团县委	安全关爱	公益活动	团县委联合县关工委、消防中队、关文镇在关文镇小学开展"安全在我心中"关爱留守儿童暨安全、法治教育活动。
2015/07/28	西南交通大学峨眉校区	学业关爱	公益活动	通过暑期"三下乡"社会实践服务活动，到义兴镇白马村开展"留守儿童"暑期关爱活动。
2016/01/28	凤鸣镇关工委	生活关爱	慰问活动	在凤鸣小学慰问留守儿童，发放学习用品。
2016/05/31	西充县住建局	生活关爱	慰问活动	在高院镇龙凤溪村为留守儿童送去节日祝福和爱心礼物。
2016/06/03	西充县检察院	生活关爱	慰问活动	看望慰问西充县张澜学校、罐垭乡小学留守儿童，给孩子们送去节日祝福并进行普法知识宣传，为两所学校的20名贫困学生送去了慰问金。
2016/06/07	西充县水务局	生活关爱	慰问活动	县水务局关工委到宏桥乡小学慰问留守儿童，赠送学习用品。
2017/04/20	南充市关工委	生活关爱	慰问活动	慰问了莲池镇张澜故居的贫困留守儿童，送去慰问金和慰问品。
2017/05/17	常林镇	/	政策设计	发布《关于切实做好关爱农村留守儿童工作的通知》。
2017/05/27	县住建系统关工委	生活关爱	慰问活动	到县公管局帮扶村仙林镇马庸寺村开展慰问并向该村孩子们送去节日的慰问和祝贺。
2017/05/27	县财政局	生活关爱	慰问活动	六一儿童节前夕，县财政局到凤鸣镇小学慰问留守儿童，赠送学习用品和慰问金。
2017/06/01	县民政局关工委、县民政局妇联	生活关爱	公益活动	在脱贫攻坚联系帮扶点——西碾乡桅杆坝村开展关爱留守儿童活动，关工委向46名留守儿童发放了5000多元的学习用品。
2017/06/02	县法院关工委	生活关爱	慰问活动	县法院关工委一行三人到李桥小学看望慰问9名贫困留守儿童，为每人发放慰问金300元。

续表

发布时间	关爱主体	关爱领域	关爱形式	关爱内容
2017/06/05	县人民检察院关工委	生活关爱	慰问活动	6月1日上午，西充县人民检察院关工委同志分别前往西充县张澜学校、罐垭乡小学看望慰问留守儿童，为孩子们送去节日问候，并为两所学校的20名贫困学生发放了慰问金。
2017/06/09	晋城镇	/	政策设计	发出《关于建立农村留守儿童关爱保护工作联席会议制度的通知》。
2017/06/29	县司法局	生活关爱	慰问活动	为精准扶贫帮扶联系村庙子嘴村的孩子们送去节日祝福和慰问品。
2017/08/01	凤鸣镇	情感关爱	公益活动	镇党委政府、关工委组织各村（社区）开展关爱留守儿童大行动，采取家长会（监护人）、茶话会等多种方式给留守儿童送去关心和温暖。
2017/11/03	县人民政府	/	政策设计	县人民政府办公室下发《关于建立西充县农村留守儿童关爱保护工作联席会议制度的通知》。
2017/11/18	县志愿者协会	生活关爱	公益活动	在晋城镇三楼会议室举行"关爱留守儿童、优秀学生"暖冬行动启动仪式，为参会儿童发放了慰问品。
2017/12/20	凤鸣镇	/	政策设计	发布关爱留守儿童的实施方案。
2018/01/19	县关工委	生活关爱	公益活动	在凤鸣镇小学开展关爱贫困留守儿童暖冬行动，为该校20名特困留守儿童送上了温暖的冬装。
2018/01/23	县关工委	生活关爱	公益活动	在仁和镇小学开展关爱贫困留守儿童暖冬行动，为该校20名特困留守儿童送上了温暖的冬装。
2018/01/25	县关工委	生活关爱	公益活动	在占山乡小学开展关爱贫困留守儿童暖冬行动，为该校10名特困留守儿童送上了温暖的冬装。
2018/01/25	县农商银行槐树支行	生活关爱	公益活动	在槐树镇小学开展关爱贫困留守儿童暖冬行动，为20名特困留守儿童送上笔记本和笔。
2018/01/31	县金丝猴志愿者协会	生活关爱	慰问活动	慰问仁和镇中心小学贫困留守儿童，赠新衣、学习用品。
2018/02/28	太平镇关工委	生活关爱	慰问活动	开展慰问留守儿童开学关爱行动，为10余名留守儿童赠送慰问品。
2018/04/04	广东狮子会	学业关爱	公益活动	在占山乡小学开展捐资助学关爱留守儿童活动。

续表

发布时间	关爱主体	关爱领域	关爱形式	关爱内容
2018/06/04	县公安局	生活关爱	慰问活动	看望慰问扶贫村马庸寺村9名留守儿童，送去慰问金及书包等学习用品。
2018/08/08	县教科体局	/	基层调研	建立留守儿童基础信息库，摸清留守儿童底数，各学校以班级为单位，建立留守儿童档案和联系卡。安排专人对留守儿童档案进行管理。
2018/12/20	罐垭乡	/	政策设计	罐垭乡坚持"三好"原则关爱留守儿童：把好关；对好接；搭好台。
2019/01/09	县伊贝幼稚园	生活关爱	公益活动	在中南乡小学开展"画笔暖童心，关爱留守儿童"爱心捐赠活动，发放礼物和资助现金。
2019/01/16	县关工委	生活关爱	慰问活动	工作人员到罐垭乡、鸣龙镇共慰问留守儿童30名，发放学习、生活用品30余套，慰问金8000元。
2019/01/22	县国土资源局关工委	生活关爱	公益活动	县国土资源局关工委一行到板凳垭村为留守儿童"关爱驿站"授牌，向关爱驿站赠送了《弟子规》和其他课外书籍，并向留守儿童发放了生活补贴。
2019/04/09	县审计局	生活关爱	慰问活动	县审计局关工委一行5人到车龙乡小学开展关爱留守儿童活动，看望慰问留守儿童，给特困留守儿童送去慰问金。
2019/06/03	县气象局	生活关爱	慰问活动	县气象局组织帮扶干部到帮扶村开展六一儿童节走访慰问活动。
2019/11/16	县图书馆	学业关爱	公益活动	太平镇楠木庙村联合县图书馆开展为留守儿童发放图书活动。
2020/06/01	县商务经信局	生活关爱	慰问活动	县商务经信局开展2020年关爱儿童呵护成长庆祝六一儿童节留守儿童节活动。
2020/07/20	县民政局	安全关爱	/	西充县开展农村留守儿童和困境儿童关爱保护"政策宣讲进基层"活动。
2020/10/29	关工委	学业关爱	公益活动	为莲池镇小学留守儿童赠书。
2020/11/02	爱心企业	生活关爱	公益活动	爱心企业为同德小学留守儿童捐赠冬衣。

（三）关爱主体、关爱领域、关爱形式分析

下面对西充县2011—2020年关爱留守儿童行动年表高坪区2011—2020年关爱留守儿童工作行动年表中涉及的关爱主体、关爱领域及关爱形式三个维度出现的条数进行具体分析，结果如图2-20至图2-22所示。

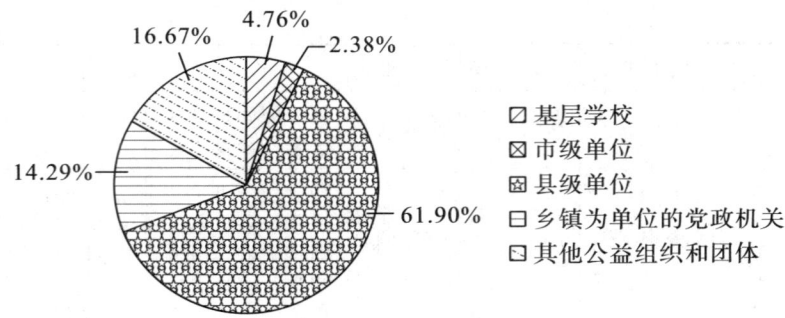

图 2-20 西充县留守儿童关爱主体分析图

在关爱主体上以县级单位为主,如图 2-20 所示,占比为 61.90%,例如县关工委、县司法局、县民政局等经常深入乡镇、中小学校慰问关怀留守儿童;县关工委深入走访乡镇小学,为留守儿童送去暖心物资冬衣等;县审计局、气象局纷纷开展走访慰问活动,深切关心留守儿童的生活现状,为孩子们赠送学习用品。其次是其他公益组织和团体、乡镇为单位的党政机关、基层学校、市级单位,分别占 16.67%、14.29%、4.76%、2.38%。

在关爱领域上以生活关爱为主,如图 2-21 所示,占比为 75.68%。生活关爱主要是关爱主体以慰问活动的形式开展,在冬季开展暖冬慰问活动送上温暖物资,捐赠资金、学习用品等。其次是学业关爱、安全关爱、情感关爱,分别占 10.81%、10.81%、2.70%。有关健康的关爱在这里几乎看不到,原因主要是未检索到有针对性的相关活动,例如体检。而实际中对于留守儿童的健康关注是不可能没有的,各关爱领域是相互联系的整体。

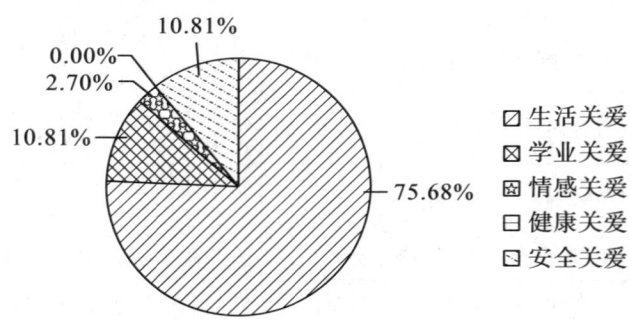

图 2-21 西充县留守儿童关爱领域分析图

从图 2-22 可以看到西充县关爱留守儿童的形式以公益活动和慰问活动为主,分别占 44.19%、41.86%。慰问活动主要以政府组织、机构领导带头开展,深切关心民情,赠送物资,让留守儿童看到希望,心中有未来。公益活动的开展则有来自各关爱主体的贡献,如志愿者协会、爱心个体等。政策设计与基层调研也有开展,所占比重相对较小。

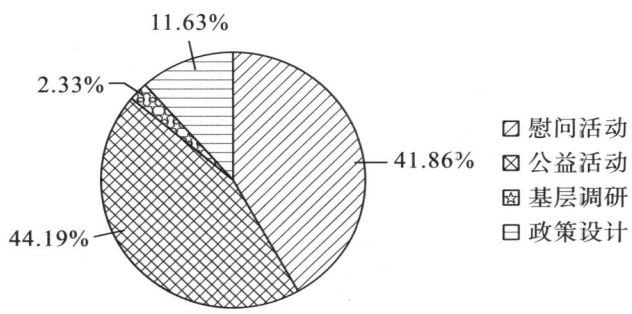

图 2-22 西充县留守儿童关爱形式分析图

八、高坪区 2011—2020 年关爱留守儿童工作行动路径

（一）高坪区留守儿童情况

高坪区地处嘉陵江中游东岸，2019 年末，辖区常住人口 31.5 万人，户籍人口 59.5302 万人。其中，城镇人口 23.0750 万人，农业人口 36.4552 万人。高坪区留守儿童数量较多，早在 2014 年区政府便针对亲情缺失问题，开办了"留守学生之家"，兴建了"乡村少年宫"、阳光家园等，关爱留守儿童。一路走来，高坪区在关爱留守儿童工作上积累了很多经验，起到了示范作用。高坪区非常重视关爱留守儿童工作，积极联合政府、学校、社会，建立起了多方参与的关爱帮扶体系。

（二）高坪区 2011—2020 年关爱留守儿童工作行动年表

在高坪区人民政府官网以"留守儿童"为关键词进行检索，搜索并摘取出相关内容，从发布时间、关爱主体、关爱领域、关爱形式及关爱内容五个维度进行梳理分析，结果见表 2-11。

表 2-11 高坪区 2011—2020 年关爱留守儿童工作行动年表

发布时间	关爱主体	关爱领域	关爱形式	关爱内容
2011/01/01—2012/12/31	/	/	/	/
2013/04/19	高坪区龙门分局派出所	情感关爱	公益活动	派出所专门安排民警和社会治安管理员组建"警民热线 QQ 群"，开通"QQ 视频热线"，让留守儿童与父母进行 QQ 视频见面。
2013/05/30	区税务局	生活关爱	慰问活动	看望慰问溪头乡白鹤村 10 户留守儿童，送去近两千元的学习生活用品和慰问金。
2013/05/31	区旅游局	生活关爱	公益活动	在高坪区青莲中小学开展"大手牵小手、共筑中国梦"活动，赠送文娱用品，为 30 名留守儿童、贫困学生赠送价值 1 万余元的节日礼物。

续表

发布时间	关爱主体	关爱领域	关爱形式	关爱内容
2014/01/14	高坪区机关党员	情感关爱	公益活动	结对帮扶，高坪区698名留守儿童都有"党员妈妈"。
2014/02/19	区医疗卫生单位	安全关爱	公益活动	开展"快乐留守，快乐成长"留守儿童关爱活动，免费为留守儿童体检。
2014/05/12	白塔街道办元宝山社区	/	公益活动	志愿者帮助该社区打造"阳光之家"，为社区留守儿童义务提供学习、生活、心理等方面的辅导。
2014/05/28	高坪区妇联、团区委等	生活关爱	慰问活动	高坪区妇联、团区委等20名党员爱心妈妈为高坪区马家乡小学50名贫困留守儿童送去慰问金和学习用品2万余元。
2014/06/24	爱心人士	生活关爱	公益活动	在高坪区豪雅东方花园酒店会展举行2014南充首届书画摄影作品慈善拍卖会，将所筹善款用于关爱留守儿童。
2014/06/24	南充市妇联、高坪区妇联	生活关爱	公益活动	为马家小学捐赠"爱心书包"。
2015/06/04	区人社局	生活关爱	公益活动	为鄢家小学留守儿童捐赠了200个"爱心书包"。
2015/12/04	川北医学院	安全关爱	公益活动	在高坪区长乐镇迥龙小学举行"关爱留守儿童"志愿活动，免费为该校留守儿童进行健康调查和体检等。
2015/12/29	高坪区志愿者协会	生活关爱	公益活动	开展"壹家人温暖高坪"温暖包发放活动，送温暖包给高坪区多个乡镇的贫困留守儿童。
2016/01/19	团区委	/	/	"童伴之家"落户高坪区10个村。
2016/06/27	团区委	/	/	团区委联合其他力量携手启动了"童伴计划"项目，建立起全方位的高坪区留守儿童关爱保障体系。
2016/09/05	区图书馆	学业关爱	公益活动	为走马乡王家庙村精英小学的贫困留守儿童送去音响及200余册儿童读物。
2017/04/22	省机关事务管理局离退休老干部	生活关爱	公益活动	收集孩子们的微心愿，老干部们用自己的退休金购买了书包、玩具、篮球、羽毛球等价值3000多元的学习生活用品，为孩子们圆梦。
2017/06/30	省妇联	健康关爱	公益活动	省妇联"科学家教进万家"巡回讲座先后在高坪区江陵镇和龙门街道举行，关注留守儿童心理健康。
2018/04/19	中华儿慈会红伞行动	健康关爱	公益活动	在高坪区会龙镇第一小学开展为期六周的心理健康教育课程。
2018/08/21	区政府	/	政策设计	南充市高坪区人民政府印发了《关于建立农村留守儿童关爱保护和困境儿童保障工作联席会议制度的通知》。

续表

发布时间	关爱主体	关爱领域	关爱形式	关爱内容
2018/09/08	区司法局	/	政策设计	南充市高坪区司法局制定了《开展农村留守儿童关爱保护和困境儿童保障工作的实施方案》。
2018/11/23	共青团高坪区委等	健康关爱	公益活动	为隆兴小学100余名学生开展免费体检。
2019/01/14	高坪区红十字会	生活关爱	公益活动	为溪头乡小学96名留守儿童送上爱心书包、书籍（每套四本）、帽子、急救包等，同时乡党委政府为贫困学生捐助3000余元。
2019/07/04	爱心企业	生活关爱	公益活动	通源集团南充区域爱心爱助行动季捐赠活动为高坪区溪头乡东方红小学捐赠了价值近2万元的物品。
2019/12/23	高坪区民政局等	生活关爱	公益活动	开展"关爱留守儿童暖冬慰问"活动，为阙家镇溪头小学的82名留守儿童送去暖冬物资。
2020/06/16	区民政局	安全关爱	公益活动	为增强乡村留守儿童安全防范意识，高坪区民政局开启百镇千村关爱留守儿童——安全主题教育活动。
2020/09/02	长乐镇千佛寺村	/	公益活动	千佛寺村通过实施"童伴计划"，温暖留守儿童。

（三）关爱主体、关爱领域、关爱形式分析

下面对高坪区2011—2020年关爱留守儿童行动年表中涉及的关爱主体、关爱领域及关爱形式三个维度出现的条数进行数据分析。

高坪区在留守儿童关爱主体上也是以县级单位为主，占比为65.38%，其次是其他公益组织和团体、乡镇为单位的党政机关、市级单位，分别占23.08%、7.69%、3.85%，基层学校几乎没有，主要原因还是多数关爱主体常常以学校为阵地，携手学校共同帮助留守儿童，如图2-23所示。

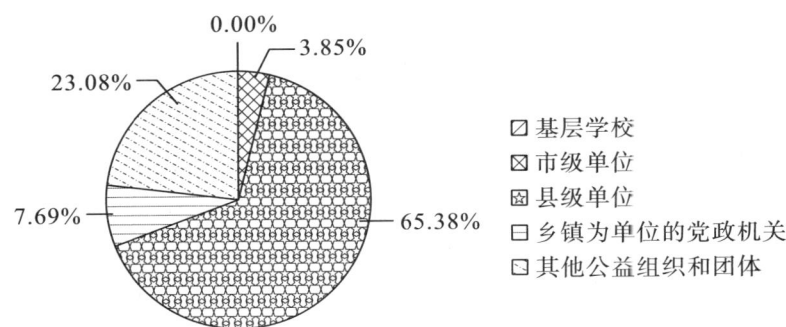

图2-23 高坪区留守儿童关爱主体分析图

在关爱领域里主要以生活关爱为主，占比为55.00%，如区税务局为留守儿童送上学习用品和慰问金、区志愿者协会给留守儿童发放"温暖包"等，力求解决留守儿童生活中的一些实际困难。其次在健康关爱、安全关爱、情感关爱及学业关爱方面，高坪区也积极发起相关活动。如2014年，高坪区妇联发起的"党员爱心妈妈"关爱活动，给孩子们提供物资和精神上的关怀；高坪区组织区医疗卫生单位开展"快乐留守、快乐成长"留守儿童关爱活动，为留守儿童免费体检，建立健康档案；川北医学院也积极组织大学生志愿者定期前往各个乡村小学，积极关爱留守儿童。具体如图2-24所示。

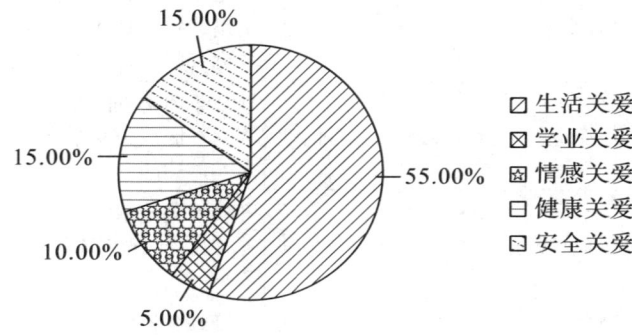

图2-24 高坪区留守儿童关爱领域分析图

在关爱形式上则以公益活动为主，占比为83.33%，通过活动可以拉近帮扶人与留守儿童的距离，留守儿童感受到的就不只是物资，还有暖暖的爱。以慰问活动与政策设计开展的形式相对较少些，基层调研的身影则更少，因高坪区在官方网站发布的新闻主要以实际活动为主，所以在这里整理时，生活关爱的比重会大一些，如图2-25所示。

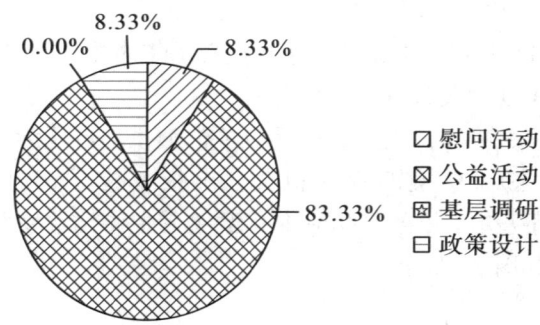

图2-25 高坪区留守儿童关爱形式分析图

九、嘉陵区2011—2020年关爱留守儿童工作行动年表

（一）嘉陵区留守儿童情况

嘉陵区位于四川盆地东北部、南充市西南部、嘉陵江中游西岸，北靠顺庆区，南邻武胜县，东连高坪区，西接西充县、蓬溪县。2019年底全区行政区域面积1179平方千

米。2019年末,公安户籍总人口67.95万人,其中,城镇人口30万人,乡村人口32.4万人。在嘉陵区人民政府官方网站检索到的有关留守儿童的信息最早的一条是2017年,官方公布的相关信息较少,从已有报道中可以看出嘉陵区重在以活动为载体,积极做好关爱留守儿童工作。

（二）嘉陵区2011—2020年关爱留守儿童工作行动年表

在进行嘉陵区2011—2020年关爱留守儿童行动年表的总结时,以"留守儿童"为关键词在嘉陵区人民政府官网进行检索,共有21条记录。其中,2011—2014年间的记录为0。见表2-12。

表2-12 嘉陵区2011—2020年关爱留守儿童工作行动年表

发布时间	关爱主体	关爱领域	关爱形式	关爱内容
2011/01/01—2014/12/31	/	/	/	/
2015/06/24	爱心志愿者	学业关爱	公益活动	10余名爱心志愿者到桥龙乡二龙山希望小学为留守儿童上课。
2016/01/26	集凤镇	情感关爱	公益活动	"代理妈妈"——集凤镇党委副书记王芳结对帮扶红瓦房村十组留守儿童张欣月、张浩姐弟。
2016/04/25	嘉陵区妇女联合会	生活关爱	公益活动	开展关爱儿童成长系列活动,为小朋友准备礼物,并帮助留守儿童与远在广州、上海、深圳等外地打工的父母视频聊天。
2016/06/01	南充民建嘉陵区基层委	学业关爱	公益活动	开展爱心捐赠暨首届关爱留守儿童捐书活动。
2016/08/09	火花街道任家桥社区	情感关爱	公益活动	开展"阳光暑期""亲情视频""爱心生日"活动,给留守儿童传递温情。
2016/08/16	吉安镇杜家祠村	学业关爱	公益活动	该村的农家书屋成为留守儿童的"第二课堂",在暑期,留守儿童既有去处又能学到知识。
2017/04/25	区委宣传部	情感关爱	公益活动	开展"精准关爱 助力成长"主题活动,为三会镇贾家坝村的7名留守儿童结对选择了由单位职工充当的"代理家长",进行亲情关爱。
2017/08/02	区司法局	安全关爱	公益活动	在天星乡场镇开展以"关爱留守儿童,防事故、安全度暑假"为主题的"法律进乡村"宣传活动。
2018/11/16	吉安镇妇联	/	政策设计	提出多举措积极关爱留守儿童。
2018/11/22	火花社区卫生服务中心	健康关爱	公益活动	火花社区卫生服务中心为嘉陵区行知小学的农村留守儿童进行了免费健康体检。

续表

发布时间	关爱主体	关爱领域	关爱形式	关爱内容
2018/12/06	区人民检察院	安全关爱	公益活动	开展了一场以"关爱留守儿童,感悟宪法精神"为主题的法治宣传活动。
2018/12/14	天星乡妇联	/	政策设计	天星乡妇联多措并举积极开展关爱留守儿童活动,让"留守儿童"安全温暖过冬。
2019/02/12	吉安镇	生活关爱	慰问活动	吉安镇开展关心关爱留守儿童困境儿童慰问活动。
2019/05/08	区安平卫生院医疗义诊团队	安全关爱	公益活动	在区桥龙乡内城沟村开展医疗巡诊活动。
2019/07/30	都尉街道办事处	/	政策设计	都尉街道办事处下发《关于做好留守儿童和孤儿暑期安全管理工作的通知》。
2019/08/15	大兴乡	/	政策设计	大兴乡积极开展暑期留守儿童关爱工作。
2019/10/15	吉安镇关工委	学业关爱	/	吉安镇关工委组织召开2019年留守儿童家长(监护人)培训会,与家长(监护人)共同学习和探讨留守儿童"尽责优教"工作。
2019/12/19	吉安镇	健康关爱	公益活动	吉安镇民政所联合卫计办在逢场期间开展关爱留守儿童宣传活动。
2019/12/26	吉安镇教育系统	生活关爱	公益活动	吉安镇教育系统开展困境、留守儿童大走访送温暖活动。
2020/10/01	河西镇	生活关爱	慰问活动	河西镇开展国庆中秋慰问留守儿童活动。

(三)关爱主体、关爱领域、关爱形式分析

下面对嘉陵区2011—2020年关爱留守儿童行动年表中涉及的关爱主体、关爱领域及关爱形式三个维度出现的条数进行数据分析。需要说明的是,在嘉陵区人民政府官网进行"留守儿童"检索时,所获得的信息较少,所以在关爱主体、关爱领域及关爱形式方面的数据获得也相对较少,出现了基层学校及市级单位为"0"和关爱形式中基层调研为"0"的情况,如图2-26和图2-28所示。

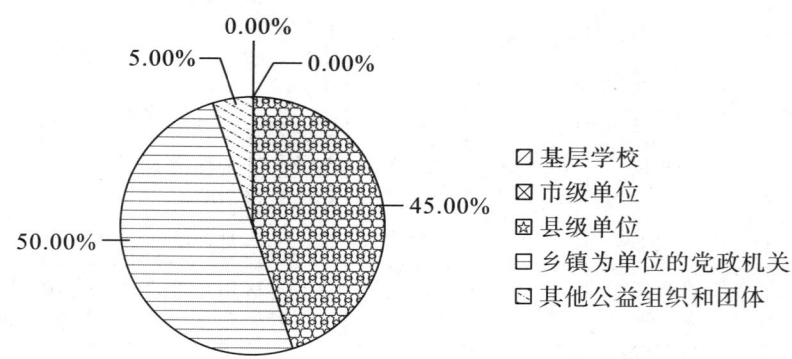

图2-26 嘉陵区留守儿童关爱主体分析图

在关爱主体上乡镇为单位的党政机关和县级单位是主要关爱主体，占比最大，分别是 50.00%、45.00%。各个乡镇总是多措并举积极开展关爱留守儿童活动，例如让"留守儿童"安全温暖过冬活动，关爱留守儿童最基本的生存问题。其中市级单位出现极少，而基层学校则主要是与其他关爱主体合作，因此这里极少以主体角色出现，如火花社区卫生服务中心为嘉陵区行知小学的农村留守儿童进行了免费健康体检，10 余名社会爱心志愿者到桥龙乡二龙山希望小学为留守儿童上课等，如图 2-26 所示。

从图 2-27 各关爱领域的分布来看，差距不是很大，可以看出嘉陵区在对留守儿童的生活关爱、学业关爱、情感关爱、健康关爱及安全关爱方面均在做出努力。

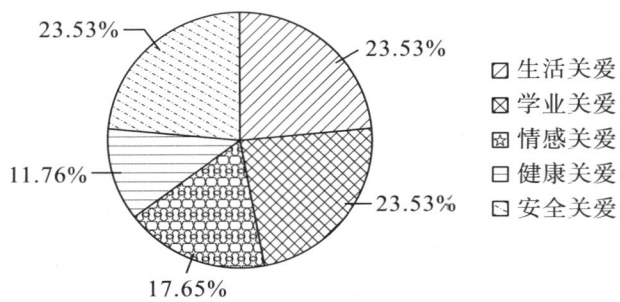

图 2-27　嘉陵区留守儿童关爱领域分析图

公益活动在关爱形式中占有绝对优势，占比达到 68.42%。嘉陵区各关爱主体会通过各种各样的活动，如捐书活动、法律进乡村活动、走访送温暖活动等尽可能照顾到留守儿童的生活、学业、情感等各个方面。特别是嘉陵区发挥代理妈妈、代理家长的作用结对帮扶留守儿童，一定程度上可以弥补孩子的亲情缺失。在 2019 年，吉安镇关工委组织召开 2019 年留守儿童家长（监护人）培训会，与家长（监护人）共同学习和探讨留守儿童"尽责优教"工作，有力地助推了监护人责任意识的苏醒，如图 2-28 所示。

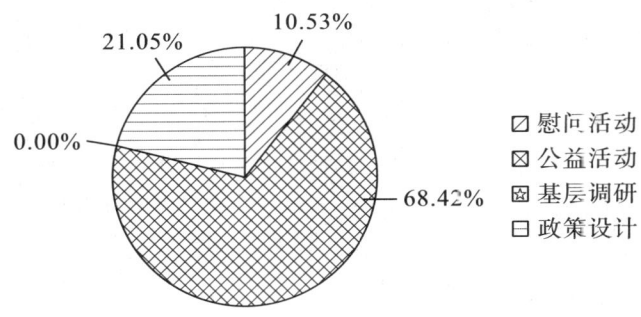

图 2-28　嘉陵区留守儿童关爱形式分析图

第三节　南充市关爱留守儿童的经典案例与典型经验

上一章节对南充市 3 区 1 市 5 县近十年关爱留守儿童的行动路径做了年表整理，从关爱主体到关爱领域再到关爱形式的分析可以看出南充市非常重视留守儿童关爱工作。整体上看来，一是健全工作机制，建立联席会议制度，形成市、县、校三级工作机制；二是加强家校联动，积极推进家长学校的建设；三是大力开展关爱行动，号召社会各界携手助力留守儿童健康成长。其中，产生了很多经典的公益项目、公益活动，也涌现出了大量的爱心人物，他们为关爱留守儿童做出了贡献。

一、公益项目

（一）红伞计划

中华少年儿童慈善援助会"红伞计划"南充项目在2016年7月开始筹备，于2017年1月16日下午举行授牌仪式，标志着全国儿童心理辅导公益项目——"红伞计划"正式落户南充，也成为"红伞计划"在四川的首个项目。"红伞计划"全称"红伞留守儿童心理援助计划"，是为了解决农村留守儿童心理健康问题而开展的公益项目。项目服务对象包括农村儿童、留守儿童、流动儿童以及贫困儿童和福利院儿童等，服务学生群体年龄范围在小学四年级至初中三年级之间。根据农村留守儿童的身心发展特点，项目邀请教育学及心理学方面的专家开发课程，利用游戏、绘画、故事、音乐、戏剧表演等艺术表现形式，引导留守儿童释放累积的负面情绪。对需要进行深层次心理干预的留守儿童、孤儿、亲子关系紧张的家庭，以及遭受重大心理创伤及身体残疾的贫困儿童及其家庭成员，提供一对一心理咨询与心理求助。2017年，"红伞计划"完成顺庆区所有18所农村小学近千名留守儿童的心理援助。到2018年，"红伞计划"开始走出顺庆区，向南充其他区、市、县拓展，让更多留守儿童受益。

图2-29 "红伞计划"南充分站2017年秋季第一堂心理辅导课在凤山乡开课

（二）童伴计划

解决留守儿童问题是国计民生大事，为进一步深入贯彻留守儿童关爱工作，共青团四川省委联合中国扶贫基金会、中国公益研究院于 2015 年 10 月在四川省启动了留守儿童关爱项目"童伴计划"。全省首批共 7 个市（州）、10 个县（区）、100 个行政村纳入项目试点，南充市营山县的黄渡镇燕垭村（如图 2—30 所示）、景阳村、度河村等 10 个村被纳入首批试点村，通过"一个人，一个家，一条纽带"的基本模式，招募并以童伴妈妈为载体，在村级建立留守儿童监护网络，保障留守儿童权益，并探索农村留守儿童福利保障网络。

每个村选配一名"童伴妈妈"，为农村留守儿童提供了更加系统化的全方位的"监护"。每到周末或者假期，留守儿童被送到"童伴之家"，在这里孩子们既学到了文化知识，也能和其他小朋友一起玩耍，收获知识的同时也收获了友谊。"童伴妈妈"的到来，极大地帮助了农村留守儿童健康成长，并成为孩子心灵的守护者。营山县黄渡镇中合村秦春英是最早的"童伴妈妈"，她注意到有的孩子与长年在外打工的父母感情淡薄，有时父母打来电话让孩子接听，孩子都不搭理，有些孩子见到打工返家的父母，会拒绝与对方亲近。在这种情况下，督促父母落实家庭责任变得尤为重要。她主动与留守儿童父母通话，督促远方的父母抽空回家看看孩子，秦春英"妈妈"也赢得了孩子们父母的信任，在双向的交流沟通中让孩子的生活更幸福。

图 2—30　营山县黄渡镇燕垭村的"童伴之家"

李小红是黄渡镇将军村的"童伴妈妈"。无论天晴下雨，她每天都登门家访，了解留守孩子的学习生活现状，帮助解决他们的实际困难，照顾这些留守孩子的时间比照顾她自己孩子的时间还要多。"这些留守孩子大多是贫困家庭的子女，家境困难缺乏照顾，在童伴计划的帮扶下，看着他们快乐健康成长，真的很欣慰。"李小红说。

图 2—31 "童伴妈妈"为孩子发礼物

由共青团高坪区委和高坪区志愿者协会联合开展的高坪区童伴计划"有爱不孤单、牵手过大年"活动在高坪区佛门乡金花村小学开展。共青团高坪区委通过前期调研和组织工作，及时地选拔出 10 名有爱心、有责任心的"童伴妈妈"。相信在"童伴妈妈"和社会各界爱心人士的关爱下，留守儿童在爱心大家庭里能够真正感受到爱和温暖，在未来勇敢面对困难，以积极、阳光、自信的心态去学习和生活。

（三）仪陇县"三位一体"救助模式

仪陇县位于南充市东北部，是川陕革命根据地的重要组成部分，也是朱德总司令和张思德同志的故乡。作为秦巴山区连片扶贫重点县，仪陇县的发展一直以来备受关注，胡锦涛、温家宝等中央领导曾亲临仪陇视察，商务部、全国工商联等部委对口联系支持仪陇发展。仪陇县自身也表现优秀，在南充市关爱留守儿童工作中具有典型代表性，在工作中产生了很多经典案例以及典型经验，值得学习和借鉴。

早在 2012 年，仪陇县就被确定为全国首批 26 个农村留守儿童关爱服务体系试点县（市、区）之一，仪陇政府当即提出措施深化留守儿童关爱保护工作，把农村留守儿童关爱服务纳入当地经济社会发展总体规划，纳入社会管理创新总体部署，并建立农村留守儿童关爱服务领导协调机制，将留守儿童关爱服务工作列入当地财政预算或设立专项经费。建立留守儿童动态监测机制，及时掌握留守儿童状况。在农村留守儿童集中的学校、村，建立儿童活动场所、托管机构等关爱服务阵地，建立留守儿童与其他家庭之间的互助机制，初步形成学校、家庭、社区相衔接的关爱服务网络，并针对留守儿童的实际困难，开展切实有效的救助帮扶，"三位一体"救助模式如图 2—32 所示。

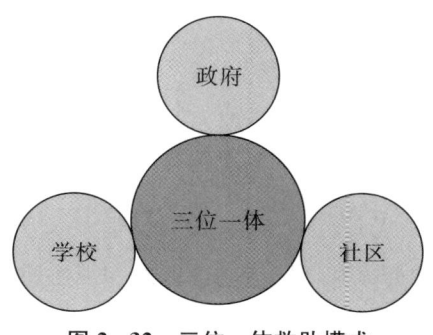

图 2—32　三位一体救助模式

二、公益活动

(一)"关注留守·让爱回家"活动

从 2015 年底开始,按照"关注留守·让爱回家'十个一'活动"的要求,为切实解决留守人员特别是弱势群体的实际困难,关注留守人员身心健康,动员全社会关心关注他们的生产生活,阆中市各乡镇结合自身实际,纷纷印发《开展关注留守·让爱回家"十个一"活动实施方案》的通知。

例如,文成镇结合当地特点实施的"十个一"活动内容如下所示。

1. 发放一份倡议书

通过镇广播、短信和微信群等宣传渠道,向全镇各行业发布倡议书,动员全社会力量参与关注关爱留守人员活动。

2. 书写一封亲子信

由镇两所学校组织留守儿童,开展一次"给父母说说心里话"活动,由学生书写一封亲子信,通过信件、短信或微信发送给父母,让在外打工人员了解其父母和子女的情况,动员他们常回家看看。

3. 开展一次回乡行

制定帮扶补助办法,凡端午节、中秋节、重阳节、春节等传统节日,回乡看望父母和孩子,对特别困难的群众,经本人申请,村居委会初审并出具意见,由镇财政给予往返车费补助。

4. 建立一个活动站点

每个村居委会至少落实一处场地(就近原则),适时组织留守人员开展文娱活动,加强留守人员的沟通交流,引导他们相互帮助。

5. 组建一支志愿者服务队

各村动员村民代表、党员、青年志愿者、热心群众、留守人员的邻居组建志愿者服务队，就近就地结对帮扶，进行日常照看、陪护和帮扶。

6. 开展一次爱心评选活动

动员文成场和云台场的商家和经营业主、医院和卫生所的爱心人士，开展平价"送货""送医"等上门服务，签订爱心服务承诺书，开展星级商店、店面和爱心人士评选活动，吸引更多的社会人士加入活动中来。

7. 举办一次主题活动

各村居委会组织留守人员开展一次"中秋赏月""端午品粽""除夕团年"等活动，让留守人员感受节日的快乐，共享和谐社会的温暖。

8. 建立一个视频连线室

镇文化站、两所学校、文成云台日照中心和各村居委会活动室为留守人员免费提供视频连线，加强留守人员与亲人的沟通联系，促进家庭和谐稳定。

9. 成立一个亲情劝诫队

结合文成镇"孝星"评选活动，各村居委会组建一支义务亲情劝诫队，对不尽孝道、不关心子女的反面典型进行劝解、协调等，解决家庭矛盾和纠纷。个别不听劝诫的，提供法律援助，并将其作为反面典型，在镇广播电视上和村居委会公开栏进行曝光。

10. 建立一张联系卡

各村居委会对特别困难、行动不便的特殊困难人员，进行认真摸排，建立专门台账和联系卡。

（二）"圆梦"行动

留守儿童这个群体一直是社会各界关注的焦点，很多爱心组织深入贫困地区开展关爱留守儿童活动，为他们送上物质关爱。慢慢地，我们知道了书包、衣服、玩具等物质关怀并不能带给孩子们长久的开心。父母远在他乡，从小内心缺失的那份"亲情"需要得到弥补，只有亲情才能带给留守儿童真正的快乐，帮助他们健康成长。

近年来，关注留守儿童"心灵健康"的呼声越来越高，并且深入人心。共青团南充市委在2013年3月份启动关爱留守学生"圆梦"行动，收集留守学生的心愿，并在合适的时间将这些心愿统一展示，供人们认领，然后帮他们完成这个心愿，真正解决留守学生（儿童）最关心、最直接、最现实的问题。内容包括广泛开展"三进五动七送"活动：即走进学校、社区和乡村，坚持省市县上下联动、省内省外互动、城市乡村互动、家庭与学校互动、学生与志愿者互动，开展走访慰问送温暖、家庭团聚送亲情、免费体检送健康、亲情大讲堂送关爱、快乐成长送帮扶、励志教育送文化、安全保护送平安活动，切实关爱留守学生（儿童），帮助他们健康成长。

南充晚报社、团市委、市关工委联合开展的"携手未来·心语心愿"留守学生心愿征集暨圆梦大型公益行动，组织了100名留守学生去深圳与父母相见。图2-33为在深圳地王大厦，仪陇县环山乡金桥村的浦洋在父亲带领下观看深圳全景，小浦洋几年来的梦想终于实现。

图2-33　"心愿航班"留守儿童与父亲见面

（三）暖冬行动

为贯彻落实《中共四川省委关于进一步转变作风加强党的群众工作的意见》和中共四川省委党的群众路线教育实践活动领导小组《关于在党的群众路线教育实践活动中集中开展"走基层、解难题、办实事、惠民生"活动的通知》精神，南充市从2013年起，在全市集中开展"走基层、解难题、办实事、惠民生"活动。深入到灾区青少年、留守学生、贫困青少年等群体的家中，详细了解他们在生活、学习等方面遇到的实际困难、困惑，努力为他们解疑释惑、提供帮助；开展好联系访谈，深入灾区集中安置区、田间地头、学校家庭等，摸清重点青少年群体，特别是留守学生的底数，与基层普通青少年结对子、交朋友，开展访谈、座谈，多倾听、多了解他们的看法、想法和对共青团工作的意见、建议。

共青团中央、共青团四川省委相关负责人和10多名志愿者开展"暖冬行动"，给该校100多名留守学生送来了爱心书包、衣物，还有助学金等，他们还与该校师生一道，载歌载舞。在教室里，"暖冬行动"小组举行了简单而又温馨的捐赠仪式。

胡萌（化名）是该校六年级学生，还不到1岁时爸爸就因病去世，妈妈抛下两个女儿离家出走，生活的重担从此交给了年迈的爷爷奶奶。为了生活，胡萌的姐姐弃学外出当学徒，而爷爷奶奶已经年近七旬。得知这一情况，相关部门多次帮扶，解决胡萌生活、学习中的实际困难。"我感受到了社会的关爱，我更懂得了奉献与珍惜。"拿着书包和助学金，胡萌激动得流下了眼泪。

三、公益团体

（一）爱心个体

南部县三官镇红岩村老幼托管之家负责人李勇。南部县三官镇红岩村村民李勇自筹资金40万元，开办了全县第一家民间专为空巢老人和留守儿童服务的托管所。李勇本人及其父母还是托管之家的"志愿者""义工"，义务为托管之家服务，负责老年人及留守儿童的衣食住行，李勇经常为入驻老年人洗头、洗澡。入驻老人感动地说："李勇真是我们的'好儿子''好孙子'"。留守儿童亲切地称李勇"爸爸""干爸爸"。

仪陇县周河镇水口村党支部副书记林剑南，特别重视乡村儿童的教育。他深刻认识到一个地区的发展是离不开教育的，教育可以改变山里孩子的命运，可以改变山里的面貌。在学习外面人才长处的同时要加强培养本土人才。由于现在越来越多的父母去外地打工，大多孩子留守在家，及时做好留守儿童的感恩教育和爱国主义教育工作，多与学校老师联系，可以帮助留守孩子在学校认真读书，让孩子们的父母安心在外面挣钱。他强调对现在水口村所辖的中信希望学校读书的留守儿童进行法制、感恩、安全教育，特别是假期安全教育，做好环境综合治理和流感的防控工作。通过以上措施，可以起到先教育学生，让学生去影响家长，让其有较强的安全意识的作用。

"爱心婆婆"叶千秀。叶千秀是南充市南运集团退休职工，由于在工作中爱岗敬业、乐于助人，多次被评为优秀职工、模范共产党员、助人为乐模范。退休后，叶千秀积极投身于公益事业，省吃俭用，先后捐款80万元，资助社会贫困人群100余人，帮助32名贫困留守儿童完成学业（如图2-34所示），其本人相继荣获"感动南充十大人物""顺庆区道德模范""南充市好母亲""南充市道德模范""四川好人"等荣誉称号。

图2-34 "爱心婆婆"将爱心款递到负责人手中

（二）爱心公益组织

营山县晨光公益志愿者协会成立于2015年4月，原名为"营山公益志愿者协会"，是营山县最大的民间公益组织,是由自愿、无偿为社会提供志愿服务的社会各界爱心人士结成的联合性、地方性、公益性和非营利性的全县性社会团体,现有会员80余人,志愿者200余人。

2017年3月22日上午,晨光公益协会携手县检察院、同仁医院到普岭小学开展了关爱留守儿童的活动。为余某、李某等4位孤儿送上学习用品和衣物,并针对留守儿童亲情疏远、家庭教育缺位等问题,耐心地对同学们进行心理疏导和抚慰,鼓励他们用优异的成绩和健康的心理状态回报家人。

2017年5月21日,晨光公益志愿者协会前往双流镇双店村小学,举办了以"关爱留守儿童 播撒爱心阳光"为主题的公益活动,共为该小学送去了各类书刊38册,各类学习用品300多件,体育用品近20套,为部分贫困学生送去了爱心捐款1000多元,点滴的善举温暖着山区孩子们的心田。

2018年9月7日上午,共青团县委组织晨光公益志愿者协会在县城宝珍广场启动了"九九公益日'壹乐园 儿童服务站'募捐活动"。

(三)南充市高校

2019年,在党的十九大号召下,各公益组织、各高校积极关爱留守儿童心理健康,助力精准脱贫攻坚。关爱留守儿童活动也在西华师范大学如火如荼地进行着。西华师范大学首创"高校-研究基地-团县委"协同创新模式,并建立一对一的留守儿童学术案例库,研究人员力争探索出一套留守儿童的"精准扶志"基层模式。

2020年7月,来自西华师范大学管理学院人力资源管理专业的大学生,在指导老师何亮杰的带领下前往南充市顺庆区渔溪镇渔溪桥村开展为期10天的"柒月梦——关爱留守儿童"暑期三下乡实践服务活动。在"童伴之家"的统筹之下,实践队为渔溪桥村的留守儿童们带去了名著导读课、电影赏析课、趣味活动课、科学实验课、手工+绘画课、感恩教育课以及语数外拓展课程。

图2-35 西华师大志愿者与孩子合影

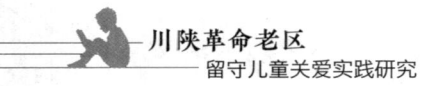

本章小结

本章以时间为线索搜集整理相关资料,梳理总结了南充市近十年(2011—2020年)留守儿童全区域治理经验与留守儿童乡土关爱案例。总结南充市留守儿童关爱工作的典型做法。第一节介绍南充市关爱留守儿童的现实背景、文献综述与发展历程,南充市关爱留守儿童历史与现实发展状况;第二节以2011—2020年十年为时间段回顾南充市三区一市五县在关爱留守儿童上所作出的实际行动,并从关爱主体、关爱领域及关爱形式三方面进行了深入分析;第三节在以上基础上,发掘南充市关爱留守儿童的经典案例与典型经验,肯定南充市在关爱留守儿童工作上做出的贡献,提炼出可供借鉴的经验方法。

第一节首先从南充市的自然概况、历史沿革及经济发展概况三方面介绍南充的现状,分析南充这片土地留守儿童存在的基本情况:一是南充留守儿童规模大,二是农村"留"的比重最大。然后在CNKI(中国知网)上进行检索,查找相关学术文献资料,对已有研究的研究内容、研究方法有一个很好的认知,为本章后面的研究建立学术支撑。最后得出了南充市留守儿童的产生有社会发展、人口流动性大,生产力受阻、家庭贫困,制度阻隔、亲子难相聚三方面原因。通过对新闻报道的分析,划分出南充市关爱留守儿童的三个历史阶段,第一阶段是萌芽期——物质关怀,暖身暖心(2011年以前);第二阶段是发展期——狠抓教育,扶志强心(2011—2015年);第三阶段是深化期——多方联动,成熟机制。对各个阶段关爱工作进行总结,得出南充市在关爱留守儿童上具有高度重视、健全工作机制,深入调研、为科学管理提供依据,创新形式、共建育人平台的特点。

第二节研究南充市全区域关爱留守儿童的乡土特色与行动路径,具体到南充市的3区1市5县,以2011—2020年为时间段进行研究。在各区域人民政府官网以"留守儿童"为关键词检索公开发布的新闻,从中获取相关资料。围绕发布时间、关爱主体、关爱领域、关爱形式和关爱内容五个维度进行梳理。其中"关爱主体"包括五大类:基层学校、乡镇为单位的党政机关、县级部门、市级单位、其他公益组织和团体;关爱领域包括五大类:生活关爱、学业关爱、情感关爱、健康关爱、安全关爱;关爱形式包括四大类:慰问活动、公益活动、基层调研、政策设计。经过这样一个年表整理,使得南充市各关爱主体帮扶留守儿童所做出的努力更加清晰地呈现出来。

第三节则在以上基础上,重点举出了一些经典的公益项目、公益活动和爱心人物的闪光事迹,事实证明他们在关爱留守儿童工作上取得的成效是显著的,他们的经验模式是值得借鉴和推广的。尽管,所罗列出来的只是一小部分身影,但是为关爱留守儿童这项公益事业做出奉献的群体远不止于此,他们的光和热照亮了留守儿童的今天和明天。

近年来,南充市积极开展关爱留守儿童工作,努力构建"党政主导、部门联动、社会参与、全民关怀"的长效机制,从关爱内容、关爱形式到关爱主体上力求做到多举措全方位关爱，形成了自己的关爱模式。本章的书写也是为孩子发声，营造一种积极的生活氛围，激发他们内心积极向上生活的力量。直到今天，南充市流出人口规模依然很庞大，造成的留守儿童数量很大。关爱留守儿童工作是一项长期的系统工程，还需要继续创新，扎实工作。在大环境无法改变的情况下，就要努力改变小环境。"路漫漫其修远兮，吾将上下而求索"，各关爱主体齐心协力牵好留守儿童的"小手"，阻隔"留守"定能取得更大成效。那时，儿童不再被标签化，我们没有什么不同。

参考文献：

[1] 南充市人民政府. 走进南充［OEB/OL］. （2021－04－23）. http://www.nanchong.gov.cn/zjnc/.

[2] 白梨安. 南充，中国留守儿童之都［OEB/OL］. (2019－08－22). https://mp.weixin.qq.com/s/XS2AGTc1xZb lkxnHxXJKVQ.

[3] 南充市顺庆区人民政府. 专题调研，南充留守儿童有 95.8 万［EB/OL］. （2021－05－18）. http://www.shunqing.gov.cn/t/5003.html.

[4] 南充日报. "童伴计划"助留守儿童健康成长［EB/OL］. (2021－01－11). http://xncrb.cncw.cn/detail/20210109/A2/217.html.

[5] 潘璐，叶敬忠. 农村留守儿童研究综述［J］. 中国农业大学学报（社会科学版），2009，26（02）：5－17.

[6] 陈心容，周政华，陈金，刁琴琴，潘池梅. 2012 年南充市城郊结合部和普通农村儿童生长发育状况及看护人相关因素研究［J］. 实用预防医学，2017，24（02）：176－180.

[7] 陈琳，李建琼，黄学文. 留守儿童视力与戴镜情况调查及影响因素分析［J］. 中外医学研究，2014，12（26）：82－83.

[8] 郑杨灿，吕宗凯，杜胜男. 留守儿童与非留守儿童口腔健康状况比较［J］. 世界最新医学信息文摘，2019，19（50）：284.

[9] 蒋孟姗. 西充县留守儿童语文课外阅读状况调查研究［D］. 西华师范大学，2017.

[10] 蒲培勇. 农村留守儿童寄宿制学校空间环境研究［D］. 昆明理工大学，2011.

[11] 陈世海，詹海玉. 西部留守儿童［M］. 中央编译出版社，2017：133.

[12] 中国人口流动模式的稳定性及启示——基于第七次全国人口普查公报数据的思考［J］. 中国人口科学，2021（03）：28－41＋126－127.

[13] 南充市政府办公室. 南充市第七次全国人口普查公报［EB/OL］. （2021－05－1）. http://www.nanchong.gov.cn/xwdt/gsgg/202106/t20210629_675885.html.

[14] 樊明，等. 户籍制度改革的经济学分析及路径探索［J］. 中国劳动关系学院学报，2021，35（02）：27－37.

[15] 彭楷涵，江明科. 南充日报留守儿童报道分析［J］. 青年记者，2009（30）：52－53.

[16] 巴蜀动静. 童伴妈妈的新年！［EB/OL］. (2021－01－09). https://mp.weixin.qq.com/s/eo2c－Jdq0sVb7_EvOwJdhQ.

[17] 今日顺庆. 顺庆推进"童伴计划""童伴妈妈"再充电［EB/OL］. （2021－03－17）. https://app.jinrishunqing.com/detailArticle/15532578_16599_jrsq.html?source=1.

[18] 今日顺庆. 顺庆"红伞计划"完成本学期课程 心理援助留守儿童近千名［EB/OL］. (2018－01－05). https://app.jinrishunqing.com/detailArticle/2964149_16599_jrsq.html?source=1.

[19] 四川省人民政府. "代理妈妈"情暖留守儿童［EB/OL］. (2021－05－21). https://www.sc.

gov. cn/10462/10464/11716/11718/2016/4/18/10376579. shtml.

[20] 四川经济日报. 南充顺庆区"红伞计划"温暖留守学生[EB/OL]. (2018－11－22). http://epaper. scjjrb. com/Article/index/aid/2534292. html.

| 第三章 |

巴中市关爱留守儿童的历史概述与经典案例

本章内容依托于巴中市人民政府从 2010 年至 2020 年所发布的关于留守儿童的新闻报道，以及关于留守儿童的相关学术专著和实地考察。本章节详细地对巴中市关爱留守儿童的历史概述与经典案例进行了相关研究和分析。写作思路如下：首先分析了巴中市关爱留守儿童的现实背景，进行相关文献综述与发展历程研究。接着笔者将 2010 年至 2020 年巴中市人民政府官网中发布的有关留守儿童的政策文件进行了整理，总结出发展的三个阶段，在此基础上，整理形成巴中市各县区关爱留守儿童的乡土特色与行动年谱研究，分别形成通江县、南江县、巴州区、平昌县、恩阳区在治理留守儿童问题上的典型特色。最后，在上述调查研究的基础上，总结出巴中市关爱留守儿童的典型做法。

第一节　巴中市关爱留守儿童的现实背景、文献综述与发展历程

一、巴中市关爱留守儿童的现实背景

（一）得天独厚的自然环境

巴中位于四川省东北部，1933 年川陕苏区设特别市，1993 年成立地区，2000 年撤地设市，辖南江、通江、平昌三县，巴州、恩阳两区和巴中、平昌两个省级经开区，面积 1.23 万平方公里，总人口 380 万，是秦巴山片区区域发展与扶贫攻坚中心城市、原川陕苏区中心城市，也是"国家卫生城市"和"国家森林城市"。巴中市地处中国秦岭淮河南北分界线以南，位于成都、重庆、西安的地理中心点，是联结"一带一路"和成渝—关天经济区的重要节点，正加快构建以 1 个机场、4 条铁路、10 条高速公路为骨架的"六纵六横三环一航"综合交通体系，区域交通枢纽地位日益凸显。巴中市自然环境有两个非常显著的特征。首先是自然资源富集。这里是北方的南方、南方的北方，北纬

31°的独特气候赋予大自然丰厚馈赠,拥有野生动植物2400余种,石墨储量亚洲领先,"通南巴构造带"天然气储量丰富,农产品有机富硒,是久负盛名的"中国银耳之乡""中国富硒茶之乡""中国南江黄羊之乡""中国溶洞之乡",被联合国教科文组织誉为"四川盆地北缘山地重要生物基因库"。其次是生态环境优良。2020年森林覆盖率63%,空气质量优良率96.7%,有光雾山—诺水河世界地质公园和19个国家4A级旅游景区、4个国家森林公园;核心区830平方公里的光雾山红叶美不胜收,"环中国国际公路自行车赛皇后赛道"驰名中外,是中国自驾游目的地试点城市和国际山地康养旅游目的地。

(二)红色的文化革命精神

巴中,春秋时属巴子国,东汉置县,北魏置州,迄今已有1900多年的历史。南龛、水宁寺等地的摩崖造像,被誉为"巴中盛唐彩雕全国第一",是全国十大石窟之一。巴中人杰地灵,孕育了宋代大文学家张思训、"世界十大革命性伟人"晏阳初等名人。唐太子李贤及诗人李白、杜甫、陆游等先后游历巴中,留下不朽名篇佳话。巴中是土地革命时期全国第二大苏区——川陕革命根据地中心区域和首脑机关所在地,当年12万巴中儿女参加红军,4.8万人为新中国的诞生献出了宝贵的生命。巴中红色文化彪炳史册,徐向前、李先念等老一辈无产阶级革命家和446位共和国开国将帅曾在这里浴血奋战,孕育了"智勇坚定、排难创新、团结奋斗、不胜不休"的红军精神。

2018年,四川省文联、四川省曲协与巴中市委市政府、巴中市巴州区委区政府共同打造了四川曲艺剧《望红台》。该剧以大山和杜鹃两位主角的命运走向为主线,选取红军长征路上的一个点——苦水台,通过苦水台变成甜水台再变成望红台的历史演绎,艺术地反映出红军来之前的苦难、红军到来的甘甜、红军走后的守望,表达苏区人民坚定的信仰和守望的情怀。剧中运用四川清音、四川扬琴、四川盘子、四川竹琴、四川谐剧、四川荷叶、四川莲花落、四川车灯、四川金钱板、四川方言诗朗诵、四川莲花闹等10多个四川曲种,不仅传承了红色文化和红色精神,还为整个作品赋予了浓烈的四川文化特质。作为革命老区的巴中,在许多人的印象里是偏远、落后的。但如今,红色巴中用红色旅游构建出大巴山里独特的"红色文化"与"红色产业"。

巴中在川陕苏区的地位十分重要,1932年12月18日,中国工农红军第四方面军自通江两河口入川,建立了全国第二大苏区——川陕革命根据地。巴中红军文化资源十分丰富,据统计,全市有不可移动革命文物397处511点,其中全国重点文物保护单位3处81点,省级文物保护单位34处70点,市级文物保护单位17处,县级文物保护单位137处,一般不可移动文物206处。全市有馆藏革命文物3万余件,其中一级革命文物19件,二级革命文物153件,三级革命文物2903件。数量、价值位居四川省前列,被誉为中国革命的"露天博物馆"。

（三）蒸蒸日上的社会生产

巴中市位于四川省东北部，大巴山系米仓山南麓，东临达州，南接南充，西抵广元，北与陕西省汉中接壤。从巴中市 2020 年 12 月份及全年主要统计数据来看，2020 年巴中市以第三产业为主，占据了地区生产总值的一半，其次是工业，最后是农业。城乡收入差距大。从城镇新增就业人数来看，基本呈现上升趋势，城镇化发展显著。2020 年巴中市国民经济和社会发展统计公报显示全年转移输出农村劳动力 120.15 万人，比上年增长 0.1%；实现劳务收入 202.45 亿元。按照每人每年生活水平 2300 元（2010 年不变价）的现行农村贫困标准计算，49.9 万农村贫困人口全部实现脱贫，699 个贫困村全部退出，5 区县全部摘帽，绝对贫困和区域性整体贫困问题基本解决。

二、巴中市留守儿童研究的学术热点与文献综述

（一）巴中市关爱留守儿童的现实情况

2017 年，巴中市出台《关于进一步加强农村留守儿童关爱保护工作的实施意见》，对巴中市留守儿童进行精准摸底排查，全市共排查出农村留守儿童 79634 人，占农村籍不满 16 周岁未成年人的 37%。其中无人监护的 1844 人，父或母无监护能力的 3612 人，监护情况较差的占农村留守儿童总数的 13.5%。未登记户口 592 人，残疾 832 人，患病 194 人，需要重点关注的对象占总数的 2.03%。

自 2017 年以来，市、县（区）均建立由政府分管领导担任召集人，民政牵头，30 个单位和部门共同参与的市、县（区）儿童关爱保护保障工作联席会议制度，明确各成员单位工作职责，实行量化考核，与单位年终考核名次、等级和目标奖励挂钩。巴中市民政局先后制定出台了《困境儿童分类保障工作实施方案》《关于进一步加强重病重残儿童救助工作的通知》等 14 个政策文件，从基本生活、医疗康复、教育、监护等方面全力保障困境儿童权益，广泛开展关爱工作。同时，该局还出台《巴中市关于建立城乡社区儿童福利督导制度的通知》，在乡镇（街道）建立儿童福利督导站、在村（社区）选派儿童福利督导员，构建覆盖市、县（区）、乡镇（街道）、村（社区）四级儿童福利服务网络。全市共配备专（兼）职儿童福利督导员 2649 名，专门负责辖区内儿童关爱保护保障工作。

图 3-1 巴中市某村两个年级的留守儿童一起上课①

图 3-2 上课老师为留守儿童准备午餐②

图 3-3 留守儿童的午餐③

（二）巴中市关爱留守儿童的学术热点与文献综述

党的十九大报告指出："要建立健全农村留守儿童、妇女、老年人的关爱服务体

---

① 图片来自坦兴印象在优酷发布的视频《十三个人的学校——四川巴中农村留守儿童的一天》。
② 图片来自坦兴印象在优酷发布的视频《十三个人的学校——四川巴中农村留守儿童的一天》。
③ 图片来自坦兴印象在优酷发布的视频《十三个人的学校——四川巴中农村留守儿童的一天》。

系。"为进一步贯彻落实党中央精神和《国务院关于加强农村留守儿童关爱保护工作的意见》，2019 年 4 月 30 日，民政部联合 10 部门发布《关于进一步健全农村留守儿童和困境儿童关爱服务体系的意见》，为关爱留守儿童的路径指明了清晰的方向。学术界关于留守儿童的相关研究较为丰富，根据知网中关于巴中留守儿童的关键词检索结果，笔者将有关巴中市留守儿童的相关研究进行了汇总，对查找到的相关文献进行了如下整理（表 3-1、表 3-2、表 3-3、表 3-4）。

表 3-1 巴中市留守儿童的相关硕博论文

主要责任人	硕博论文	出版者	分类	年份
罗霞蔚	留守儿童"扶志"问题研究	西南交通大学	政策研究类	2019 年 5 月
张琴	农村初中心理健康教育现状及对策研究	西华师范大学	心理健康类	2017 年 5 月
卢美凤	社会支持视角下农村小学留守儿童教育问题个案研究	广西师范学院	个案研究类	2016 年 5 月
程忆民	农村留守儿童社会支持研究	西南财经大学	社会支持类	2012 年 5 月
龚务	留守儿童看护人教养方式问卷编制及特点研究	西南大学	家庭教养类	2011 年 5 月

表 3-2 巴中市留守儿童的相关期刊论文

作者	期刊	刊名	分类	年份
张兵	《绿水青山看中国》：守正创新 为美丽中国点赞	电视研究	宣传类	2019 年 5 月 5 日
马璐	巴中市巴州区关爱农村留守儿童的调查	社会福利（理论版）	问卷调查类	2017 年 1 月 15 日
杨柯 张灏	留守初中生感知班级环境、人格特征对心理健康的影响	教学与管理	心理健康类	2016 年 9 月 20 日
何凤林	农村留守儿童教育的困境与出路	亚太教育	教育公平类	2016 年 6 月 25 日
周书生	打造民生档案工作新格局——四川省民生档案工作实践及探索	中国档案	政策活动类	2016 年 6 月 15 日
本刊编辑部	情倾革命老区 21 载——中国工商银行四川定点扶贫工作纪实	中国城市金融	公益活动类	2016 年 5 年 15 日
李大英	关爱"留守儿童"需要"持久战"	中华少年	家庭教养类	2016 年
林红	同筑关爱工程 共建爱心档案——四川省留守儿童档案工作实践与思考	中国档案	政策活动类	2015 年 1 月 15 日
彭睿	留守儿童人身权利保护现状的研究——以四川省巴中市巴州区为例	科教导刊（中旬刊）	人身权利类	2014 年 6 月 15 日
谢琳薇	从《空巢》与《留守》看留守儿童小说中的另类成长	山花	宣传类	2012 年 1 月 23 日

续表

作者	期刊	刊名	分类	年份
张君 慧吉	以文化人的"老区路径"——四川省巴中市以文化为引领推动教育改革创新追踪	中国西部	教育改革类	2011年12月25日
龚务 陈旭	留守儿童家庭教养方式与社交焦虑的关系研究	四川教育学院学报	家庭教养类	2010年11月25日
赵勇灵 覃英	四川巴中市：聚全力解决孤儿"四难"	社会福利	公益活动类	2010年7月15日
马昌荣 罗强	留守儿童存在的心理健康问题及对策	中国校外教育	心理健康类	2009年8月20日

表3-3 巴中市留守儿童的相关学术会议

作者	会议	主编	分类	时间
何晓英	农村学校留守儿童管理策略初探	中国智慧工程研究会智能学习与创新研究工作委员会	儿童管理类	教育理论研究（第四辑）

表3-4 巴中市留守儿童的相关报纸文章

作者	报纸	报纸名	分类	出版日期
张志军	巴中市困境儿童生存现状及对策思考	中国社会报	政策活动类	2016年6月27日
蒋健	省委常委、省总工会主席李登菊莅巴视察	巴中日报	新闻类	2010年10月29日
赵勇灵 孙启洋	巴中9414名孤儿不"孤"	中国社会报	宣传类	2010年7月19日
向未来 李秀东 冯一鸣 赵陈	祝愿巴中的明天更美好	巴中日报	宣传类	2008年4月13日
王代林	恩阳个案得失间	四川日报	宣传类	2007年6月1日
蔡锦旗	四川巴州留守儿童犯罪呈上升趋势	中国妇女报	教育类	2006年12月13日

通过知网关键词检索"巴中留守儿童"或"巴中困境儿童"或"巴中孤儿"，与巴中留守儿童相关性较高的文献共有33篇，但与巴中市留守儿童相关的专题研究一共只有3篇，主要内容包括巴中市留守儿童的实践探索、留守儿童家庭教养方式、留守儿童人身权利保护现状。其余有关巴中市留守儿童的相关研究大部分散见于留守儿童的一般性问题的研究中，尚未形成系统的观点。其中，最早出现巴中留守儿童关键词的文献出现在2006年中国妇女报发表的《四川巴州留守儿童犯罪呈上升趋势》中，内容包括四川巴中市巴州区法院最近审理的一起留守儿童小成的盗窃案。原本可以判缓刑监外执行，因家长拒绝出庭，小成面临无人监管，法院只得判有期徒刑三年。

从发文的总体趋势图（图3-4）可以看出，从2016年至2020年，关于留守儿童发文的总体趋势呈现出快速上升的趋势，这主要和2016年国务院发布《国务院关于加强农村留守儿童关爱保护工作的意见》有关，意见中指出要充分认识做好农村留守儿童关爱保护工作的重要意义，总体要求的基本思想指出要全面落实党的十八大和十八届二中、三中、四中、五中全会精神，深入贯彻习近平总书记重要讲话精神，按照国务院决策部署，以促进未成年人健康成长为出发点和落脚点，坚持依法保护，不断健全法律法规和制度机制，坚持问题导向，强化家庭监护主体责任，加大关爱保护力度，逐步减少儿童留守现象，确保农村留守儿童安全、健康、受教育等权益得到有效保障。

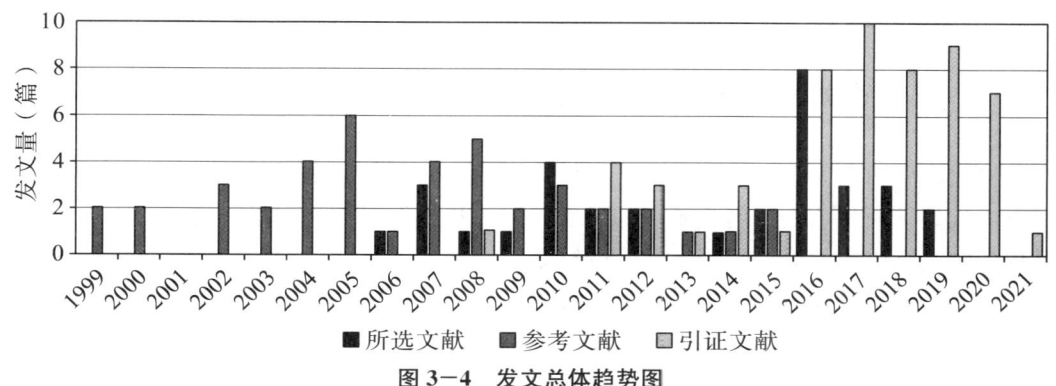

图3-4 发文总体趋势图

从图3-5中可以发现，发文来源主要包括期刊、报纸、硕士论文、中国会议。发文以期刊居多，达到57.58%，硕士论文相对较少，暂时无博士论文对巴中留守儿童进行研究。关于巴中市留守儿童研究的深度和广度还有所缺乏。

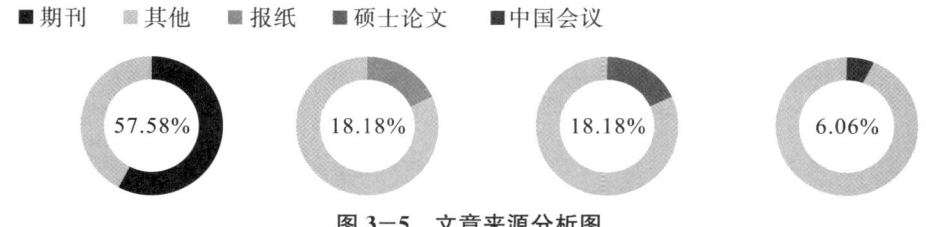

图3-5 文章来源分析图

（三）巴中市留守儿童产生的原因分析

1. 经济落后，众多劳动者外出务工

根据国家为扶持贫困地区设立国家级贫困县标准等公告，国家级贫困县中重点县数量采用"631指数法"测定，四川省36个县上榜，其中巴中三个县（通江县，南江县，平昌县）在榜。由于经济落后，许多农村劳动者不得不离家外出寻找工作。2020年巴中市国民经济和社会发展统计公报显示，巴中市全年转移输出农村劳动力120.15万人，比上年增长0.1%。由于来回车费昂贵、儿童入学问题、城乡户籍制度、城市生活开支大等原因，把留守儿童留在户籍所在地交给老一辈的人监护，成了进城务工农民最合适的选择，

巴中市的留守儿童因此大量涌现。留守儿童的健康成长不仅关系到国家、社会的和谐发展，更关系到"小家"和"大家"的幸福和稳定。

2. 城乡二元结构阻碍留守儿童入学

长期以来，城乡二元结构成为解决"三农"问题的一个最大障碍，农村留守儿童的教育问题也受制于此。进城务工的农民为建设国家做出了非常大的贡献，但是却没有完全享受到和城里人同样的待遇。中央教科所吴霓（2004）认为，城乡二元结构使进城打工的农民工无法长期将子女带在身边给予照顾，农民工无法承担子女在城市所花费的高昂费用，且无法解决入学问题，这些成为留守儿童产生的重要原因。

三、巴中市关爱留守儿童的历史形态与演变规律研究（2011—2020年）

根据巴中市留守儿童所遇困境，巴中市人民政府采取了一系列措施来呵护留守儿童健康成长。下面将从划分历史阶段的尺度、方法和原则以及留守儿童的历史特征与发展过程来总结巴中市政府关爱留守儿童的行动路线。

（一）划分历史阶段的方法和原则

1. 留守儿童新闻报道相关年份数据差异显著

笔者对2010年至2020年巴中市人民政府官网中发布的有关留守儿童的政策文件进行了整理，总结出如图3-6所示走势图。

2011—2020年留守儿童政府文件类走势图

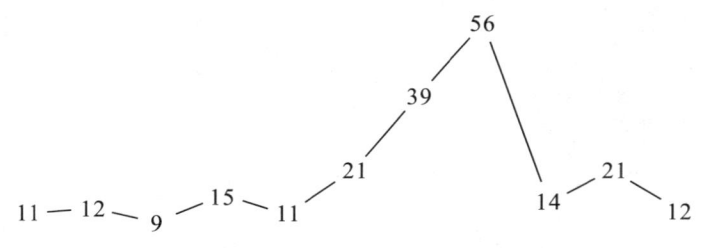

图3-6 近十年巴中留守儿童政府文件统计图

可见，2016年以前，巴中市人民政府发布的留守儿童新闻数量较少，从2016年开始，留守儿童相关的政府文件数量呈现快速上升的趋势，到2017年达到顶峰，这主要和2016年国务院发布《国务院关于加强农村留守儿童关爱保护工作的意见》有关，这为笔者进行关爱留守儿童的阶段划分提供了依据。

2. 留守儿童相关文献发布年份数据差异显著

笔者将知网中与巴中市留守儿童相关性较高的文件进行了整理，发现其发文年限存在较大差异，具体表现如图3-7所示。

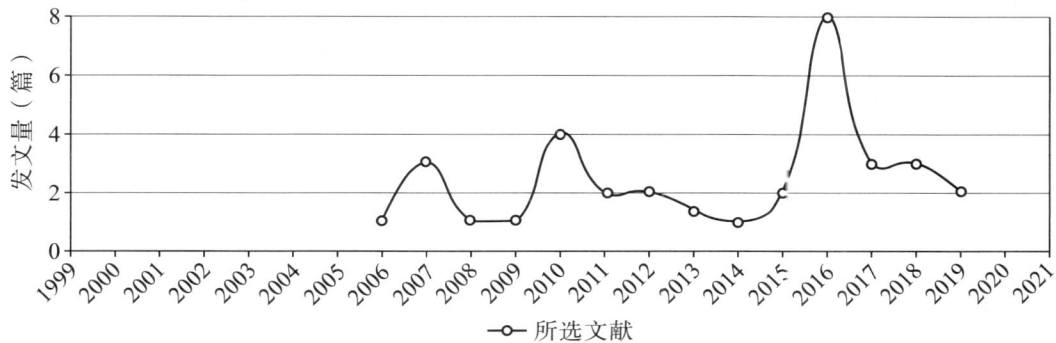

图3-7 巴中市留守儿童相关文献发布日期统计图

由图3-7可以得知，知网中有关巴中市留守儿童文献发布数量的年份和巴中市人民政府中所发布的留守儿童相关政策的年份趋势大体相似，这为笔者划分留守儿童的阶段特征提供了重要参考。

（二）巴中市关爱留守儿童的历史特征与发展过程

1. 2010年以前：萌芽阶段

2007年5月，巴中市通江县人民政府发布了第一条有关留守儿童的新闻，巴中市关爱留守儿童的活动从通江县开始萌芽，其他县在2010年前无萌芽迹象。通江县作为第一个关注关爱留守儿童的地区，起到了带头作用。在萌芽阶段，相关留守儿童政策尚未出台，公益组织相对较少，留守儿童活动较为单一。

2. 2010—2015年：发展阶段

在近六年的时间里，通江县是留守儿童关爱的先行示范县，在2010年就提出"四举措"强化留守儿童管理。2011年通江县被确定为全国农村留守儿童关爱服务体系试点县，从2012年开始，以校、乡、县、区为单位陆续地推出本地的关爱政策。如巴州区构建留守儿童"零距离"关爱网，流坝乡"六举措"关爱留守儿童，巴州区第一小学重视关爱留守儿童"五落实"。

2010—2015年，总体上，从关爱留守儿童的规划来看，以校、乡、县、区、市为单位都陆陆续续地发布了关爱留守儿童的地方性举措。从关爱留守儿童的主要群体来看，以学校组织的关爱留守儿童的活动为主，活动也从2010年只在节假日组织留守儿童的关爱活动到2012年之后活动变得具有丰富性和多样性。例如，2012年，大兴小学为60名留守儿童集体过生日，红光乡小学为留守儿童开通绿色报名通道，南江六小积极筹办"留守儿童托管服务中心"等；从关爱留守儿童的区域来看，以南江县和巴州区所颁布的政策和组织的关爱活动最为频繁，明显高于其他区、县的关爱活动。其中，以当地教育局、人民政府、小学、农业局、县图书馆组织的关爱活动为主。从关爱内容上看，包括领取新书包、捐资助学、"一对一帮扶责任"的落实，向特困户家庭的留守儿童送去学习用品及慰问金，捐赠文体用具，宣传"安全用电"并讲解相关的知识。对于儿童心理的帮扶措施，初有迹象，但相关政策、活动相较物质类的帮扶较少，以2015年为例，政府信息公开的20条信息中，只有两条信息中包含了对留守儿童心理的关注和帮扶。如2015年化成镇开设亲情聊天室，开展亲情对话。

在第一阶段关爱留守儿童的活动中，可以发现关爱留守儿童的群体范围小，组织的关爱活动较零散，注重对留守儿童的物质关怀，对留守儿童心理帮扶等初有迹象，见表3—5。

表3—5　第一阶段关爱留守儿童活动

年份	地区	活动
2009	通江县	启动"农村留守儿童寄宿制项目工程"，投入资金465万元新建（扩建）5所留守儿童寄宿制学校。
2008	通江县	民营企业家何成投资700万元建设"留守儿童之家"。
2007	通江县	县疾控中心结对关爱留守儿童。
2007	通江县	情系五显庙　留守儿童不再孤单。
2007	通江县	留守儿童集体过生日。

3. 2016—2020年：成熟阶段

在国家政策方面，2016年2月14日，中国政府网公布了《国务院关于加强农村留守儿童关爱保护工作的意见》（简称《意见》）。为贯彻落实《意见》精神，切实加强农村留守儿童关爱保护工作，民政部、教育部、公安部印发《关于开展农村留守儿童摸底排查工作的通知》，决定从2016年3月底至7月底，在全国范围内开展一次农村留守儿童摸底排查工作。同年，省政府下发《四川省人民政府关于进一步加强农村留守儿童关爱保护工作的实施意见》，该实施意见要求，各地要建立健全政府领导、民政部门牵头、各部门参加的农村留守儿童关爱保护工作领导机制，统筹协调全省农村留守儿童关爱保护工作。在国家政策的引领下，各地纷纷响应，出台摸底排查和关爱留守儿童的实施方案，见表3—6。

表 3-6　2016—2020 年各地出台的关爱留守儿童政策

巴州区	1. 关于印发《巴中市巴州区农村留守儿童"合力监护、相伴成长"关爱保护专项行动实施方案》的通知。 2. 鼎山镇:"五落实、五确保"营造农村留守儿童健康成长的良好环境。 3. 关于进一步健全农村留守儿童和困境儿童关爱服务体系的意见。
南江县	1. 和平乡:《"三举措"关爱留守儿童》。 2. 《南江县高桥乡人民政府关于成立关爱保护农村留守儿童专项行动领导小组的通知》。 3. 关于印发《关坝镇农村留守儿童"合力监护、相伴成长"关爱保护专项行动实施方案》的通知。 4. 大河镇:《关爱留守儿童、妇女和空巢老人的实施方案》。 5. 《南江县进一步加强农村留守儿童关爱保护工作实施方案》。
通江县	1. 诺水河镇:《"三步走"关爱留守儿童》。 2. 《三级联动关爱留守儿童》。 3. 《铁溪镇农村留守儿童"合力监护、相伴成长"关爱保护专项行动实施方案》。 4. 《春在乡农村留守儿童"合力监护、相伴成长"关爱保护专项行动实施方案》。 5. 《龙凤场乡农村留守儿童"合力监护、相伴成长"关爱保护专项行动实施方案》。 6. 《通江县留守儿童"合力监护、相伴成长"关爱保护专项行动实施方案》。 7. 大河镇:《关爱留守儿童、妇女和空巢老人的实施方案》。 8. 《农村留守儿童"合力监护、相伴成长"关爱保护专项行动实施方案》。 9. 《农村留守儿童关爱保护工作实施方案》。 10. 《"五项保障"促进留守儿童关爱全覆盖》。 11. 《关于劳动密集型企业进一步加强农村留守儿童和困境儿童关爱服务工作的指导意见》。
平昌县	1. 平昌县民政局实施"暖冬行动"关爱留守儿童。 2. 平昌县认真做好农村留守儿童"两单两书"签订工作。
恩阳区	《登科街道办事处关于成立农村留守儿童和困境儿童关爱保护保障工作领导小组的通知》。

从表 3-6 中可以看出,通江县和南江县在落实留守儿童的关爱服务体系中发挥着先锋和引领的作用。在这个过程中,既有以县、市为单位发布的通知,又有以镇、乡为单位提出的创新性实施方案,在 2017 年达到峰值。从关爱留守儿童的主要群体来看,呈现出一定的广泛性和多样性。从之前以学校、地方为关爱的主要群体扩大到包含大学、县妇联、县文化馆、省总工会、区二医院、区自然资源和规划局、科学院、市检察院、区税务局等群体。从关爱留守儿童的活动来看,呈现出一定的丰富性。包括游学夏令营、主题党日活动、免费艺术培训、心理辅导和开展自护教育、科学实验、科普夏令营、劳动体验等。从关爱留守儿童的内容来看,对留守儿童的心理健康越来越重视,以小学所开展的帮扶活动为例,2010 年—2015 年巴中市内小学以物质帮扶、主题活动、共度节日等帮扶活动居多,从 2016 年开始,学校层面制定了多样化的针对留守儿童心理健康的帮扶措施。例如 2016 年通江七小开设留守儿童谈心节目"知心姐姐心理辅导"。设立留守儿童代理家长。2017 年通江七小举行"关爱留守儿童"团体心理辅导活动。2018 年,平昌县喜神小学暑期深入每一位留守儿童家中,与孩子们交心谈心。2020 年,正直小学确保对留守儿童进行"三多"(多谈心、多引导、多帮助)指导。从关爱的规划来看,由中央统一领导,以省为单位,各个市积极响应,形成统一领导下各市创新举措相结合的场面,整体呈现出有组织、有计划、有分工的局面。

（三）巴中市关爱留守儿童的时代特色与典型经验

1. 留守儿童关爱开始时间差异大

从表 3－7 中可以看到，通江县关爱留守儿童的开始时间是最早的，其次是南江县，最后是平昌县。在 2019 年之前，南江县、通江县、平昌县均是国家级贫困县。其中，南江县地处秦巴山区，境内地形复杂，山峰巍峨，沟壑纵横，素有"八山一水一分田"之称，因基础设施建设成本高、农村产业发展水平低等原因，使得大量的农民外出务工，留下老人在家照顾小孩。而通江县位于四川省巴中市东北部，米仓山东段南麓大巴山缺口处。通江县介于北纬 31°39′/32°33′，东经 106°59′/107°46′之间。境内的公路主要有通巴公路、通中公路，交通不便，阻碍了经济发展，农民外出打工，使得留守儿童在此地聚集。留守儿童的聚集所引发的各类社会问题使得两县率先开始了关爱留守儿童的道路探索。而作为最早开始开展关爱留守儿童活动的通江县，于 2011 年底，被确定为"全国留守流动儿童关爱服务体系建设工作试点县"。其关爱留守儿童的路径和模式值得进行研究和推广。四川省巴中市管辖的平昌县是四川有名的贫困县，平昌是国家扶贫开发工作重点县、秦巴山区连片特困地区县、川陕苏区革命老区县。从表 3－7 中 2020 年常住人口的统计数据来看，平昌县的常住人口最多，达到 79.04 万人，说明外出务工的人员相对较少，因此，开展留守儿童关爱活动的时间比较延后。

表 3－7　巴中市各县关爱留守儿童初始情况

地区	关爱开始时间	关爱发起地	关爱内容	常住人口（2020 数据统计）
南江县	2011/06	流坝乡	六举措关爱留守儿童。	60.6 万
通江县	2007/05	广纳镇中心小学	该校成立"留守学生"之家，全校 679 名留守学生有了自己的心灵家园	67.06 万
巴州区	2013/01	市委常委	慰问留守儿童。	73.8 万
平昌县	2017/03	县实验小学	开展留守儿童活动，包饺子。	79.04 万
恩阳区	2014/06	区妇联、区总工会、区团委	慰问活动。	47.36 万

2. 对留守儿童的关爱以学习、生活、环境方面为主

从对各区县留守儿童关爱情况的分析来看，除了恩阳区对留守儿童物质方面的帮扶最大外，其余各区对留守儿童学习、生活、环境的帮扶均有涉及。主要是由于留守儿童的生活、环境和学习状况的好坏直接关系着留守儿童的未来成长方向，关系"小家"和"大家"的和谐稳定。并且，留守儿童的生活、学习和环境的状况是外显的，是容易被体察和发现的。2015 年 7 月，省委原副书记、省政府原省长、省关工委领导来巴中视察的过程中，就明确地指出，要突出抓好"三个重点"，其中就包括要重点加强学校教

育,进一步巩固九年义务教育程度,重视加强高中阶段教育,多措并举解决留守儿童入学难等问题。以南江县发布的报告为例,截至2018年,南江县共投入资金16亿元,加强寄宿制学校和村校建设,办学条件极大改善,保障了留守儿童就近入学。建成留守儿童之家94个、乡村少年宫18个,添置了联网电脑、图书、音体美器材等,保障了留守儿童随时能与父母视频通话、阅读书报、开展文体活动。

图3-8 四川省相关部门领导关爱探望当地留守儿童

3. 各区县发展出独具特色的关爱模式

从上文整理的年表来看,各区县都发展出独具特色的关爱留守儿童的模式。如南江县对留守儿童心理层面的关爱和重视、创建托管式寄宿制学校关爱农村留守儿童,通江县通过政府主导、社会关爱、"回引工程"三级联动建立起关爱留守儿童的服务体系,巴州区通过街道办事处设立"阳光办事处"搭建留守儿童温暖的家等。这些创造性的关爱模式造福了数万名留守儿童,部分建设性做法值得进行全国性推广。第三节将对巴中市关爱留守儿童的典型做法进行详细介绍。

第二节 巴中市关爱留守儿童的乡土特色与行动年表

一、通江县关爱留守儿童的乡土特色与行动年表

(一)通江县关爱留守儿童的情况简介

四川省东北部的巴中市通江县是秦巴连片贫困地区的核心区域,全县辖49个乡镇、524个村、44个社区、3314个村民小组,全县69万的农业人口中,近25万人常年外出务工,家中留下了3.8万名留守儿童。通江县是中国红军之乡,当年拥有23万人口的通江县有5万余人参加红军。因为山高路远、交通闭塞,导致发展受限,成为国家级

贫困县。2000年后，打工潮席卷通江农村，年轻人相继外出打工，给农村留下了一大批留守儿童和空巢老人。"居住分散、家庭贫困、父母长期在外务工"是通江县留守儿童的生存现状。为关爱留守儿童，这些年来，通江县不断探索，逐渐建立起留守儿童关爱体系。2013年，通江县成为全国农村留守流动儿童关爱服务体系建设示范县，关爱留守儿童服务体系得到了进一步完善。

笔者从巴中市人民政府信息平台上统计了从2010年至今各区县发布的有关关爱留守儿童的新闻数量，如表3-8所示。

表3-8　巴中市各区县关爱留守儿童新闻统计

市县区	新闻条数
南江县	111
通江县	148
巴州区	99
平昌县	34
恩阳区	37

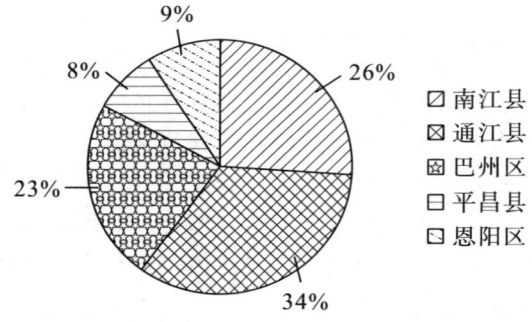

图3-9　巴中市各区县关爱留守儿童新闻统计数据饼状图

从统计图表中可以得知，通江县在关爱留守儿童的新闻统计数量中占据的比例是最大的。作为国家级贫困县，通江县在关爱留守儿童方面发挥着先锋作用。接下来，本章就对通江县人民政府发布的留守儿童相关新闻进行分析。

（二）通江县近十年关爱留守儿童的行动年表

以下将以通江县实施关爱的时间为导线，梳理通江县近十年关爱留守儿童的行动年表。

表3－9 通江县2010—2020年关爱留守儿童的年表

时间	关爱主体	关爱领域	关爱形式	关爱内容
2012/01/22	《分秒必争》栏目组	生活关爱	/	《分秒必争》栏目组走进了县实验小学，筛选出两名留守儿童，邀请他们及其家人到北京参加节目的录制。
2012/11/13	板桥口乡政府	安全关爱	公益活动	组织开展以送安全、送学习、送欢乐、送帮扶、送卫生、送健康为主的"关爱留守儿童"社会公益活动，推进"四个落实"，切实关爱留守儿童。
2012/11/16	青浴乡党委、政府	生活关爱	公益活动	青浴乡党委、政府整合资源、加大宣传，积极行动，开展关爱"留守儿童"活动。
2012/11/27	通江县人民政府	/	政策设计	采取"三举措"扎实推进留守儿童结对关爱工作，加快留守儿童关爱服务体系建设。
2012/09/13	通江县人民政府	/	/	通江县就关爱留守儿童经验在全国交流，并作为全国8个经验交流发言的试点地区之一在会上介绍了通江县式点工作的成熟经验和成功做法。
2013/03/17	县发改局	生活关爱	公益活动	询问孩子们的家庭、学习、生活等情况，并为留守孩子们送去了书包、文具盒、铅笔等学习用品。
2013/06/01	省、市	/	/	通江县获"全国维护妇女儿童合法权益先进集体""全国农村留守儿童关爱服务体系示范县"荣誉称号。
2013/08/21	县公安局	安全关爱	公益活动	县公安局结合辖区实际工作情况，创新五项举措，做好留守儿童保护、关爱、帮教工作，确保留守儿童暑期安全。
2013/10/18	县财政局	生活关爱	公益活动	关爱长坪小学100余名留守儿童，并为11名困难学生发放帮扶金3000元，为28名留守儿童送上爱心衣服，为1名特困学生购买200斤大米。
2014/01/09	县旅游局	生活关爱	公益活动	活动现场，"爱心家长"耐心询问孩子们的家庭、学习、生活等情况，并为留守孩子们送去了书包、文具盒、铅笔等学习用品。
2014/03/31	县委编办	生活关爱	公益活动	县委编办负责人率领全办同志来到挂包帮联系村诺水河镇金家坝村，开展关爱"留守儿童"慰问活动。
2015/01/27	县计生局	生活关爱	公益活动	县计生局到会家小学开展"新春送祝福，关爱留守儿童"活动，详细询问孩子们的情况，鼓励他们要刻苦学习，懂事听话，并送上了新春祝福。

续表

时间	关爱主体	关爱领域	关爱形式	关爱内容
2015/05/14	省妇联、省社科院	学习关爱	基层调研	本次调研的目的是进一步摸清全省留守儿童学习、生活现状,从而制定更加符合全省实情的关爱帮扶对策。
2016/05/06	通江县人民政府	/	政策设计	通江县建立起了关爱留守儿童的三级联动机制。县委、县政府分管领导牵头成立了留守儿童工作领导小组,将关爱工作纳入全县经济社会发展总体规划。
2016/06/20	烟溪乡党委政府	/	政策设计	烟溪乡党委政府扎实开展农村留守儿童摸底排查工作。统一思想,加强领导;把握要求,精准识别;上下联动,形成合力;全面推进,重点突出。
2016/06/27	诺水河镇政府	/	政策设计	诺水河镇:"三步走"关爱留守儿童。一是健全关爱体系。二是全面开展排查。三是强化法制教育。
2016/06/27	通江县人民政府	/	政策设计	根据四川省《关于开展农村留守儿童摸底排查工作的通知》,现将有关事项通知如下:一、提高认识,加强领导;二、把握要求,精心组织;三、明确责任,逗硬督办。
2016/08/15	县图书馆	学业关爱	公益活动	2016年8月12日,县图书馆工作人员带着书法艺术类图书、水彩笔,羽毛球等文体用品来到空山乡中坝村开展送学上门服务。
2016/09/21	县妇联	安全关爱	公益活动	县妇联给长坪乡中心小学200个留守儿童送去了"安全书包"。书包除了能够放置书本文具之外,还具有全反光材料、防落石砸伤、救生浮具、求生口哨功能。
2017/02/09	健康教育专家组	健康关爱	基层调研	农村留守儿童健康教育专家组赵春霞一行五人来我县开展农村留守儿童健康教育指导和调研。
2017/05/19	瓦室镇人民政府	/	政策设计	瓦室镇人民政府关于加强农村留守儿童关爱保护工作的实施意见。
2017/06/12	通江县人民政府	/	政策设计	通江县出台《农村留守儿童关爱保护工作实施方案》,计划到2017年底,实现所有农村留守儿童纳入有效监护范围。
2017/07/21	铁佛镇人民政府	/	政策设计	铁佛镇出台《留守儿童"合力监护、相伴成长"关爱保护专项行动实施方案》。
2017/07/26	通江县人民政府	/	政策设计	通江县农村留守儿童健康教育与健康发展促进项目工作联席会议在县计局召开。

续表

时间	关爱主体	关爱领域	关爱形式	关爱内容
2017/09/26	省卫健委	健康关爱	基层调研	省卫健委到通江县思源实验学校指导农村留守儿童健康关爱工作。据了解，2011年底，通江县被确定为"全国留守流动儿童关爱服务体系建设工作试点县"。
2017/10/25	唱歌乡人民政府	/	政策设计	要做好留守儿童困境儿童的心理健康教育工作，结合唱歌乡的实际，制定实施方案。
2017/10/26	通江县人民政府	/	政策设计	关于成立《通江县留守儿童"合力监护、相伴成长"关爱保护专项行动实施方案》领导小组的通知。
2017/11/01	铁佛镇人民政府	/	政策设计	铁佛镇认真做好留守儿童教育管理工作。包括：一、摸清底数；二、加强联系；三、强化教育。
2017/11/08	龙凤场乡人民政府	/	政策设计	从2017年3月至12月底，在全乡联合开展农村留守儿童"合力监护、相伴成长"关爱保护专项行动。
2017/11/13	通江县人民政府	/	政策设计	通江县积极构建留守儿童全覆盖关爱网：摸清底数，合力监护，规范阵地。
2017/11/21	春在乡人民政府	/	政策设计	印发《春在乡农村留守儿童"合力监护、相伴成长"关爱保护专项行动实施方案》的通知。
2017/11/21	毛浴镇	/	政策设计	印发《毛浴镇农村留守儿童"合力监护、相伴成长"关爱保护专项行动实施方案》的通知。
2017/12/04	瓦室镇	/	政策设计	瓦室镇出台关爱农村留守儿童工作的实施方案。
2017/12/10	国家卫健委流动人口司、联合国儿童基金会与中国健康教育中心	安全关爱	公益活动	12月5日至8日，由国家卫健委流动人口司、联合国儿童基金会与中国健康教育中心联合举办，县卫生计生局、县妇幼保健院协办的国家农村留守儿童健康与发展暨健康教育项目县级骨干师资培训班在我县妇幼保健院顺利举办。
2017/12/12	永安镇	/	政策设计	永安镇：扎实做好农村留守儿童关爱工作：（1）撑起政策保护伞。（2）织牢社会关爱网。（3）建好帮扶信息库。
2018/05/27	县总工会	生活关爱	公益活动	县总工会赴沙坪乡滥井坝村、草庙子村开展"放飞希望 绽放微笑"留守儿童关爱活动。
2018/08/14	通江县人民政府	生活关爱	公益活动	通江县组织33名留守儿童到成都开展为期5天的科普夏令营活动。活动期间，孩子们参观了四川科技馆、海昌极地海洋世界、成都博物馆、成都动物园等地。
2018/11/05	通江县人民政府	/	政策设计	提出留守儿童五保障，包括：生活保障、医疗保障、教育保障、责任保障、机制保障。

续表

时间	关爱主体	关爱领域	关爱形式	关爱内容
2019/06/20	县文化馆	学业关爱	公益活动	县文化馆积极开展以留守儿童为重点的课后免费艺术辅导。培训内容包括书法、吉他、播音主持、少儿爵士舞、剪纸等。共培训留守儿童500余人次。
2019/07/07	瓦室镇	/	政策设计	认真贯彻落实全县关心关爱留守儿童工作要求，全面保障留守儿童接受教育权利，切实帮助他们解决学习、生活和心理上的各种困难和问题。
2019/08/15	夸克科学院	学业关爱	公益活动	夸克科学院来通江县开展关爱留守儿童支教活动，将开展体验机器人课程、体验STEAM项目制课程、观星、观影以及科技课程体验等活动。
2020/08/12	县民政局	/	政策设计	全面启动农村留守儿童和困境儿童关爱保护"政策宣讲进基层"活动。
2020/08/22	爱心人士	生活关爱	公益活动	活动在《明天，你好》的演唱中拉开了序幕，在现场，孩子们通过合唱、快板等给我们带来了一场精彩的视听盛宴，随即爱心人士将奖学金、助学金和生活物资等慰问品分发给孩子们。

（三）通江县关爱留守儿童的乡土特色与经验梳理

通江县因为山高路远、交通闭塞，导致发展受限，成为国家级贫困县。2000年后，打工潮席卷通江农村，年轻人相继外出打工，给农村留下了一大批留守儿童和空巢老人。为关爱留守儿童，这些年来，通江县不断探索，逐渐建立起留守儿童关爱体系。2013年，通江县成为全国农村留守流动儿童关爱服务体系建设示范县，关爱留守儿童服务体系得到了进一步完善。2017年，通江县出台《农村留守儿童关爱保护工作实施方案》，计划到2017年底，实现所有农村留守儿童纳入有效监护范围，到2020年，实现全县90%的乡镇、80%的村（居）民委员会以及农村寄宿制学校建有农村留守儿童关爱保护活动场所，全县农村留守儿童关爱保护工作体系全面建立，农村留守儿童成长环境大为改善、安全更有保障，儿童留守数量明显减少。下面将对通江县从2007—2020年在巴中市人民政府网站上所发布的留守儿童关爱信息进行分析。

从图3—10中我们了解到，通江县的关爱主体主要是县级部门和镇乡（社）为单位的党政机关，形成以县委、县政府党政领导牵头，县级部门积极配合，社会其他部门组织积极参与，学校尽力配合的关爱局面。以县镇乡为单位的党政关爱活动主要以文件形式发布关爱留守儿童的相关政策和举措，进行统筹规划和指导。而县级部门（妇联，团委，县总工会、常委，县公安局，县疾控中心，政务中心等）主要通过颁布文件、公益活动、调研来关爱留守儿童。在关爱的组成部分中，涵盖了各个政务部门，呈现出丰富、多样、齐心协力、万众一心的局面。公益组织方面，有夸克科学院带来的科技课程的体验,也有健康教育专家组带来的健康教育指导,还有《分秒必争》栏目组通过节目所起到的正面宣传。

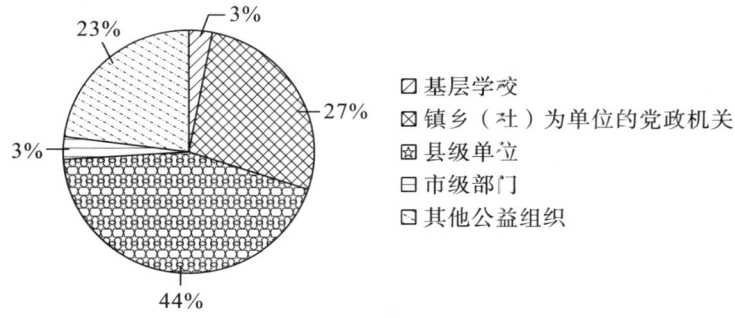

图3-10 通江县关爱留守儿童主体分析图

在关爱留守儿童领域方面(图3-11),生活关爱占比是最大的,其次是安全关爱和学业关爱。比如举办的"安全书包"捐赠活动,书包除了能够放置书本文具之外,还具有全反光材料、防落石砸伤、救生浮具、求生口哨功能。可见,关爱工作非常重视留守儿童的生活安全。对防止溺水安全也很重视,通江县多年平均降水量1221.7mm,且水库多达33个。2016年,就曾发生过非常令人痛心的溺水事件,通江县文胜乡文溪口村村民李木生(化名)10月18日向澎湃新闻反映,该村4名儿童10月17日在村内水库死亡,其中2人为留守儿童,岸边遗留孩子的鞋子和作业本。通江县公安局工作人员10月18日向澎湃新闻证实,4人均为溺水身亡。4名死者最大的12岁,最小的7岁。12岁的小川和7岁的小林是两兄弟,因父母外出打工,兄弟俩由60多岁的爷爷奶奶照看。另两名死者分别是12岁的小平和10岁的小飞,小飞的母亲也在外打工,平时由父亲照顾。由于家庭主体责任的缺失,监护人又忙于劳作等原因,解决留守儿童的安全问题迫在眉睫,这关系到留守儿童的生命安危和家庭的和谐幸福。

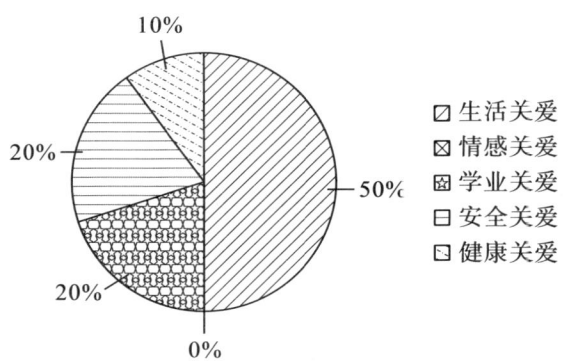

图3-11 通江县留守儿童关爱领域分析图

从图3-12中可以了解到,在关爱留守儿童的形式中,通江县的政策设计占所有关爱活动的51%,充分体现了通江县建立起来的关爱留守儿童的三级联动机制。具体体现在由县委、县政府分管领导牵头成立了留守儿童工作领导小组,将关爱工作纳入全县经济社会发展总体规划,由县妇联、共青团、宣传、教育等12个成员单位共同建立了关爱工作联席会议制度,定期研究解决问题。留守儿童重点分布在乡镇,因此乡镇便成了通江县关爱留守儿童工作的落脚点。我们从通江县近十年的关爱年表也可以发现,各镇、县、乡都在积极地提出建设性的关爱意见,体现了一种新的探索,引领了关爱留守儿童路径的方向。其次是公益活动,占比42%,这是由于留守儿童的生活环境大多比较恶劣,以山路为主,且教学环境设施落后,设备不完善。所以公益活动主要为留守儿童带来生活必备的学习用品,保障留守儿童的学习条件,为留守儿童开展丰富多彩的活动,改善他们的生活、学习环境。这些都满足了留守儿童非常迫切的需求。

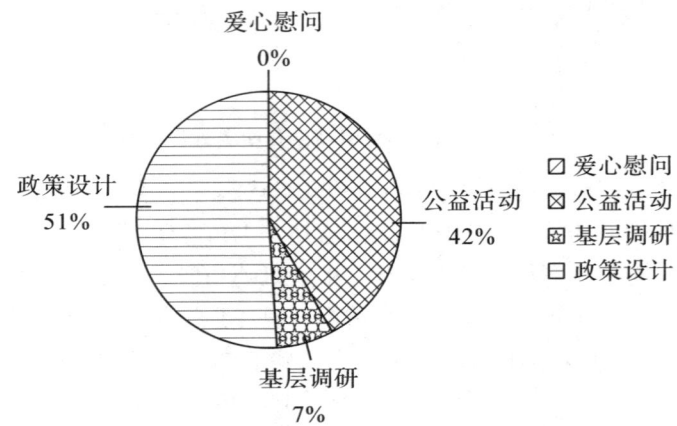

图3-12　通江县留守儿童关爱形式分析图

从关爱内容上来看,有以镇乡为单位提出的建设性帮扶措施,如"三步走""三级联动机制"等;也有相关的计划和目标,如2017年通江县出台《农村留守儿童关爱保护工作实施方案》,计划到2017年底,实现所有农村留守儿童纳入有效监护范围,到2020年,实现全县90%的乡镇、80%的村(居)民委员会以及农村寄宿制学校建有农村留守儿童关爱保护活动场所;还有各类基层学校、公益组织、县级部门举办的各类丰富的活动,如免费艺术辅导、体验科学、夏令营等,内容上呈现出丰富多彩的局面,既有上级统筹,又有各类党政机关、县级部门、社会团体、基层学校的积极配合响应,呈现出和谐局面。

二、南江县关爱留守儿童的乡土特色与行动年表研究

(一)南江县关爱留守儿童的情况简介

南江位于川东北地区、"成渝西"几何中心,县域面积3389平方公里,是首批国家生态旅游示范区、国家重点生态功能区、国家生态文明建设示范县、国家新型城镇化综合试点县,同时也是国家扶贫开发工作重点县、川陕革命老区振兴发展规划核心区域县。近年来,巴中市南江县创新留守儿童管理,建立督查考核、档案管理、结对帮扶"三大机制",抓好亲情关爱、心理健康、校外活动"三大教育",实施投入保障、多方资助、部门联动"三大工程",促进留守儿童健康成长。如今,南江县已成功创建留守

儿童关爱工作示范校 28 所，个别学校的先进经验还被省委组织部在全省推广。

（二）南江县近十年关爱留守儿童的行动年表

以下将以南江县实施关爱的时间为导线，梳理南江县近十年关爱留守儿童的行动年谱。

表 3-10 南江县 2011—2020 年关爱留守儿童的行动年表

时间	关爱主体	关爱领域	关爱形式	关爱内容
2011/06/02	总工会	生活关爱	公益活动	县总工会来到九义校，给 40 名留守儿童赠送了书包、文具盒、毛巾和《新华字典》等学习、生活用品。
2011/06/02	流坝乡	情感关爱	基层调研	流坝乡："六举措"关爱留守儿童。积极探索，架起与留守儿童沟通的桥梁。
2011/07/19	教育局	学业关爱	公益活动	开展"夏令营"活动拓宽留守儿童人生视野，13 名外国志愿者和港台等地的 25 名国内志愿者参加。
2012/05/14	南江县帮扶协会	生活关爱	公益活动	新民小学：92 名留守儿童受到捐赠。
2012/08/13	南江六小	情感关爱	公益活动	南江县南江镇第六小学积极筹办"留守儿童托管服务中心"。学校专门抽调了一批老师成立"关爱留守儿童健康成长"活动小组，配备心理健康咨询老师。
2012/11/29	正直小学	生活关爱	公益活动	留守儿童已经成为学校住校生的主要成员，南江县正直小学多举措把关爱留守儿童落到实处。
2012/12/13	教育局	情感关爱	政策设计	南江县多措并举狠抓留守儿童教育管理。
2012/12/25	坪河九义校	情感关爱	公益活动	学校定期组织一些关爱留守儿童的活动，安排各班班主任每周对留守儿童进行心理辅导和心理健康教育。
2013/01/14	正直小学	情感关爱	公益活动	落实"一帮一"帮扶活动，开放学校心理咨询指导服务，让孩子们和远在异地的父母通电话或视频聊天。
2013/01/17	县妇联	生活关爱	爱心慰问	何义中深入东榆小学开展留守儿童调研慰问活动，为留守儿童发放生活补助近万元。
2013/05/24	正直学区	情感关爱	公益活动	正直学区开展"牵手留守儿童·共筑中国梦"主题系列活动，八举措加强留守儿童工作。
2013/05/25	市妇联	生活关爱	公益活动	南江县开展"牵手留守儿童·共筑中国梦"活动。
2013/06/04	兴马乡	生活关爱	公益活动	兴马乡川柏树村是巴中市信用联社的联系村，走访慰问了留守儿童，给他们带来了节日的问候与祝福，并送去了学习用品和营养食品。

续表

时间	关爱主体	关爱领域	关爱形式	关爱内容
2013/06/04	高塔小学	生活关爱	公益活动	南江县高塔乡小学在师生中认真开展"五个一"活动,切实关爱留守儿童快乐成长。
2013/06/17	高桥小学	学业关爱	公益活动	南江县高桥小学开展"关注留守儿童"系列活动,用真情温暖留守儿童。
2013/09/02	凤仪九义校	生活关爱	公益活动	南江县凤仪九义校把留守儿童作为未成年人保护的重点群体,多措并举,着力解决留守儿童的实际困难。
2013/09/13	高塔小学	生活关爱	公益活动	南江县高塔乡小学采取多种形式切实关爱留守儿童快乐成长。
2013/09/22	长赤镇	/	政策设计	长赤镇关工委通过三项措施努力营造留守儿童健康成长的良好氛围。
2013/09/24	上两乡	/	政策设计	为保证上两乡留守学生、儿童有一个良好的成长环境,乡党委、政府积极采取措施,为给留守儿童营造良好的生活、学习氛围创造条件。
2013/12/16	市公安局	生活关爱	公益活动	市公安局团委一行驱车来到长赤九义校青杠村小学开展了"手拉手"关爱留守儿童活动,为留守儿童送去爱心物品。
2013/12/17	正直活动中心	安全关爱	公益活动	正直活动中心多举措加强留守儿童安全管理。
2013/12/24	坪河九义校	情感关爱	政策设计	坪河九义校高度重视留守儿童问题,采取各种形式,为留守学生的健康成长撑起一片蓝天。
2013/12/29	红光中学	情感关爱	公益活动	红光中学多措并举充分发挥校园教书育人的阵地作用,认真做好留守儿童的教育、生活、安全和心理辅导工作,全力呵护该校278名留守学生健康成长梦。
2013/12/30	正直小学	生活关爱	公益活动	正直小学采取多种措施进一步加强留守儿童关爱工作。
2014/05/20	高塔小学	情感关爱	公益活动	南江县高塔乡小学根据学校实际,采取多种有效措施开展关爱留守儿童健康快乐成长活动。
2014/12/08	县妇联	生活关爱	爱心慰问	爱心人士陈辉一行前往南江县关爱孤寡老人和留守儿童。
2015/04/28	兴马乡	/	政策设计	四措施关爱留守儿童。
2015/06/02	总工会	生活关爱	公益活动	南江县总工会组织辖区民营企业家深入沙河镇小学开展"放飞希望·绽放微笑"爱心捐赠活动。
2015/06/23	团结乡	/	政策设计	"四加强"切实关爱留守儿童活动。

续表

时间	关爱主体	关爱领域	关爱形式	关爱内容
2015/07/31	兴马乡	/	政策设计	"三加强"确保留守儿童暑期安全。
2016/02/18	汇滩乡	/	政策设计	"四个一"做好留守儿童工作。
2016/05/09	南江镇	情感关爱	公益活动	2016年5月6日，断渠社区为落实共驻共建工作，在南江镇第六小学举行"扶贫助教、情系留守"主题活动。
2016/06/02	总工会	生活关爱	公益活动	开展"关爱送给留守儿童"活动。
2017/06/06	县政协主席	生活关爱	基层调研	符大纲主持召开南江县政协爱心助学暨关爱留守儿童座谈会，提出要做到"三个明确"。
2017/06/21	团县委	生活关爱	公益活动	南江县开展"爱心妈妈"培训，启动关爱农村留守儿童公益项目。
2017/07/19	高塔乡	安全关爱	政策设计	近日，南江县高塔乡采取四项措施，做好留守儿童关怀关爱工作，确保孩子们度过一个安全快乐的暑假。
2017/08/24	县政协主席	生活关爱	基层调研	符大纲到关坝小学调研留守儿童关爱工作。
2017/10/09	团县委	生活关爱	公益活动	情系留守儿童，温暖爱心小屋——共青团南江县委深入推进"关爱计划"公益项目。
2018/06/22	教科体	生活关爱	政策设计	实施三大工程不断优化留守儿童生活环境。
2018/10/26	南江县政协	学业关爱	/	符大纲在讲话中指出，为持续深化"爱心助学"活动，从今年起，由县政协募集资金，每年在县内选择3~5所乡镇中小学校建设留守儿童关爱中心。
2019/05/16	县政协主席	生活关爱	基层调研	符大纲检查指导留守儿童关爱中心运行情况，符大纲一行每到一处，都实地察看阵地建设情况，认真查阅软件资料，与学校负责人、管理教师、留守学生深入交流，详细了解留守儿童关爱中心运行情况和存在的困难。
2020/01/16	大河镇	情感关爱	公益活动	玉皇观村留守儿童"有爱不孤单，牵手过大年"。一年一度的新春佳节即将来临。近日，大河镇玉皇观村"童伴计划"项目组织开展了由该村两委干部、爱心妈妈、留守儿童及家长代表参加、主题为"有爱不孤单，牵手过大年"的"童伴计划"关爱留守儿童活动。
2020/12/09	团县委	情感关爱	公益活动	"童伴计划"打通关爱农村留守儿童"最后一公里"。
2020/12/24	县政协	/	政策设计	12月22日，南江县政协在云顶镇九义校举行2020年留守儿童关爱中心启动仪式。

(三) 南江县关爱留守儿童的乡土特色与经验梳理

从南江县关爱留守儿童的主体来看,以学校为主体发起的关爱活动高达42%,形成了非常鲜明的南江县关爱留守儿童的主体特色。其次是由县镇乡为单位的党政组织所发起的关爱活动。2018年,县政协在南江举行留守儿童关爱中心启动仪式,县政协主席符大纲在讲话中指出,为持续深化"爱心助学"活动,经政协南江县十届委员会主席会议决定,从2018年起,由县政协募集资金,每年在县内选择3~5所乡镇中小学校建设留守儿童关爱中心。通过阵地建设、队伍建设、制度建设、活动开展、部门联动,构建政府主导、政协参与、家庭尽责、全民关爱的农村留守儿童关爱体系,搭建社会各界关爱留守儿童的桥梁;探索政协特别组织活动新形式,形成主席会成员联系片区、界别组联系学校、委员自愿结对认亲的格局。2018年将首批建成南江镇九义校、德才实验学校、桥亭镇九义校3个留守儿童关爱中心。县政协"爱心扶助中心"为每个留守儿童关爱中心提供一定数额的资金支持,用于活动阵地建设,依托所在学校组建一支留守儿童管理教师队伍,以"每月一次亲子互动、心理辅导、'爱心爸妈'交流、读一本好书、一次挫折教育活动"为载体,开展素质拓展、亲情补偿、心理健康、安全知识讲座等系列关爱活动,对留守儿童从生活上关爱、学习上关心、心灵上关怀。

根据图3-13可知,南江县在留守儿童生活领域的关爱最多,高达54%;其次是对留守儿童的情感关爱;最后是对留守儿童健康的关爱。学校作为对儿童开展教育的主要场所,在南江县以学校为关爱阵地的背景下,对留守儿童学习、生活和环境方面的帮扶是必不可少的。而大多的留守儿童都存在心理偏差,为此以学校为阵地来对留守儿童进行心理上的辅导是非常具有环境和师资优势的。南江县的各类学校会通过定期组织一些关爱留守儿童的活动,安排各班班主任对留守儿童进行心理辅导和心理健康教育,组织全县心理教育专家和一线教师编写《中小学心理健康教育》读本,为每所学校培训心理健康教育教师等方式来为留守儿童的健康心灵保驾护航。

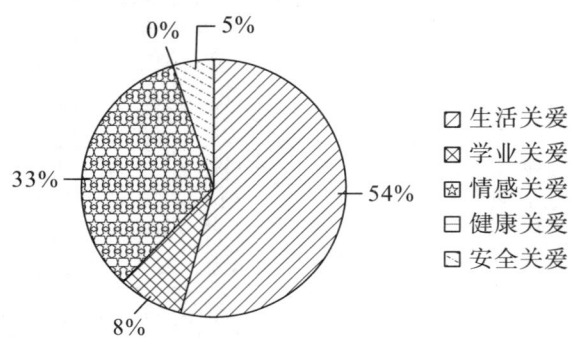

图3-13 南江县留守儿童关爱领域分析图

根据图3-14可知,南江县留守儿童的关爱形式以公益活动为主,占60%;其次是政策设计,占26%。在公益活动中,绝大部分是以学校为阵地进行关爱,综合来看,学校对留守儿童实施的关爱活动呈现出多样性、丰富性、创新性的特征。以对留守儿童心理情感关爱的公益活动为例,有抽调一批老师成立"关爱留守儿童健康成长"活动小组，配备心理健康咨询老师的公益活动，也有组织全县心理教育专家和一线教师编写《中小学心理健康教育》读本，还有适时组织留守学生座谈，及时开展留守学生心理健康辅导等，公益活动的落实非常到位且具体，有效地保护了留守儿童的心理健康，为留守儿童的健康成长保驾护航。

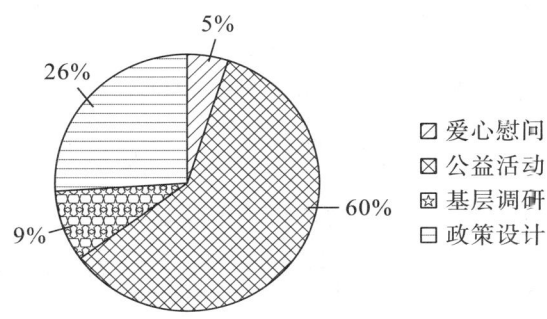

图3-14 南江县留守儿童关爱形式分析图

在关爱内容方面，南江县充分落实了三大教育，促进了留守儿童的健康成长。首先是亲情关爱，有"我与父母面对面视频""我给爸妈的知心话"等活动，也有开放学校心理咨询指导服务，以及让孩子们和远在异地的父母通电话或聊天的活动；还通过设立关爱留守儿童亲情电话，将亲情电话开放时间制作成卡片并通过各种方式发放到留守儿童父母手中等途径，让留守儿童充分感受到家的温暖和父母的关爱。其次在内容方面，非常重视留守儿童的心理健康教育。其中有编写《中小学心理健康教育》读本，免费发放给学生阅读的举措；也有学校定期组织一些关爱留守儿童的活动，各班班主任每周对留守儿童进行心理辅导和心理健康教育等安排，这一系列的措施都有效地预防和解决了留守儿童自卑、抑郁、情绪低落、胆小怕事等心理问题。最后是校外活动方面的关爱内容。比如，建立社区青少年学生校外活动辅导站34个，开设活动项目87个，聘请辅导教师2452名，利用周末和节假日期间开展校外活动。学员自主选择感兴趣的活动项目和喜欢的辅导教师，实行"走班上课"。活动安排上，做到时间、地点、项目、学员、辅导教师"五固定"。各种各样、丰富多彩的课外活动形式确保了留守儿童校内与校外的结合、动与静的结合、学与玩的结合，有效地预防了青少年迷恋网络、沉溺游戏等问题。

三、巴州区关爱留守儿童的乡土特色与行动年表

（一）巴州区情况简介

巴州区位于四川省东北部，米仓山南麓。东接通江县、平昌县，南邻仪陇县，西连巴中市恩阳区，北与南江县抵界，面积1294.91平方公里，辖6个街道办事处、14个镇、2个乡。2019年末，全区户籍人口71.38万人，常住人口67.99万人，其中城镇常住人口42.41万人，乡村常住人口25.58万人，常住人口城镇化率62.37%。巴州区是全国第二大苏区——川陕革命根据地中心，徐向前、李先念等老一辈无产阶级革命家曾

在这里战斗、生活达两年之久，留下了大量珍贵的革命旧址、遗址，建成邓小平题写馆名的"川陕革命根据地博物馆"和红军后代筹资修建的"川陕苏区将帅碑林"。2015年，巴中的GDP为128.76亿元，城镇居民人均可支配收入和农民人均纯收入分别仅为23942元和7879元，均低于全国、全省平均水平。2015年末，48万农业人口中，外出务工人口达14.4万，留守儿童达38405名，其中义务教育阶段留守儿童16625名，学龄前留守儿童和超龄在校义务教育阶段留守学生21780名。全区困境儿童9484名，其中自身困境922名，家庭困境7244名，监护困境731名。

（二）巴州区2013—2020年关爱留守儿童的行动年表

巴州区2013—2020年关爱留守儿童的行动年表见表3-11。

表3-11 巴州区2013—2020年关爱留守儿童行动年表

时间	关爱主体	关爱领域	关爱形式	关爱内容
2013/01/13	市委常委	学业关爱	爱心慰问	市委常委刘嘉深入巴州区慰问留守儿童。
2013/08/29	团区委	安全关爱	基层调研	大力开展留守儿童暑期关心关爱工作。
2013/09/25	回风街道办事处	情感关爱	公益活动	办事处开展了以"共享阳光、共建和谐"为主题的留守儿童关爱行动，努力构建机关、社区、社会三位一体的留守儿童工作网络。
2013/12/31	区政府办	/	政策设计	巴州区"五举措"狠抓留守儿童关爱工作，全区各中小学建立了"心语交流室"，组织开展留守儿童"我给爸妈分忧""我给爸妈写封信"等主题实践活动。
2014/01/08	区政府办	/	政策设计	巴州区四措施关爱农村留守儿童。
2014/03/28	西城街道办事处南龛社	情感关爱	公益活动	西城街道办事处南龛社区创建公益性青少年关爱之家——"阳光驿站"，义务辅导辖区留守学生30余名。
2015/01/04	区妇联、团区委	生活关爱	公益活动	开展了"关爱留守儿童，守望幸福年味"主题实践活动，组织青年志愿者"爱心妈妈"走进学校深入了解留守儿童。
2015/08/21	区政府办	情感关爱	公益活动	巴州区完善帮扶机制加强留守儿童管理。依托学校远程教育系统和办公设施设备，设置"亲情聊天室""亲情电话室"，为留守儿童搭建师生沟通平台。
2015/10/12	化成镇	学业关爱	公益活动	利用远程教育为留守儿童筑"爱的港湾"。
2016/05/30	区妇联	生活关爱	公益活动	六一儿童节前走访慰问留守儿童。
2016/06/02	区委常委、区总工会主席	生活关爱	爱心慰问	在六一儿童节之际，刘尧看望贫困儿童和留守儿童。
2016/08/04	巴州区	生活关爱	基层调研	巴州区全面完成农村留守儿童摸底排查工作。

续表

时间	关爱主体	关爱领域	关爱形式	关爱内容
2016/09/07	区委办	情感关爱	公益活动	巴州区完善帮扶机制加强留守儿童管理。全区共配备心理咨询老师68名,搭建沟通平台68处。同时,完善"留守儿童之家"建设。
2017/09/25	宕梁街道办	/	政策设计	多举措积极关爱留守儿童。
2017/11/15	花溪乡	/	政策设计	扎实做好关爱农村留守儿童工作。
2017/12/08	鼎山镇	/	政策设计	努力营造农村留守儿童健康成长良好环境。
2017/12/12	区民政局	/	政策设计	扎实做好农村留守儿童关爱保护工作。
2018/02/02	宕梁街道办	/	政策设计	"三落实"关爱留守儿童。
2018/06/04	大罗镇	学业关爱	公益活动	开展"关爱留守儿童 法治护航成长"活动。
2018/11/16	区民政局	情感关爱	公益活动	扎实做好农村留守儿童和困境儿童关爱保护工作。开展"童伴计划"活动,设置"心理驿站",让儿童有更多的活动空间、得到更多的关爱。
2019/04/29	巴州区第七小学校和巴州供电公司	生活关爱	公益活动	联合巴州供电公司开展"关爱留守儿童暨点亮微心愿"活动。
2020/02/05	区民政局	生活关爱	公益活动	巴州区节前为留守儿童送上"关爱套餐"。

(三)巴州区关爱留守儿童的乡土特色与经验梳理

如图3-15所示,巴州区关爱留守儿童的主体以区、镇、乡县为单位的党政组织为主,开展的关爱活动占比高达79%,县级部门、市级部门、学校和其他公益组织的关爱活动较少。在以区、镇、乡县为单位的党政关爱活动中,街道办事处发挥着举足轻重的作用。根据调查研究,巴州区的西城街道办事处、东城街道办事处、回风街道办事处都在积极进行关爱途径和关爱模式的探索。其中,西城街道办事处南龛社区创建公益性青少年关爱之家——"阳光驿站"的做法是非常突出的,义务辅导辖区留守学生30余名,引起社会各界强烈反响。南龛社区针对辖区留守儿童现状,充分发挥党员干部的模范带头作用,聘请3名辖区内思想品德高尚、教学经验丰富的退休党员干部、教师为留守儿童集中开展学业辅导、图书阅览、绿色上网、文体娱乐、心理疏导五个方面的青少年成长关爱行动。

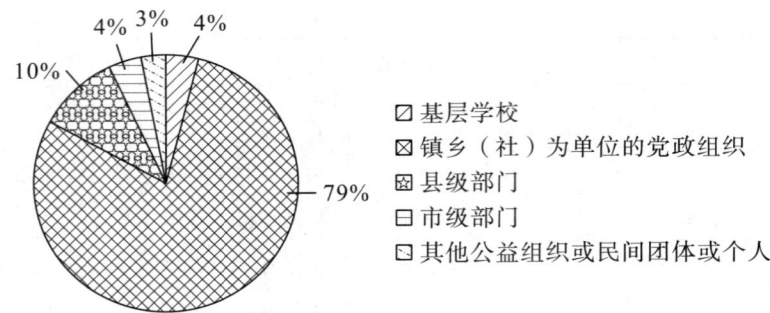

图 3-15 巴州区留守儿童关爱主体分析图

根据图 3-16 巴州区留守儿童关爱领域对比分析来看，巴州区对于留守儿童生活关爱的力度是最大的，健康关爱、安全关爱的比例相对较小。而在生活关爱中，物质帮扶的比例相对较小，更多的是改善留守儿童学习环境整体慰问和关心。从巴中市人民政府公布的巴中市 2020 年各区（县）主要经济指标完成情况来看，这主要是由于巴州区的 GDP 总量在全市 GDP 总量中所占比重是最高的，高达 200.11 亿元，因此，巴州区整体的经济发展相较于其他几个区县较好，留守儿童的物质条件也相对丰厚些，对留守儿童物质方面的帮扶没有其他几个区县高。

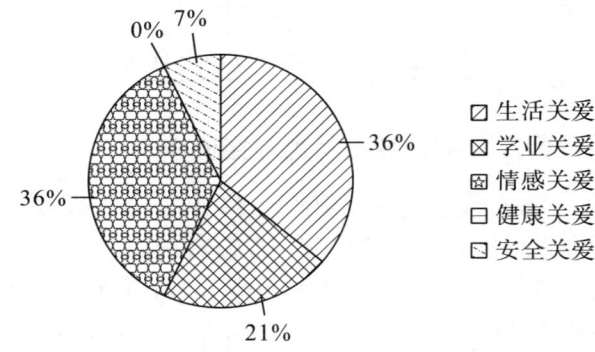

图 3-16 巴州区留守儿童关爱领域分析图

从巴州区留守儿童的关爱形式来看（图 3-17），以公益活动为主（50%），其次是政策设计（32%）。在公益活动中，非常突出的做法是南龛社区街道办事处创建公益性青少年关爱之家——"阳光驿站"，义务辅导辖区留守学生，这是非常具有地方特色的关爱形式。在政策设计方面，巴州区每年把留守儿童关爱工作列进了政府工作重要内容，曾出台《关于深入开展关爱留守学生（儿童）工作的意见》来保障留守儿童合法权益。在政策设计方面，包括完善留守儿童档案制度、帮扶责任制度、谈心制度、留守儿童教育管理督导评估制度等内容，从政策设计层面为留守儿童提供更贴切的帮助。

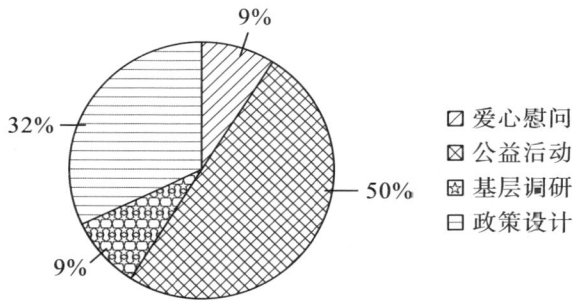

图 3-17 巴州区留守儿童关爱形式分析图

在巴州区的关爱内容中，也有创新性的举措。例如，学校方面建立了"寄宿制"托管，村（居）委会建起"留守儿童之家"，南龛社区建立起"阳光驿站"，由两名社区干部、两名退休教师和两名大专本科学历的志愿者轮流为留守儿童提供课业辅导和帮助。巴州区在全区开展的"1+1"结对帮扶，"三心"（尽孝心、献爱心、送关心）、"四入"（入学、入队、入团、入青春仪式）、"五个一"（每学期至少读一本好书，看一场有教育意义的电影，观一场文艺演出，进行一次心灵交流，参加一次社会公益活动），自任、招募代理家长 3451 名，结对留守儿童 34871 名，全面为留守儿童的生活和成长保驾护航。

四、平昌县关爱留守儿童的乡土特色与行动年表

（一）平昌县县情简介

平昌县地处四川东北部的米仓山南麓，是国家扶贫开发工作重点县、秦巴山区连片特困地区县、川陕苏区革命老区县、全省首批扩权强县试点县和百万人口大县。辖 28 个镇、9 个管委会、3 个街道办事处、393 个村（居）委会（村 246 个、居委会 147 个），总人口 108 万人，有农业人口 80.29 万人，耕地 62.32 万亩，森林覆盖率 54.14%。县城建成区 17.35 平方公里，常住人口 29.33 万人。相当长一段时间，这个百万人口农业大县的外出务工人数不断攀升，截至 2016 年，全县共有八万多名留守儿童。

（二）平昌县近十年关爱留守儿童的行动年表

平日区 2010—2020 年关爱留守儿童的行动年谱见表 3-12。

表 3-12 平昌县 2010—2020 年关爱留守儿童行动年表

时间	关爱主体	关爱领域	关爱形式	关爱内容
2010—2016	/	/	/	/
2017/03/10	县实验小学	生活关爱	公益活动	开展"关爱留守儿童，做爱心妈妈"活动，做"爱心妈妈"与留守学生一起包饺子的活动。
2017/05/11	市关工委	学业关爱	基层调研	市关工委到平昌县调研留守儿童工作。
2017/05/25	平昌县教科体局	/	政策设计	"三举措"抓实留守儿童关爱工作。

续表

时间	关爱主体	关爱领域	关爱形式	关爱内容
2017/06/02	县委宣传部	生活关爱	公益活动	关爱脱贫挂包村留守儿童活动。
2017/06/27	县房管局	生活关爱	公益活动	关爱留守儿童 播撒爱心阳光。
2017/08/18	平昌县人民政府	/	政策设计	平昌县人民政府办公室关于印发《平昌县关于加强农村留守儿童关爱保护工作实施方案》的通知。
2017/09/05	巴中市中级人民法院	生活关爱	公益活动	巴中市中级人民法院在所挂联的贫困村平昌县岳家镇涌水村小学举行"脱贫攻坚"暨关爱留守儿童主题党日活动,为留守儿童捐赠了一批学习和文体用品。
2017/10/31	平昌县人民政府	/	政策设计	平昌县出台措施关爱留守儿童。
2017/12/25	鹿鸣小学	生活关爱	公益活动	举行关爱留守儿童文艺演出活动。
2018/02/01	县民政局	生活关爱	公益活动	开展关爱留守儿童"暖冬行动"。
2018/08/03	佛楼镇	安全关爱	政策设计	扎实做好留守儿童防溺水工作。
2019/01/28	县国土资源局	生活关爱	公益活动	开展"情系留守儿童 节前看望寄希望"活动。
2019/03/26	青凤镇	生活关爱	公益活动	开展"关爱留守儿童,'爱心妈妈'在行动"活动。
2019/05/31	县委副书记	生活关爱	基层调研	开展"关心关爱留守儿童 让孩子快乐健康成长"活动。
2019/08/12	县妇联	生活关爱	公益活动	开展关爱留守儿童夏令营活动。
2020/01/08	灵山镇关工委	生活关爱	公益活动	开展"暖冬行动 温暖留守儿童心田"活动。
2020/09/23	县民政局	情感关爱	公益活动	开展农村留守儿童和困境儿童关爱保护"政策宣讲进基层"活动。
2020/09/30	平昌县	/	政策设计	"三个一批"加强留守儿童关爱保护。
2020/10/27	岳家小学	/	/	开展政策宣讲关爱保护留守儿童和困境儿童。
2020/11/02	平昌县	/	政策设计	平昌县扎实推进留守儿童关爱工作。

（三）平昌县关爱留守儿童的乡土特色与经验梳理

从图3-18分析中可知,平昌县关爱留守儿童的主体以乡镇（社区）为单位的党政组织为主。虽然关爱活动开始时间较晚,于2017年才在巴中市人民政府发布了第一条有关关爱留守儿童的信息,但整体的关爱活动也体现出一定的秩序性和统筹性,呈现出以乡镇（社区）为单位的党政关爱活动领导下各个社会部门积极参与,学校积极协同的局面。

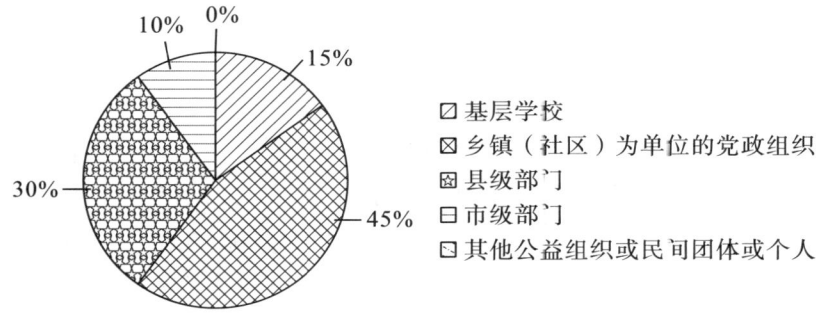

图 3-18　平昌县留守儿童关爱主体分析图

如图 3-19 所示，在关爱领域方面，生活关爱方面的比例是最大的，高达 80%，其他四个方面的关爱活动比较持平。生活关爱方面主要是通过公益活动的方式来进行。

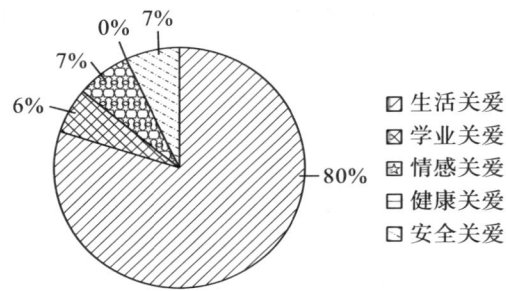

图 3-19　平昌县留守儿童关爱领域分析图

根据图 3-20 可知，在关爱留守儿童形式方面，以公益活动为主，占 60%；其次是政策设计，占 30%。公益活动非常丰富多彩，有"爱心妈妈"的关爱，有夏令营的多姿多彩，还有"暖冬活动"的如火如荼。而在这些公益活动中，也涌现出非常多的人物，平昌县关工委名誉主任周尚聪就是其中一位。针对全县八万多名留守儿童的实际情况，周尚聪组织协调县教体局、科知局、妇联、团县委和乡镇关工委，建立了 86 所家长学校、300 多个"留守儿童之家"，先后组织宣讲队伍深入全县 80 多所学校、40 多个乡镇进行法制教育、传统文化宣讲、社会主义核心价值观教育、红色文化宣讲 100 多场次。并且，为了净化学校周边环境，周尚聪带头当起了网吧义务监督员。他同"五老"志愿者一道，配合社区干部，顶烈日、冒严寒、走大街、串小巷，对网吧逐个登记清理，对正规网吧业主进行法规培训。在文体、工商、公安等部门的配合下，县关工委深入县城各个网吧义务监督 500 余次，进一步规范了网吧市场，还给了孩子们一个安心读书的环境。在周尚聪的带领下，平昌县关心下一代工作已形成"六化"品牌，即法制宣讲实效化、红色教育多元化、网吧义务监督常态化、留守儿童关爱制度化、传统文化教育形式多样化、家长学校特色化。县关工委也因此多次受到省、市关工委的表彰奖励，周尚聪则被省关工委、省委老干部局、省精神文明办授予"关心下一代工作个人功勋奖"，被中央文明办评为"助人为乐好人""巴山白发追梦人"。从平昌县的关爱内容来看，有政策方面的统筹规划，也有各个镇、村、小学、工管委、妇联等的积极配合，整体呈现出前后一致、相互协调、携手推进的局面。

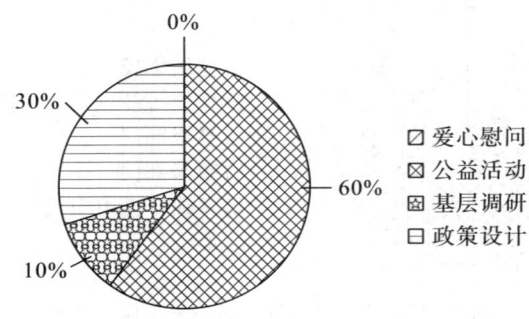

图 3—20　平昌县留守儿童关爱形式分析图

五、恩阳区关爱留守儿童的乡土特色与行动年表研究

（一）恩阳县关爱留守儿童的情况简介

恩阳区位于四川省东北部，东靠巴州区，南邻仪陇县，西连苍溪县、阆中市，北接南江县。在南北朝梁高祖萧衍普通六年（525 年），始置"义阳郡"，历史上设郡、县时间长达 800 余年。1933 年至 1935 年，红四方面军在恩阳建立县苏维埃政权，先后设仪阆县、恩阳县。2013 年 1 月，经国务院批准设立巴中市恩阳区。区内秋季多雨，冬季多雾，霜、雪较少，降水时空分布差异大，夏季多伏旱，还常有风、冰雹等灾害性天气发生。

（二）恩阳区近十年关爱留守儿童的行动年表

恩阳区近十年关爱留守儿童的行动年表见表 3-13。

表 3-13　恩阳区 2014—2020 年关爱留守儿童行动年表

时间	关爱主体	关爱领域	关爱形式	关爱内容
2014/06/03	区妇联、区总工会、区团委	生活关爱	公益活动	区妇联、区总工会、区团委联合开展了"与留守儿童庆六一"慰问活动。
2014/06/03	恩阳区群团组织	生活关爱	公益活动	群团组织勉励留守儿童勤奋学习快乐成长。
2016/03/10	四川师范大学附属第四实验中学	情感关爱	公益活动	主旨是秉承进一步传播弘扬"奉献、友爱、互助、进步"的志愿精神，培育向上向善、诚信互助的文明风尚，续写新时代的雷锋故事。
2016/12/25	明阳镇	生活关爱	公益活动	区团委领导和镇党委副书记带队为高店子村的留守儿童送去温暖，开展"青春走基层"关爱留守儿童活动。

续表

时间	关爱主体	关爱领域	关爱形式	关爱内容
2017/10/31	恩阳区玉井乡人民政府	/	政策设计	关于印发《恩阳区玉井乡农村留守儿童和困境儿童管理系统数据录入暨"两书两单"签订工作实施方案》的通知。
2017/11/20	柳林镇	/	政策设计	多措施做好留守儿童管理工作。
2018/06/01	政务服务和公共资源交易服务中心	生活关爱	爱心慰问	机关党支部慰问留守儿童,奉献浓浓爱心。
2018/07/09	石城乡团委	/	政策设计	"三举措"做好留守儿童暑期安全工作。
2019/01/15	区政务服务和公共资源交易服务中心	生活关爱	公益活动	开展"走基层送温暖——关爱留守儿童"主题活动。
2019/01/29	登科街道	生活关爱	公益活动	"三知书堂"春节关爱留守儿童主题活动于登科寺社区成功开展。
2019/05/09	登科街道办事处	/	/	《关于成立农村留守儿童和困境儿童关爱保护保障工作领导小组的通知》。
2019/05/30	区民政局	/	政策设计	《关于进一步健全农村留守儿童和困境儿童关爱服务体系的意见》。
2019/06/02	区自然资源和规划局	生活关爱	公益活动	为留守儿童添"暖心"。
2019/06/03	区土储中心	生活关爱	公益活动	积极开展关爱贫困村留守儿童系列活动。
2020/04/24	区税务局	学业关爱	公益活动	开展"关爱留守儿童"主题党日活动。

(三) 恩阳区关爱留守儿童的乡土特色与经验梳理

在恩阳区留守儿童关爱主体方面（图3-21），以区镇乡（社区）为单位的党政关爱活动和以县级部门为单位的关爱活动基本持平，暂时没有市级部门的关爱活动。2019年5月恩阳区登科街道办事处发布《关于成立农村留守儿童和困境儿童关爱保护保障工作领导小组的通知》，关爱留守儿童的活动开始呈现出一定的组织性、纪律性和统筹性。

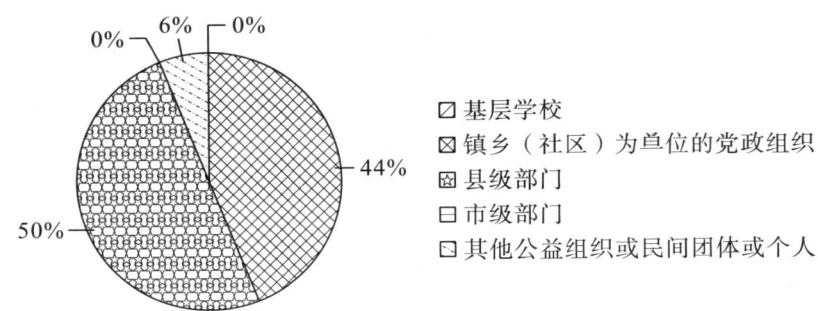

图3-21 恩阳区留守儿童关爱主体分析图

从图3-22中恩阳区留守儿童关爱领域来看，生活关爱占80%，学业关爱占10%，对留守儿童情感、健康和安全领域的关爱活动较少。这与恩阳区开始探索的时间晚、探索经验有限有关。童年时期是儿童心理情感和社会化基础形成的关键期，儿童不断地从身边的照顾者中获得最重要的生理和心理支持，形成对社会的基本安全感和信任感。这个时期的孩子特别需要和渴望与父母生活在一起。儿童心理学研究表明，如果在这个时期与父母没有建立良好的亲子关系，很多孩子会变得情感淡漠、自我封闭、缺乏自信心和安全感。① 而拥有良好且健康的亲子关系对于留守儿童来说无疑是非常困难的。因此，需要加大对留守儿童心理健康的关注。而从健康和安全的角度出发，留守儿童由于其父母家庭主体责任的缺失和"监护人"只育不教、忙于劳作等问题，其健康和安全都存在很大隐患。笔者在前往巴中调研的过程中，曾看见很多留守儿童饭前和如厕后无洗手习惯，家中插座老化，安全隐患多，水库众多，无安全保护措施等，因此，加强留守儿童的安全关爱和健康关爱非常重要。

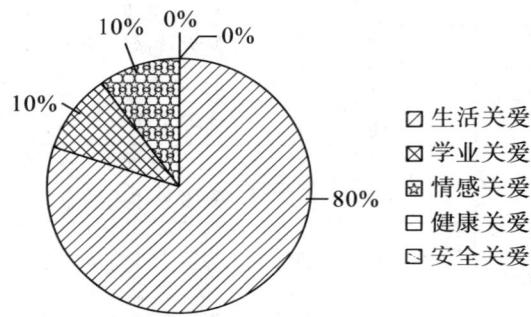

图3-22 恩阳区留守儿童关爱领域分析图

恩阳区对于留守儿童的关爱形式以公益活动为主（图3-23）。而在公益活动中，以物质方面的扶持为主。在留守儿童关爱内容方面，以政策研究和相关公益活动组织的内容为主，总体上是在政策统一规划下各街道办事处、镇、学校等的积极配合下完成的。

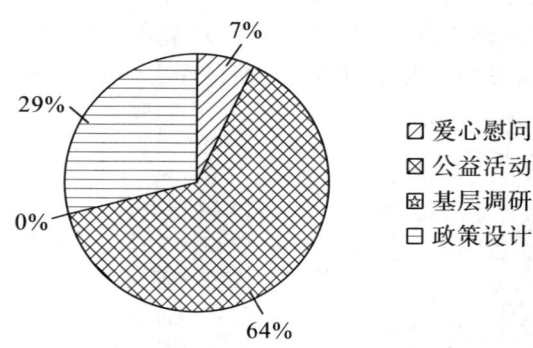

图3-23 恩阳区留守儿童关爱形式分析图

---

① 叶敬忠，潘璐. 别样童年——中国农村留守儿童[M]. 社会科学文献出版社，2008.

第三节 巴中市关爱留守儿童的经典案例与典型经验

（一）从根源解决"留守"现象，维护儿童健康成长

留守儿童之所以会比其他儿童容易出现问题，其根本原因在于长期得不到父母的关爱和陪伴。根据吴霓的研究，90%的留守儿童认为"能和父母在一起才算一个幸福的家庭"，他们希望父母不要常年在外打工，并且随着年龄的增大，他们更加表现出对家庭和父母关怀的强烈需求。有80%以上的留守儿童认为与父母不在一起时，自己很孤单。戈登·诺伊费尔德也表示，儿童成长最主要的关系是以"父母为导向"的依恋关系，破坏了这种原始的关系，儿童会滋生出一系列心理和社会问题。解决此类问题最有效的方式就是让父母回到孩子的身边。而在农村，有大量农民离开家乡到城市打拼，其原因是城市能为他们提供更多的就业机会和更多的薪水来改善目前的生活现状。为从根源上解决"留守"现象、维护留守儿童身心健康，通江县人民政府建立起关爱留守儿童的三级联动机制，包括政府主导、社会关爱和回引工程。

随着中央对"三农"问题的高度重视，政策向农村地区有所倾斜，农村就业的机会越来越多，通江县通过实施"三级联动"，落实回引工程，让家长既可以在家工作，又能够照顾孩子。资料显示，在落实回引工程的过程中，通江县采取大力实施小额贷款财政贴息政策，搭建创业园区平台，推动本地产业孵化，为回乡创业人员开通"绿色通道"，降低门槛，简化手续，提供一站式审批、一条龙服务等措施，吸引外出务工人员回乡创业就业。2013年全县外出务工人员25万人，留守儿童7.3万人；2014年返乡人员6.9万人，留守儿童4.8万人；2015年返乡人员4.2万人，留守儿童3.8万人。可见，回引工程的落实为农民工回乡就业提供了更多的机会和更好的环境，从根源上解决了"留守"现象。而在回引工程落实的过程中，政府主导和社会关爱也不停歇，政府主导形成激发关爱服务的"内发力"，各个社会部门协同合作，细化主体责任。三方协同，形成互为支撑、互为扶手的大格局。

（二）学习、心理共同维护，统一目标同向发力

童年时期是儿童心理情感和社会化基础形成的关键期，儿童不断地从身边的照顾者中获得最重要的生理和心理支持，正常的儿童会通过与成人适度的依恋关系和情感交流，形成对社会的基本安全感和信任感。这个时期的孩子特别需要与父母生活在一起。儿童心理学研究表明，如果在这个时期与父母没有建立良好的亲子关系，很多孩子会变得情感淡漠、自我封闭、缺乏自信心和安全感。而拥有良好且健康的亲子关系对于留守儿童来说无疑是非常困难的。通过对巴中市人民政府关于留守儿童的新闻报道整理得知，在巴中市关爱留守儿童的萌芽阶段和发展阶段，对留守儿童心理方面的关爱不够重视，以物质帮扶为主，但自2016年以后，心理方面的关爱逐渐趋于丰富化、多样化和

成熟化。笔者整理了部分南江县关爱留守儿童心理方面的举措，见表3-14。

表3-14 南江县关爱留守儿童心理方面举措

关爱阵地	心理方面关爱内容
红光中学	组织留守学生座谈，及时开展留守学生心理健康辅导；走访监护人，了解其心理状况和家庭生活环境，为开展教育工作提供支撑。
南江六小	组织一批老师成立"关爱留守儿童健康成长"活动小组。
南江县教育局	编写《中小学心理健康教育》读本，配备心理健康教师，设立知心姐姐信箱和咨询电话，重点对留守儿童心理进行矫正和辅导。
坪河九义校	各班班主任每周为须对留守儿童进行心理辅导和心理健康教育。
正直学区	开设心理健康课，设立"心理健康教育咨询室"，专门安排教师，定期对全体师生进行培训、辅导，对留守儿童进行心理健康疏导。

从表格中可以看出，南江县开展留守儿童心理关爱的举措非常丰富多样，有编写读本、配备心理教师、全员培训、安排课程等。关爱阵地以学校为主。学校是留守儿童生活和学习的重要场所，同时也是开展留守儿童心理关爱工作的重要载体之一，以学校作为呵护留守儿童心理健康的主阵地不仅有利于留守儿童心理干预工作稳定、系统、精准地开展，而且提高了心理健康教育在课程中的比重，增强了教师和学生对心理健康的重视程度。

除了重视留守儿童的心理健康，巴中市人民政府在开展留守儿童关爱活动的过程中也十分重视留守儿童的学习。2015年7月，四川省委原副书记、四川省政府原省长、四川省关工委执行主任张中伟来巴中视察的过程中，明确指出，要突出抓好"三个重点"，其中就包括要重点加强学校教育，进一步巩固九年义务教育程度，重视加强高中阶段教育，多措并举解决留守儿童入学难等问题。以南江县发布的报告为例，截至2018年，南江县共投入资金16亿元，加强寄宿制学校和村校建设，办学条件极大改善，保障了留守儿童就近入学。建成留守儿童之家94个、乡村少年宫18个，添置了联网电脑、图书、音体美器材等，保障了留守儿童随时能与父母视频通话、阅读书报、开展文体活动。这一系列举措都为留守儿童的学习提供了良好的外部条件。

（三）学校作为主阵地，多方协调共合作

留守儿童健康发展需要学校、政府和社会各方力量的共同帮助。从学校的层面来看，学校是留守儿童社会化的重要场所，是留守儿童学习、生活和成长的地方。笔者统计了巴中市南江县关于留守儿童的新闻报道，如图3-24所示，以学校为主体发起的关爱活动高达42%，形成了非常鲜明的特色。

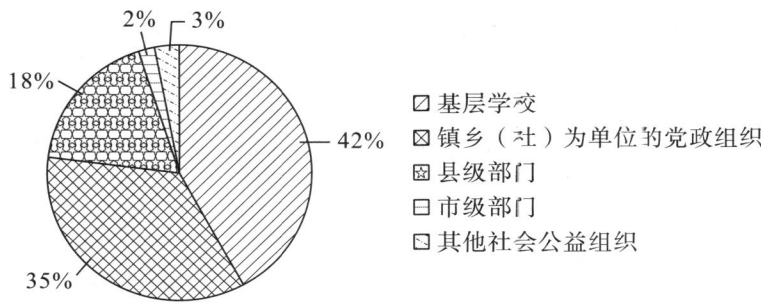

图 3-24　南江县留守儿童关爱主体分析图

在这个过程中,学校老师作为留守儿童的教育者和密切的接触者,会通过制定相关举措、组织活动、部署工作等方式守护留守儿童的健康成长。从政府层面来看,在巴州区,以街道办事处为主体发起的留守儿童关爱活动发挥着举足轻重的作用。以巴州区的西城街道办事处南龛社区为例,针对辖区留守儿童现状,创建了公益性青少年关爱之家——"阳光驿站",为辖区 30 余名留守学生提供了义务辅导,为留守儿童集中开展学业辅导、图书阅览、绿色上网、文体娱乐、心理疏导五个方面的青少年成长关爱行动,引起社会各界强烈反响。南江县和通江县的留守儿童关爱项目——"童伴计划",是由中国扶贫基金会联合共青团四川省委、四川省民政厅、中国公益研究院于 2015 年 10 月发起的。该项目率先在南江县下两镇和通江县毛浴镇启动,每一个项目村每年补助资金 5 万元,其中,90% 为项目资金,直接用于项目实施(包括"童伴妈妈"的补贴、"童伴之家"的设备配备及活动开展,项目的培训与督导);10% 为中国扶贫基金会项目执行管理费。旨在通过以"一个人、一个家、一条纽带"的模式建立留守儿童监护网络,保障留守儿童合法权益。其中一个人指的便是"童伴妈妈"。"童伴计划"项目为每个村聘请一位全职的儿童守护专员——"童伴妈妈",将所在村留守儿童的福利、安全、健康都纳入其服务范畴,其主要职责是及时发现问题、递送信息,并协调资源。而一个家则指"童伴之家","童伴之家"需要与社区资源共享整合,通过日常开放以及定期组织主题活动为全村儿童的成长助力。最后,一条纽带指的是县项目联动机制。项目区地方政府建立多部门参与的联动机制,形成有效的、直达儿童身边的服务网络,保障儿童福利政策的落实和保护儿童权利,如图 3-25 所示。

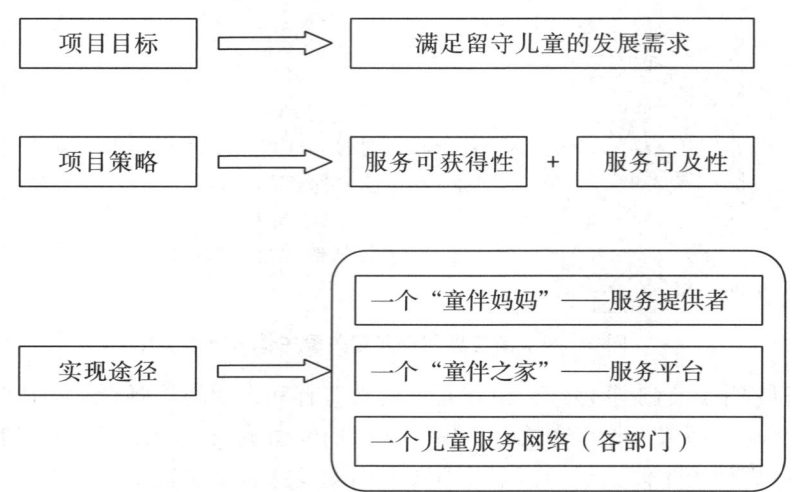

图 3-25　留守儿童关爱项目运行研究

2019年6月，巴中市的"童伴计划"项目由于成果出色，被央视新闻频道《新闻调查》用43分钟进行了专题报道。专题报道以巴中市南江县下两镇碓盘村为背景，将"童伴妈妈"张蓉（图3-26）作为切入点，围绕小女孩石欢与妈妈分离6年、患有先天性皮肤病的明珠9岁还没上学、父母离异而变成留守儿童的刘福玲、因病返穷的书容家等，报道了巴中市实施童伴计划项目以来所取得的实效。

3年以来，巴中市童伴之家已招募60名童伴妈妈，服务留守儿童2000余名，开展"牵手过大年""爱心夏令营"等主题活动500余场次。项目通过摸底村少年儿童基本情况，有效链接资源，协助解决了儿童户口、低保、临时救助等问题，进一步改善了留守儿童家庭教育条件。张蓉是南江县下两镇碓盘村的"童伴妈妈"，2018年曾获全国"优秀童伴妈妈"。担任"童伴妈妈"以来，张蓉积极向当地老百姓宣传未成年人教育的重要性，有效引导在外务工的留守儿童父母返回家乡附近就业创业。在张蓉的引导下，小女孩石欢的妈妈选择留在家里陪伴孩子成长，小明珠成功上了户、入了学。家长们开始认识到培养下一代的重要性，碓盘村已有40%的家长留在家里，留守儿童数量也从最早的90多个减少到60多个。其中，有的家长还选择返乡创业，在陪伴孩子成长的同时，进一步带动了家乡产业的发展，从根本上解决了留守儿童的成长教育问题。全市实施"童伴计划"的已建村规模达60个，其中通江县10个，南江县50个。

图 3-26　央视新闻报道"童伴妈妈"张蓉

在"童伴计划"项目实施的过程中,优秀的"童伴妈妈"数不胜数。(以下资料来源于中国共产主义青年团南江县委员会开设的微信公众号"青春南江V青出于南")

笔者通过微信公众号资料了解到另一位"童伴妈妈"——唐莹,是南江县的一名乡村代课老师。2015年12月底,农村留守儿童关爱项目"童伴计划"在南江县启动了试点工作,唐莹被聘请为南江县下两镇新桥村的"童伴妈妈",以下是有关"童伴妈妈"唐莹的自述:

2015年12月底,中国扶贫基金会和共青团四川省委共同发起农村留守儿童关爱项目"童伴计划",在南江县启动了试点工作,我被荣幸地聘选为南江县下两镇新桥村的"童伴妈妈",从此,我又多了一个身份——"童伴妈妈"。我每天穿梭在学校和乡村之间,围绕着孩子转,生活多了一分色彩。

自2016年1月开始,我正式为村里的孩子服务,家访、建设"童伴之家"、帮助困境儿童、组织孩子开展活动成了我的日常工作。下面,我们一起走进新桥村童伴之家吧。

阳春4月,正是春暖花开的季节,在项目的实行中,我们的"童伴之家"也是春意盎然、生机勃勃,第一次和孩子们一起,剪纸、绘画、手工,开始我们"家"的装扮。此后,这里歌声不断,这里笑声连连,这里成了孩子们的乐园,他们在这里歌唱、舞蹈、游戏、阅读,他们完全忘记了烦恼和忧愁,他们向我倾诉着生活的喜悦与忧伤,分享成功与失败,在这里,他们找到了自我,有了一个展示的舞台。

为了规划"童伴之家"的管理,让孩子来到"童伴之家"是盲目地玩耍,我动了一番脑筋,详细制定月计划、周计划、日计划。孩子年龄的参差不齐,活动又必须兼顾周全,因此,我开始培养小帮手,将孩子们分为大中小三个阶段,大段的孩子带领小段的孩子。中段的处于不好管理的阶层,就由我带领,每次在活动开展的前一天晚上,我会精心策划第二天的活动内容、活动流程,预计人数,以及预估安全系数和制定应急预案,确保活动的目的性和有效性,让孩子能在玩中学、学中玩。

自项目工作开展以来,我带领孩子们开展过大小活动170余场次,包括安全宣传、节日祝福、文明礼仪培养、青春期孩子的心理辅导,以及手工、绘画、体育、音乐、舞蹈等主题活动。除此之外,还会留下时间为孩子们进行作业辅导。一年多以来,"童伴之家"赢得了市县各级领导的关爱与重视,赢得了当地家长的赞赏和好评。我感谢社会各界人士对农村孩子的关爱,希望可以有更多的人参与我们的项目,一起关爱农村孩子的健康成长。可见,"童伴妈妈"对留守儿童的帮助是非常大的,她在生活上帮扶、学习中支持、成长上推动孩子们,"童伴妈妈"是留守儿童成长的指明灯,是留守儿童心灵的港湾。在这个过程中,她们本着"一切为了孩子"的宗旨造福了数万名留守儿童。

由此可见,巴中市留守儿童的关爱活动为探索爱护留守儿童的成功经验开辟了创新性的举措和可借鉴的模式。

本章小结

总体来说，文章主要包括以下内容。

第一，通过对巴中市关爱留守儿童的现实处境与生成背景进行分析，发现巴中市有着得天独厚的自然环境、红色的文化革命精神和蒸蒸日上的社会生产力。在此基础上，对巴中市进行了关爱留守儿童的学术文献综述与归因分析，总结出巴中市留守儿童产生的深层次原因，包括经济落后、众多劳动者外出务工以及城乡二元结构阻碍留守儿童入学。

第二，笔者对巴中市人民政府发布的近十年留守儿童的新闻报道进行整理分析后，将巴中市留守儿童关爱的历史特征和发展过程划分为三个阶段，包括萌芽阶段、发展阶段和成熟阶段。在此基础上分析了巴中市关爱留守儿童的时代特色与典型经验，包括留守儿童关爱开始时间差异大，对留守儿童的关爱以学习、生活、环境方面为主，以及各区县发展出独具特色的关爱模式。接着，以巴中市各区县为划分依据，对巴中市各区县关爱留守儿童的乡土特色与行动年表做了研究，分别介绍通江县、南江县、巴州区、平昌县、恩阳区开展的留守儿童关爱情况，并整理形成近十年关爱留守儿童的行动年表。在此基础上，对本区域内关爱留守儿童的主体、关爱留守儿童的形式、留守儿童的关爱领域等方面进行了百分比分析。

第三，依托上述研究调查，总结出巴中市关爱留守儿童的典型做法，即从根源上解决"留守"现象，维护儿童身心健康成长，统一目标同向发力，以学校作为主阵地多方协调共合作等。

当然，除了上述总结的巴中市关爱留守儿童的典型经验和做法，还应当落实关爱主体责任，实施分层分类精准关爱，以及以"社区关爱"为抓手，调动群众营造关爱氛围等，这里不再详细展开叙述。总之，留守儿童作为中国一个数量庞大的群体，需要全社会参与到关爱活动中来，相互协作，为他们提供源源不断的支持。

参考文献：

[1] 巴中市人民政府. 巴中地理位置［EB/OL］（2023-11-17）. https://www.cnbz.gov.cn/zjbz/bzgk/12623881.html.

[2] 巴中市人民政府. 巴中历史的背影［EB/OL］（2023-11-17）. https://www.cnbz.gov.cn/zjbz/rwbz/10397581.html.

[3] 王雪娟. 四川巴中：万山红遍，追忆英雄城市红色印记［N］. 中国文化报，2021.

[4] 优酷. 十三个人的学校［EB/OL］.（2023-11-17）. https://v.youku.com/v_show/id_XMTQwODA4MzAwNA==.html?playMode=pugv&frommaciku=1&false.

[5] 国务院. 国务院关于加强农村留守儿童关爱保护工作的意见.［EB/OL］（2023-11-17）. https://www.gov.cn/zhengce/zhengceku/2016-02/14/content_5041066.htm.

[6] 叶敬忠. 关注留守儿童 中国中西部农村地区劳动力外出务工对留守儿童的影响［M］. 社会科学

文献出版社，2005.

[7] 许真学. 四川巴中市通江县三级联动关爱农村留守儿童［N］. 中国妇女报纸，2016.05.

[8] 周宽玮. 四川通江4名儿童水库死亡作业本遗留岸边，2人为留守儿童［EB/OL］（2023-11-17）. https://www.thepaper.cn/newsDetail_forward_1545395.

[9] 南江县人民政府，南江概况.［EB/OL］（2023-11-18）. https://www.scnj.gov.cn/mlnj/zjnj/njgk/index.html.

[10] 南江县人民政府. 南江县政协举行留守儿童关爱中心启动仪式.［EB/OL］（2023-11-18）. https://www.baidu.com/link?url=sotfM5VKsUvNB44m6wVeceyN2qiBfZjic7N_khrBRuJfS2W9Tq_6nIh9zQA-LzA-FNYNgyWNOrDLM7v9bWQhkK&wd=&eqid=ca0077630001011600000036739ddde.

[11] 四川省教育厅. 四川省巴中市南江县创新管理，促进留守儿童健康成长［J］. 平安校园. 2018，（03）.

[12] 巴中市巴州区人民政府. 走进巴州.［EB/OL］（2023-11-18）. http://www.bzqzf.gov.cn/kybz/index.html.

[13] 马璐. 巴中市巴州区关爱农村留守儿童的调查［J］. 社会福利（理论版）. 2017，（01）.

[14] 马璐. 巴中市巴州区关爱农村留守儿童的调查［J］. 社会福利（理论版）. 2017，（01）.

[15] 银莲. 呵护梦想，让童心回家——记平昌县关工委名誉主任周尚聪［N］. 晚霞，2016，（16）.

[16] 恩阳区人民政府. 恩阳概况.［EB/OL］（2023-11-18）. https://www.scey.gov.cn/zjey/eygk/eyjj/index.html.

[17] 叶敬忠，潘璐. 别样童年——中国农村留守儿童［M］. 社会科学文献出版社，2008.

[18] 青春南江V青出于南. 暖心暑假快乐相伴.［EB/OL］（2024-9-17）. https://mp.weixin.qq.com/s?__biz=MzI1Mjc1Mjk3Nw==&mid=2247553608&idx=2&sn=8d33f3d92cec30060eac318d81305772&chksm=e80b154cb26f84e012ca46841441117aeebe3278ceea721f7ddc686697e6dd50c10b362791dd&mpshare=1&scene=23&srcid=1117f5GTW1UT19Z9FZQSlakH&sharer_shareinfo=3b4e5e8dab86596107d80a0cc8f86986&sharer_shareinfo_first=3b4e5e8dab86596107d80a0cc8f86986#rd.

| 第四章 |

广元市关爱留守儿童的历史概述与经典案例

本章基于时间发展脉络梳理总结广元市留守儿童关爱行动,详细介绍政府、学校、社会各类服务组织和团体关爱留守儿童所采取的行动。首先,基于宏观角度,大量查阅相关文献,总结、归纳社会大背景下,留守儿童产生的原因、现状,以及我国留守儿童群体存在的问题,并概括社会各机构的关爱措施;其次,从中观角度出发,将探讨目标缩小至川陕革命老区之一的广元地区,对该地区留守儿童群体的产生原因、现状、问题,结合地域因素与乡土特色进行分析,按照时间发展,呈现不同时间段留守儿童关爱行动的特点;再次,从微观角度梳理广元市各县具体的留守儿童关爱行动,并以年表形式呈现,便于直观了解广元市各县具体的留守儿童关爱行动;最后,总结广元市留守儿童关爱的经验,列举典型案例,对本章内容进行补充。

第一节 广元市关爱留守儿童的现实背景、文献综述与发展历程

一、广元市关爱留守儿童的现实背景

(一)崇山峻岭,蜀北重镇

广元市,地处四川盆地北部、嘉陵江上游、川陕甘三省接合部,地理坐标在北纬 31°31′ 至 32°56′,东经 104°36′ 至 106°45′ 之间。北与甘肃省陇南市武都县、陕西省汉中市的宁强县、南郑县交界;南与南充市的南部县、阆中市为邻;西与绵阳的平武县、江油市、梓潼县相连,东与巴中市的南江县、巴州区接壤(图 1-1),作为四川的大门,素有"川北门户""蜀北重镇"之称。广元市有 3 个市辖区和 4 个县(图 1-2),分别是利州区、昭化区[①]、朝天区、苍溪县、旺苍县、剑阁县、青川县,面积 16319 平方公

---

① 图 1-2 所示的元坝区在 2013 年 4 月 1 日经国务院批准正式更名为昭化区。

里。地势以山地向盆地过渡为主，摩天岭、米仓山东西向横亘市北，分别为川甘、川陕界山；龙门山北东—南西向斜插市西；市南则由剑门山、大栏山等川北弧形山脉覆盖。地势由北向东南倾斜，山脊相对高差达3200余米。此外，广元市还是少数民族散杂聚居区，是四川省宗教工作的重点地区，有回族、藏族、彝族等32个少数民族成分，少数民族10000余人，回族占86%。全市有两个回族乡，37个少数民族聚居村。

（二）武则天故里，红色文化资源高集

广元市，古称利州，至今已有2300多年的建城历史，是三国历史文化的重要走廊，唐代女皇帝武则天的诞生地，素有"女皇故里"之称。川东北地区红色文化深厚，旅游资源丰富，大山大水大森林特色明显，历史底蕴深厚。广元现有不可移动红色革命文物240处，其中国家级文物保护单位1处（旺苍木门会议旧址），省级文物保护单位37处；主要种类为革命战斗旧址、红军机关驻地旧址、石刻标语、烈士陵园、医院学校会议旧址。现有可移动红色革命文物2261件，其中一级文物8件、二级文物73件、三级文物1600件、一般文物580件，主要为川陕苏区货币、红军石刻标语、红色文件、红色宣传品、战斗武器、红军生活用品等类型。

（三）人口众多，经济发展落后

从广元市统计局获悉，广元市2020年全市地区生产总值（GDP）为1008.01亿元，比上年增长4.2%，成功加入四川省"千亿俱乐部"，居全省第16位，广元市的经济发展主要以第一产业和第二产业为主。近年来，随着城市化迁移和工业化的加速发展，以农产业、养殖业为主的微薄收入已经不足以满足人们日益增长的物质文化需求，外出务工人数逐年递增，越来越多的劳动力向城市转移，广元市已成为四川省的劳务输出大市。广元市的留守儿童数量不断增长，在一些交通不便、贸易欠发达的偏远山区尤为显著。从广元市统计局获悉，2019年末全市常住人口267.5万人。其中，城镇126.26万人，乡村人口141.24万人。常住人口城镇化率45.63%，比去年提高1.65个百分点，居全省第四位；城镇化水平居全省14位，川东北第2位。

二、广元市关爱留守儿童学术热点与文献综述

（一）广元市留守儿童基本形态

2014年广元市教育信息管理中心的数据显示：广元市现有留守学生20.11万人，占全市各级各类学校在校生总数的47.6%，其中大多为农村留守儿童。青川县在2017年10月摸底排查后发现，全县共有中小学留守儿童2315人，在校学生2112人，未上学的儿童203人。2018年，四川省广元市教育局党组书记、局长杨松林在广元日报《让山区孩子在家门口享受公平而有质量的教育》一文中提到，广元市现有农村留守儿童学生20975人，占义务教育阶段学生总人数的9.7%。全市共建立留守儿童之家561个，"乡村少年宫"233个，实现农村学校全覆盖，2017年创办"星级留守儿童之家"

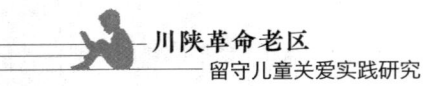

30个。2019年4月,朝天区组织区教科、妇联等部门和25个乡镇对全区留守儿童数量、住址、就读学校、联系方式、监护人等基本情况进行逐村逐户排查,统计全区共有留守儿童9335名。

(二)广元市留守儿童相关文献综述

在留守儿童关爱研究中,"留守儿童""困境儿童""山区儿童""乡村儿童"和"孤儿"等关键词均有出现,且内涵基本一致。为更加准确全面地检测到研究文献,进行文献检索时在CNKI高级检索界面分别与广元市辖区七个行政单位(苍溪县、利州区、剑阁县、旺苍县、青川县、朝天区和昭化区)名称相结合,输入两组关键词进行主题检索,发表时间设定为2011—2020年,选取数次检索结果之和,共检索到相关文献9篇,剔除与留守儿童关爱无关的报告及会议后得到有效文献6篇,其中硕士论文1篇,期刊4篇,报纸报道1篇,见表4-1。

表4-1 广元市关爱留守儿童研究文献汇总

题名	第一作者	来源	发表时间	关键词	研究方法	研究视角
"捐肝女孩"的中国梦:为留守老人和儿童建造温馨家园	格格	妇女生活(期刊)	2014/03/01	/	/	社会学
广元市昭化区农村留守儿童问题调研	戴亚男	四川农业大学(硕士论文)	2014/04/01	农村留守儿童;现状;成因分析;对策	文献分析法、走访调研法	教育学、心理学、社会学
青少年越轨、犯罪与"社会一体化"预防理念——基于四川省三市调查的启示	熊谋林	预防青少年犯罪研究	2015/02/15	青少年;越轨;预防;帮教;社会一体化	实地调研	心理学、法学
让山区孩子在家门口享受到公平而有质量的教育	杨松林	广元日报	2018/01/17	农村小规模学校;广元市;生源地助学贷款;乡村学校;代际传递;留守儿童	/	教育学、社会学
心理干预对广元市农村留守儿童心理行为问题的改善情况	赵桂军	中国儿童保健杂志	2018/06/07	心理干预;农村;留守儿童;心理行为问题	实验法	心理学
留守儿童与流动儿童家庭功能对比及其影响因素	候飞翔	名医	2019/05/25	留守儿童;流动儿童;家庭功能	问卷调查法、个别访谈法	教育学、心理学、社会学

1. 发文量的变化

选中6篇文献后,利用CNKI的文献计量可视化分析可得到近10年来关于广元市留守儿童关爱研究的发文量趋势图,如图4-1所示。

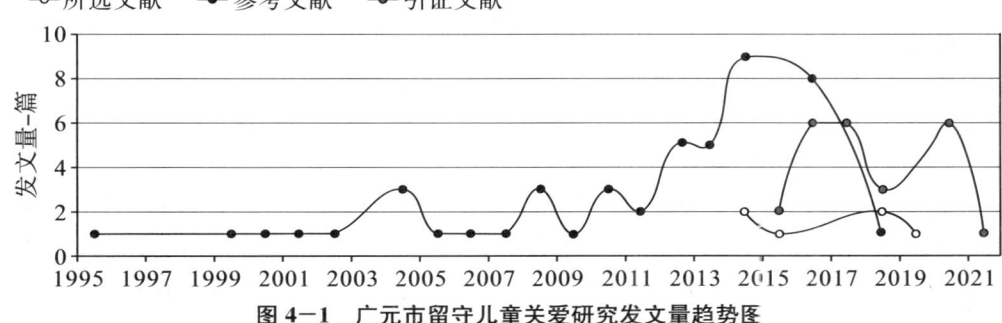

图 4-1 广元市留守儿童关爱研究发文量趋势图

总的来看，近10年来广元市关爱留守儿童的学术研究非常少，最早一篇关于广元市留守儿童关爱的学术文献是2014年四川农业大学戴亚男所著，也是其中有且仅有的一篇硕士论文，具有很大的研究和参考价值。未来希望有更多的专家学者投入该领域的研究，致力于解决留守儿童问题，共同为留守儿童开辟一片湛蓝天空。

2. 研究热点问题

关键词最能体现论文主题，梳理广元市关爱留守儿童的6篇文献，其中留守儿童、流动儿童、家庭功能、心理行为问题、农村、现状、成因分析和对策等关键词出现频繁，由此可知大众对于留守儿童和流动儿童的对比研究、留守儿童的家庭功能、留守儿童的心理行为问题以及分析留守儿童治理现状和如何治理关注较多，为今后的研究提供了较大的参考价值。

3. 作者合作网络分析

选中6篇文献，利用CNKI的文献计量可视化分析，可以得到作者合作网络分析图，如图4-2所示。

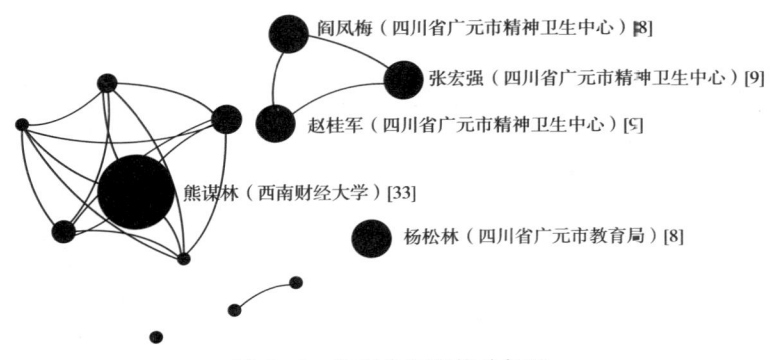

图 4-2 作者合作网络分析图

通过作者合作网络分析图（图4-2）可以探测该主题主要研究作者、研究机构和研究基地。从图4-2可见，研究广元市留守儿童关爱的研究者主要有熊谋林、何凤梅、张宏强、赵桂军、杨松林等人，西南财经大学、四川省广元市精神卫生中心和四川省广元市教育局等研究机构构成了广元市留守儿童关爱研究的主要阵地，其中四川省广元市精神卫生中心的不同科室还展开了合作。

总的来看,关于广元市留守儿童关爱的学术研究非常少,有且仅有一篇硕士论文。综合分析 6 篇文献,可以发现当前的研究主要采用理论思辨的方法,辅以实验观察法、问卷调查法、访谈法以及开展实地调研的方法。例如,广元市精神卫生中心赵桂军医生在 2015 年 5 月至 2016 年 5 月期间选取了广元市具有心理行为问题的 200 名留守儿童进行了心理干预实验,随机分配各 100 名儿童设置干预组和对照组,通过对比两组儿童干预前后 CBCL 量表和 Piers-Harris 儿童自我意识量表进行心理行为问题评估,得出结论,心理干预对于改善广元市农村留守儿童的心理行为问题具有显著作用,可作为一种行之有效的方法对农村地区留守儿童进行心理行为干预。再如四川农业大学戴亚男在硕士论文《广元市昭化区农村留守儿童问题调研》一文中则采用了实地走访调研的方法,通过走访广元市昭化区的 29 个乡镇和 39 所学校,得到当地留守儿童人数和占比,发现留守儿童问题突出,亟待解决。从研究视角来看,当前的研究视角较为单一,主要从教育学、心理学和社会学的角度切入,缺乏其他的研究视角。西南大学熊谋林博士在《青少年越轨、犯罪与"社会一体化"预防理念——基于四川省三市调查的启示》一文中虽然提到了《预防未成年人犯罪法》和《未成年人保护法》等法律条款,但并未从法学的角度探讨如何治理留守儿童问题。此外,还有从社会学的角度切入的文献,例如讲述四川省"捐肝女孩"罗玮为回报社会于 2006 年在广元市利州区雪峰寺成立了当地第一家民间公益机构——广元市老幼托管中心,无偿收留留守儿童和留守老人,随后于 2007 年又在苍溪县成立了三个留守儿童托管中心。2014 年她被推举为党的十八大代表,在会议上为农村留守老人的养老和留守儿童的教育建言献策,她认为在农村开办老幼托管中心是一个行之有效的方法,为广元市的留守儿童治理开辟了一条崭新的道路。从研究路径来看,6 篇文献主要通过探究留守儿童的成因并分析对策,较为单一。未来的研究应创新多元研究方法,多学科结合,拓宽研究路径,推陈出新,共同推动该领域的发展。

(三)广元市市情简介

广元市位于四川盆地的北部,山地众多,地势险峻,山脊相对高差达 3200 余米。例如,摩天岭山脊海拔由西端最高点 3837 米(大草坪)向东下降至 2784 米,向南则急剧下降到 800 米;龙门山接摩天岭居青川全境及利州区西部,山脊海拔由北至南从 3045 米(轿子顶)降到 1200 米,且山顶尖削,坡面一般在 25 度以上,河谷深切,相对高差在 600~800 米间;米仓山居朝天区全境旺苍县城至广元一线以北,山脊海拔从北向南由 2276 米(光头山)下降到 1368 米(石家梁);川北弧形山脉居元坝区、旺苍县城以南,以及苍溪、剑阁两县全境,海拔从北而南由 1200 余米下降到 600 余米,河谷切割亦深,多呈"V"形,相对高差在 200~500 米间。广元市的地理环境导致了交通欠发达和经济发展落后的农村地区占绝大多数。由于地理条件的限制,广元市的经济主要以第一产业和第二产业为主,其气候又属于亚热带湿润季风气候,多旱、涝自然灾害,因此有很多青壮年选择外出务工,每年有数以万计的剩余劳动力外出务工。2013 年,广元市共转移和输出农民工 96.98 万人,比上年增加 3.51 万人,增长 3.76%。在总量扩大的基础上，劳务开发结构发生明显变化。从劳动力流向看，就地转移 22.79 万人，省外 53.24 万人，省内市外 42.67 万人，国外外派劳务 1.07 万人，导致留守儿童和留守老人大量出现。

三、广元市关爱留守儿童的历史阶段与演变规律

近年来，随着我国经济社会发展和工业化、城镇化进程推进，一些地方农村劳动力为改善家庭经济状况、寻求更好发展，走出家乡务工、创业，迫受工作不稳定和居住、教育、照料等客观条件限制，有的打工者选择将未成年子女留在家乡交由他人监护照料，导致大量农村留守儿童出现。农村劳动力外出务工为我国经济建设做出了积极贡献，对改善自身家庭经济状况起到了重要作用，客观上为子女的教育和成长创造了一定的物质基础和条件，但也导致部分儿童与父母长期分离，缺乏亲情关爱和有效监护，出现心理健康问题甚至极端行为，遭受意外伤害甚至不法侵害。

（一）划分阶段的标准——政府新闻报道

政府文件最能够直接反映当地各行政机关对留守儿童的关注度情况，因此，在广元市人民政府官网分别搜索"留守儿童""困境儿童"和"山区儿童"，对报道数量做如下统计，分别制成表格（表 4-2）和统计图（图 4-3），直观形象地呈现出当地政府关爱留守儿童的发展历程。

表 4-2　2011—2020 年广元市人民政府留守儿童新闻报道数量统计表

年份	新闻条数
2011 年	19
2012 年	27
2013 年	13
2014 年	30
2015 年	14
2016 年	32
2017 年	58
2018 年	29
2019 年	30
2020 年	35

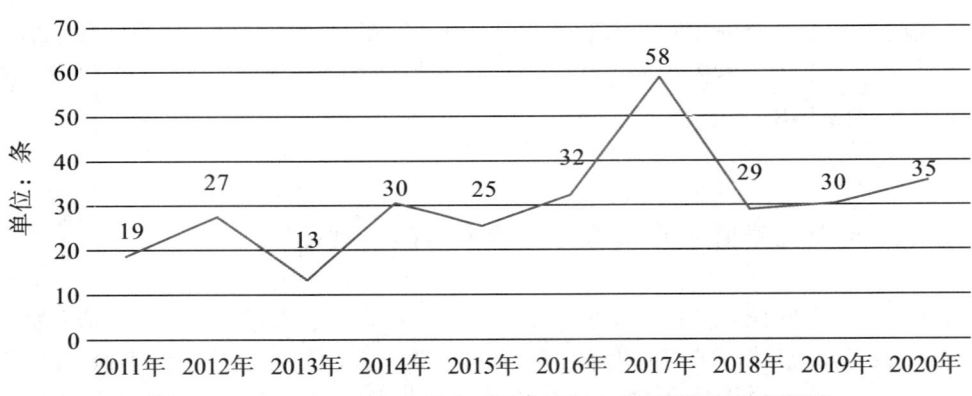

图 4-3 2011—2020 年广元市人民政府留守儿童新闻报道趋势图

图 4-3 是对表 4-2 所统计数据做的可视化分析，最终以折线图的形式呈现。无论从数据还是图表中，都可以明显看出，广元市人民政府关于留守儿童的新闻报道在 2017 年出现一个峰值，随后逐渐趋于平缓。因此，基于以上数据将广元市留守儿童关爱发展历程分为三个阶段，分别是 2015 年之前部分区县区域先行时期、2016—2017 年留守儿童关爱全面扩展时期和 2018—2020 年各区县留守儿童关爱深化发展时期。

（二）广元市关爱留守儿童阶段划分

1. 部分区县局域先行时期：2007—2015 年

通过检索新闻稿发现，广元市人民政府关于留守儿童关爱的新闻报道数量在 2007 年有一个小高峰，是因为全国妇联、国务院农民工办、教育部等 13 个部门在 2007 年 5 月 26 日开展了"共享蓝天"全国关爱农村留守流动儿童大行动。2007 年 3 月，省直机关团委带领优秀青年代表、青联委员一行 17 人来广元开展"青春创和谐，共建新农村，关爱农村留守儿童"主题活动，代表团向广元留守学生之家捐赠筹建资金 5000 元，并且现场向留守学生捐赠书包、衣物等生活和学习用品。在省厅领导干部的带头下，同年 5 月，广元市元坝区优先开展了留守儿童关爱慰问活动，并在共青团广元市委、广元市青少年宫以及广元星航科技有限公司的资助下，为元坝区文村乡小学 500 多名留守儿童建立起了"留守儿童之家"，送去了价值 5000 余元的学习用品、生活用具以及文体教具，并到部分特困学生家中，看望了其现有监护人，了解留守儿童的生活现状，对其家庭进行了捐助。2011 年青川县采取四级结对，新建"留守学生之家"4 处和"12345 心灵驿站"9 处，为青少年留守儿童营造心理救助场所。

此外，从图 4-3 可以明显看出，在 2011—2015 年这个区间内，于 2014 年出现了一个峰值，是因为 2013 年 1 月 4 日教育部等 5 部门联合出台了《关于加强义务教育阶段农村留守儿童关爱和教育工作的意见》。对此，广元市各区县积极开展留守儿童治理工作，建立家庭、学校和社会三位一体的长效关爱机制，使留守学生亲情有护、学业有教、安全有伴。例如 2014 年起剑阁县推行"2+X"模式关爱留守儿童，以学校党组织、农村党组织为主体，以机关、事业、企业等相关单位党组织为辅助，以党员教师

"结对关爱"活动为主要载体,以"爱心助学""健康体检""儿童维权""行为矫正"等党员志愿服务活动为补充,大力加强农村留守儿童教育管理和关爱,形成了在学校有教师结对帮带、有社会资源帮扶,在农村有"留守儿童之家"代为管理、有志愿者开展教育的良好格局。截至 2015 年 1 月,共组织动员 500 余名老干部、老教师与 300 名留守学生开展结对帮扶活动,还建成 633 个远程教育站点供山区留守孩子学习。随后,各个区县纷纷展开行动,从政府的各种新闻报道中可以了解到这一时期广元市对于留守儿童的关爱行动正处在萌芽时期,从捐资捐物到关注留守儿童心理健康状况,由表及里、由点到面地建立起了一系列留守儿童关爱机制。

2. 留守儿童关爱全面扩展时期:2016—2017 年

2016 年,由国务院下发的《关于加强农村留守儿童关爱保护工作的意见》、四川省出台的《四川省人民政府关于进一步加强农村留守儿童关爱保护工作的实施意见》以及广元市制定的《广元市进一步加强农村留守儿童关爱保护工作实施方案》等三份重要文件,逐渐形成由国务院到四川省再到广元市层层推进全面展开的政策颁布机制,将广元市留守儿童治理推上了历史的高潮。

按照文件精神,明确要求各地将农村留守儿童关爱保护工作纳入重要议事日程,结合本地实际制定切实可行的农村留守儿童关爱保护政策措施和工作方案,统筹协调推进农村留守儿童关爱保护工作。因此,从图 4-3 可以明显看出广元市关爱留守儿童的新闻报道数量在 2017 年出现了一个峰值,这一时期广元市政府、各区县政府积极响应国家出台的政策方针,对各区县留守儿童进行摸底排查、安全教育、心理健康关怀和思想道德建设。将这一时期各级政府部门出台关于留守儿童关爱的文件做如下统计(表 4-3)。

表 4-3　2017 年广元市各地区政府留守儿童政策发布情况

地点	名称
广元市	《广元市进一步加强农村留守儿童关爱保护工作实施方案》
昭化区	《开展农村留守儿童"合力监护、相伴成长"关爱保护专项行动实施方案》 《拣银岩街道开展农村留守儿童"合力监护、相伴成长"关爱保护专项行动实施方案》
旺苍县	《旺苍县进一步加强农村留守儿童关爱保护工作实施方案》 《旺苍县加强农村留守儿童关爱保护摸底排查工作实施方案》

3. 各区县留守儿童关爱深化发展时期:2018—2020 年

国务院下发的《关于加强农村留守儿童关爱保护工作的意见》(国发〔2016〕13 号)(以下简称 13 号文件)对留守儿童关爱保护工作提出了几点要求,强调留守儿童的关爱保护工作不仅需要政府主导,更需要家庭和社会的参与。13 号文件要求到 2020 年,未成年人保护法律法规和制度体系更加健全,未成年人社会保护体制机制更加完善,全社会关爱保护儿童的意识普遍增强,儿童成长环境更为改善、安全更有保障,儿童留守现象明显减少。

从图4-3所统计的广元市人民政府对留守儿童关爱的新闻报道数量来看，2017年之后，新闻报道数量逐渐下降，其原因一方面是国家政策的引导性，由国务院牵头，各地方积极响应，因此出现了2017年的高峰，随后各地区自主展开留守儿童治理，关注度逐渐下降；另一方面是留守儿童关爱由以前的政府主导逐渐转变为社会大众积极参与，政府只起到一个引领和带头的作用，引起社会各方面对留守儿童关爱的重视，之后逐渐出现一些关爱留守儿童的公益组织和个人团体，共同促进留守儿童关爱行动，因此政府的新闻报道数量逐渐减少。

（三）广元市留守儿童关爱的特点

1. 局域先行，活动为主

在2007年由全国妇联、国务院农民工办、教育部等13个部门联合开展了"共享蓝天"全国关爱农村留守流动儿童大行动后，广元市关于留守儿童关爱的行动开始萌芽。据广元市人民政府新闻报道可考，广元市元坝区（今昭化区）和旺苍县在2007年最早开展留守儿童关爱行动。2007年5月元坝区政府建立起了"留守儿童之家"，并联合爱心企业为留守儿童捐资捐物；随后7月，旺苍县财政局团支部开展以"关爱留守儿童，我们与你同行"为主题的实践活动，到普济镇九江村小学，看望慰问该小学42名留守儿童，并为留守儿童活动室及10名特困儿童捐赠了书籍等学习用品和体育器材、玩具等。在早期萌芽时期，主要参与留守儿童关爱的是政府及下属各部门，社会大众对于留守儿童的关注较少，因此很少有爱心企业和个人的参与。这一时期，留守儿童关爱主要以活动的形式展开，广元市政府积极响应国家的号召，组织了向留守儿童捐资捐物的活动。早期的萌芽阶段留守儿童关爱主要停留在物质层面，还处在一个摸索前进的过程中。

2. 建规立制，全面治理

2016年，由国务院下发的《关于加强农村留守儿童关爱保护工作的意见》、四川省出台的《四川省人民政府关于进一步加强农村留守儿童关爱保护工作的实施意见》以及广元市制定的《广元市进一步加强农村留守儿童关爱保护工作实施方案》等三份重要文件，逐渐形成由国务院到四川省再到广元市层层推进、全面开展的政策颁布机制，将广元市留守儿童治理推上了历史的高潮。从2016年开始，广元市各县/区人民政府网站的新闻报道中能够明显看出各个乡镇开始制定切实可行的留守儿童关爱保护措施和工作方案，例如2016年10月金洞乡为强化留守儿童安全管理制定了"履职尽责、领导到位、建立台账、管理到位、随时抽查、监督到位"等三项措施；再如2017年双汇镇为了给留守儿童营造健康成长氛围制定了建立留守儿童之家、完善帮扶机制、强化心理疏导、加强安全教育等四项措施。总结各地区制定的措施：首先第一位的是政府，在留守儿童关爱行动中政府要发挥主导作用，把留守儿童关爱保护工作作为办事处重要工作内容，认真贯彻上级文件精神，强化民政等有关部门的监督指导责任，健全留守儿童关爱服务体系和救助保护机制，切实保障留守儿童合法权益，以帮助留守儿童心灵健康成长为宗旨，以动员社会力量关爱留守儿童身心发展为重点；其次是摸清底数，分类施策，为了更好地掌握当地留守儿童的具体情况，各乡镇积极进行摸底排查，对该镇农村留守儿童数量规模、结构状况及家庭组成、生活照料、教育就学等基本信息进行记录，将无人监护、父母一方外出另一方无监护能力、失学辍学、无户籍的留守儿童作为专项行动的重点对象，分类施策、精准保护，确保留守儿童得到妥善监护照料，坚持动态管理。在前期摸底排查的基础上，动态更新留守儿童信息台账。坚持"边排查、边发现、边报告、边帮扶"的原则，确保措施到位、责任到位，不走过场、不留隐患，有利于切实提高农村留守儿童关爱保护工作实效。再次就是实施关爱，并坚持全民关爱，充分发挥村（居）民委员会、群团组织、社会组织、专业社会工作者、志愿者等各方面积极作用，着力解决留守儿童在生活、监护、成长过程中遇到的困难和问题，形成全社会关爱留守儿童的良好氛围。2016年后，关爱留守儿童的行动已经从最初的萌芽阶段逐渐进入到了全面扩展的时期。

3. 政府主导，多方参与

经过前面两个时期的沉淀，留守儿童治理已经进入了一个较为成熟的时期，也就是深化发展的时期。这一时期政府治理仍然居于主导地位，紧跟国家大政方针，从宏观上调控留守儿童治理资源，各个乡镇在对留守儿童进行关爱的过程中除了制定措施以外，还积极地开展主题活动：首先，这些活动不止于为留守儿童捐资捐物，各乡镇还关注到留守儿童与父母长期分离所产生的心理问题，积极对留守儿童进行心理疏导，并在学校和留守儿童之家开展心理咨询；其次，每逢寒暑假对于留守儿童的安全问题也非常重视，其中就包括了暑期防溺水、春节防烟火等安全告知；最后，还有县司法局充分发挥职业职能，专门针对留守儿童因缺少父母监管而误入歧途或遭受欺辱，对留守儿童进行法治教育，开展法律宣讲活动，积极进行法律援助。以政府为主导的留守儿童治理工作坚持标本兼治，既立足当前，完善政策措施，健全工作机制，着力解决留守儿童监护缺失等突出问题，又着眼长远，统筹城乡发展，从根本上解决儿童留守问题。

除此之外一批爱心企业和爱心个人逐渐成为参与主体，例如，2015年4月17日旺苍县百信超市为木门镇双山小学的37名留守儿童赠送了价值4000多元的书包、文具等学习用品以及篮球、羽毛球、乒乓球等体育用品，让山区留守儿童们感受到社会大家庭的温暖和关爱；2016年中国电信与团县委、县教育局联合创建了"爱心小屋"留守儿童关爱项目；2019年3月28日利州区图书馆开展"关爱留守儿童，送图书下乡"活动，走进赤化镇石羊小学，为该校17名留守儿童送去了经典名著、童话故事等丰富多彩的少儿图书及拼图游戏板；2020年6月11日利州区图书馆开展"关爱留守儿童，送图书进校园"活动，走进大石小学，为学校的留守儿童捐赠图书。图书馆工作人员精心挑选了少儿绘本、中外名著、历史人物及励志人物传记等优秀读物130余册送到学校，希望通过捐赠图书活动，给留守儿童提供多读书、读好书的平台；还有青川县恒兴国投公司、罗玮、陈燕丽、童自勇等爱心企业和个人纷纷涌现出来，为广元市的留守儿童送去了急需的学习用具、生活用品，为特困生家庭进行捐助，逐渐形成政府主导、多方参与的有序的留守儿童关爱长效机制。

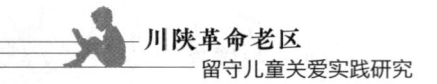

第二节 广元市关爱留守儿童的乡土特色与行动年谱

为全面贯彻《广元市进一步加强农村留守儿童关爱保护工作实施方案》，各县区开展了一系列留守儿童治理工作，由于地方经济发展和留守儿童情况差异，对留守儿童关爱工作的关注度也各不相同。本节按照旺苍县、利州区、青川县、苍溪县、昭化区、朝天区、剑阁县的顺序依次梳理广元市各县区关爱留守儿童的乡土特色和行动路径。政府是留守儿童治理的最中坚的力量，为确保搜集信息的可靠性，所有信息均来自广元市人民政府官网发布的新闻报道，时间限定在 2011 年 01 月 01 日—2020 年 12 月 31 日。通过制作表格的方式将具有代表性的年度事件进行梳理整理，最终形成各县区近十年行动年表。年表包含五个方面的内容，分别是关爱时间、关爱主体、关爱领域、关爱形式和关爱内容。其中关爱时间具体到天，以新闻报道的发布时间为准；关爱主体主要包含基层学校、乡镇（社区）为单位的党政机关、县级部门组织、市级单位以及其他公益组织；关爱领域主要集中于生活、学业、情感、健康和安全等五大领域；关爱形式以慰问活动、公益活动、基层调研和政策设计为主。

一、旺苍县关爱留守儿童的行动年表与乡土特色

1. 旺苍县情况简介

旺苍县位于四川盆地北缘、米仓山南麓，介于东经 105°58′24″～106°46′2″和北纬 31°58′45″～32°42′24″之间，东邻巴中市南江县、巴州区，南接苍溪县，西连昭化区、利州区、朝天区，北接陕西省宁强县、南郑区。辖区西起白水镇勇敢村，东止大德乡星火村，东西最大距离 75 公里；南起九龙乡先锋村，北止米仓山自然保护区北缘，是一个人力资源大县。

2. 旺苍县近十年关爱留守儿童的行动年表

据统计，广元市旺苍县政府关于留守儿童的新闻报道共 118 条，是 7 个区县里报道数量最多的一个县，足以见得旺苍县对于留守儿童关爱工作的重视程度。因此，本书自旺苍县人民政府官网总结近十年新闻报道中具有代表性的事件，形成旺苍县留守儿童关爱行动年谱，见表 4—4。

表 4—4 旺苍县近十年留守儿童关爱行动年表

关爱时间	关爱主体	关爱领域	关爱形式	关爱内容
2011/09/08	县公安局	生活关爱	慰问活动	公安民警用真情托起留守儿童的希望。

续表

关爱时间	关爱主体	关爱领域	关爱形式	关爱内容
2012/05/31	县水务局	生活关爱	慰问活动	县水务局党委副书记、副局长李海一行携课外书籍、学习用品和慰问金走进嘉川镇灯塔村5户留守儿童家庭。
2012/06/01	尚武镇	情感关爱	慰问活动	尚武镇"四个一"亲情服务留守儿童。
2012/09/21	市公安局	学业关爱	基层调研	市、县领导视察黄洋将军学校"留守儿童之家"。
2013/05/28	县文广新局、县网吧行业工会联合会	生活关爱	公益活动	联合承办"关爱留守儿童"活动,为学校留守儿童捐助体育器材,建立网络聊天室。
2013/07/25	鼓城乡镇府	安全关爱	慰问活动	开展留守儿童安全教育活动,加强对辖区内留守儿童的监管和指导,坚决杜绝溺水、触电等安全事故发生。
2014/01/17	广元团市委、市少工委	情感关爱	公益活动	组织旺苍县14名留守儿童第一次走出大山,体验城市生活。
2014/11/19	鼓城乡	/	基层调研	对全乡20名"留守儿童"的情况进行了摸底调查,并登记造册,建立健全动态跟踪制度。
2015/04/17	旺苍县百信超市	生活关爱	公益活动	到木门镇双山小学为37名留守儿童赠送了价值4000多元的书包、文具等学习用品以及篮球、羽毛球、乒乓球等体育用品。
2015/08/13	张华镇政府	/	政策设计	在镇政府召开了关爱留守儿童工作会。
2015/10/12	县司法局	安全关爱	慰问活动	开展法律进学校、法律进乡村和法律进社区活动,大力加强面向青少年儿童,特别是农村留守儿童的法治宣传、法律援助活动。
2016/05/03	县政府办	/	政策设计	关于印发《旺苍县加强农村留守儿童关爱保护摸底排查工作实施方案》的通知。
2016/05/17	英萃镇	/	基层调研	对因父母双方外出务工或一方外出务工另一方无监护能力等原因,造成子女无法与父母正常共同生活的不满16周岁农村户籍未成年人进行摸底排查。
2017/02/21	县政府办	/	政策设计	关于印发《旺苍县开展农村留守儿童"合力监护、相伴成长"关爱保护专项行动实施方案》的通知。
2017/05/17	万山乡妇联	/	政策设计	万山乡妇联"三举措"关爱留守儿童。
2017/07/10	静乐寺街道办	/	政策设计	静乐寺街道办多举措关爱留守儿童。
2017/08/17	双汇镇	/	政策设计	双汇镇多举措为留守儿童营造健康成长氛围。
2017/09/06	龙凤镇	/	基层调研	召开农村留守儿童专项行动建档工作会议。
2017/09/26	广元市人民政府办公室	/	政策设计	《广元市进一步加强农村留守儿童关爱保护工作实施方案》解读。

续表

关爱时间	关爱主体	关爱领域	关爱形式	关爱内容
2017/09/28	磨岩街道办	/	政策设计	磨岩街道办"三举措"加强留守儿童帮扶工作,重点摸底造册,建立留守儿童特别档案;实施爱心妈妈帮扶留守儿童制度。
2017/10/10	县民政局	/	/	参加"全国农村留守儿童和困境儿童信息管理系统启动上线"视频会议。
2017/10/21	县政府办	/	政策设计	关于印发《旺苍县进一步加强农村留守儿童关爱保护工作实施方案》的通知。
2018/06/08	县民政局	/	政策设计	县民政局多举措做好农村留守儿童和困境儿童的关爱保护工作,重点开展摸底排查。
2019/06/04	县公安局	情感关爱	慰问活动	组织民警到普济镇精准扶贫帮扶村五星村小学、远景村小学开展慰问活动。
2020/10/14	县民政局	/	政策设计	成立工作领导小组,实行县、乡(镇)、村留守儿童关爱保护工作"三级"联动机制。

3. 旺苍县关爱留守儿童的乡土特色与经验梳理

分析旺苍县近十年留守儿童关爱行动年表(表4-4)中的各项内容,统计各项数据,分别制成饼状图,以便更直观地呈现出统计结果。

从关爱主体来看(图4-4),旺苍县留守儿童关爱行动中政府及下属各部门参与较多,社区和县级部门组织占全部参与主体的46%,其中参与最多的主体是县教育局,县教育局针对农村留守儿童日趋增多的现象,采取多种措施,加强留守儿童的教育管理,取得了明显成效。在留守儿童关爱行动中充分发挥教育主管部门及学校的主阵地作用,积极协调各方面力量,建立健全"家庭、社会、学校"三位一体的教育网络,初步形成了具有地方特色的留守儿童教育管理办法;在学校大力开展"大手牵小手、小手连大家"的亲情帮扶活动,设立亲情电话,让学生每周至少与亲人通一次电话,尽力给留守儿童营造良好的亲情氛围;强化留守儿童习惯养成教育,通过各种竞赛、评比等活动,促进学生养成良好的学习、生活、卫生习惯;广泛开展"警校共育"、建设平安校园等活动,提升学生法制意识;积极帮助留守儿童在内的贫困学生,扎实实施"两免一补",取消住宿费,为特困学生补助生活费,免费提供教科书;积极探索低年级学生"寄宿托管教育服务"模式,建立留守学生之家,照顾管理留守的低年级小学生,进一步完善健全留守学生教育管理机制,促进留守儿童健康成长。除此以外,以乡镇为单位的党政机关也积极参与留守儿童关爱行动,制定了很多有效政策,积极开展活动。

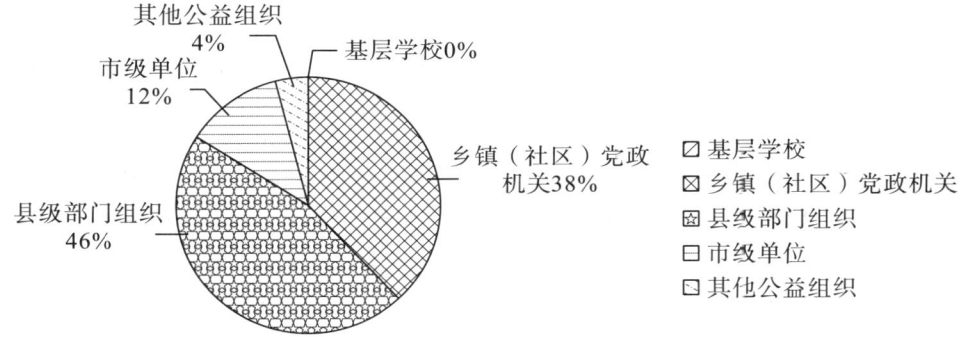

图 4-4 旺苍县留守儿童关爱主体统计图

从关爱领域来看（图 4-5），旺苍县留守儿童关爱活动较多关注儿童的生活质量是否得到保障，关注留守儿童生活这一领域占到了 40%，因此各关爱主体纷纷捐资捐物，以提高留守儿童的生活质量。除此以外，各关爱主体还看到了由于与家人分离而产生的留守儿童的情感寄托问题，因此关注留守儿童情感领域的占比 30%。旺苍县对留守儿童的情感关爱最早可以追溯到 2009 年：县教育局、团委、计生委、妇联四部门在全县联合开展争当"代理妈妈"活动，鼓励 2000 多名中小学教师、镇和村计生女干部、育龄妇女每人联系 1~2 名留守儿童，在生活上对他们照顾，在学习上进行辅导，在精神上进行鼓励，并定期帮助留守儿童与其在外打工的父母联系，让留守儿童同样能感受到亲情和温暖。同年，高阳镇中心小学"延峰留守学生之家"，组建了以"镇政府、学校、家长、临时监护人"为主线的关爱联动模式，组织镇团委、统战、妇联实施了"1+1结对帮扶行动"，对"留守儿童"的学习、生活、成长进行关爱辅导。还关注到了留守儿童的安全、学业和健康等多个方面。

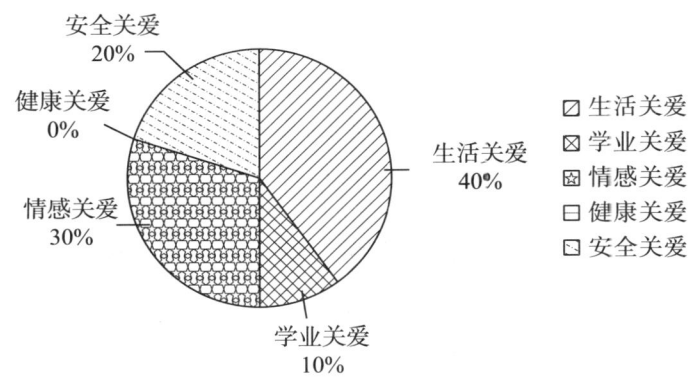

图 4-5 旺苍县留守儿童关爱领域饼状图

从关爱形式来看（图 4-6），政府及下属各部门更倾向于通过政策设计来关爱留守儿童，占 46%。例如 2017 年磨岩街道办提出要通过摸底造册建立留守儿童特别档案、组成帮扶小组开展"手拉手、结对子"活动、实施爱心妈妈帮扶留守儿童制度等措施落实留守儿童关爱工作；再如 2018 年县民政局提出制定政策方案、开展摸底排查、整合社会资源等多举措做好农村留守儿童关爱工作。在众多措施中，比较一致的是各乡镇都认为在关爱留守儿童行动中,政府主导是第一位的,只有领导重视了,才能落实到位;摸清底数很重要,很多乡镇开展了不同程度的摸底排查工作,为了更好地掌握当地留守儿童的具体情况,还建立了留守儿童台账,对留守儿童的具体情况做了详细的记录。通过开展摸底排查,全面、清晰地掌握该镇农村留守儿童数量规模、结构状况及家庭组成、生活照料、教育就学等基本信息,并建立基本信息库,有利于切实提高农村留守儿童关爱保护工作实效;最后就是实施关爱,各个乡镇在对留守儿童进行关爱的过程中除了制定措施以外,还乐于开展各种各样的活动,例如县政府办与团委、妇联联合开展争当"代理妈妈""代理家长"活动,县司法局充分发挥部门职能开展法律宣讲、法律援助等活动,镇政府开展留守儿童安全教育活动等,这些活动涵盖了留守儿童的方方面面,涉及留守儿童的生活、教育、心理、安全、法律等。除了政府的关爱行动以外,还有部分爱心企业和爱心人士积极参与,例如旺苍县百信超市组织员工到木门镇双山小学,为学校的 37 名留守儿童赠送了价值 4000 多元的书包、文具等学习用品以及篮球、羽毛球、乒乓球等体育用品,让山区留守儿童们感受到社会大家庭的温暖和关爱。再如县网吧行业工会开展了"关爱留守儿童"活动,为留守儿童提供现金资助,为学校捐助了篮球、羽毛球、跳绳等体育器材,还为留守儿童建起了网络聊天室。

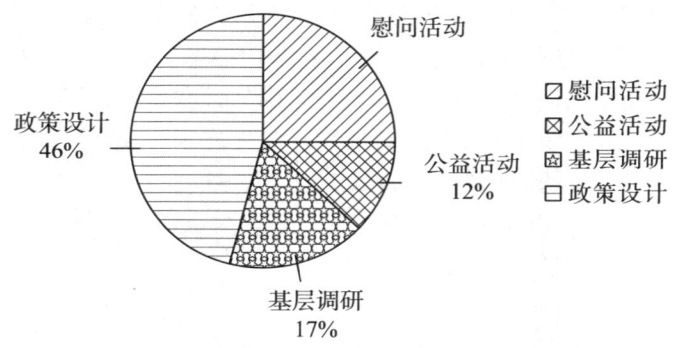

图 4-6 旺苍县留守儿童关爱形式饼状图

还有由残疾人杨五洲一人创办的灵智幼儿园。灵智幼儿园创办于 1994 年,创办人杨五洲因小时候患上了小儿麻痹症,留下了终身残疾。由于身体残疾,加之就业困难,杨五洲在高中毕业后毅然回到了这个生育他的大山里,创办了灵智幼儿园,集中照看留守儿童。在这所幼儿园里,大多数的幼儿都是九龙乡的留守儿童。

在建园初期,杨五洲遇到了重重困难,他没有向这些困难低头,反而越挫越勇。经过 19 年的不懈努力,加之当地党委、政府和残联的共同扶持,从过去到只有一间房屋,加上一块黑板和高高低低的桌椅发展到具备室内活动室、食堂、教室、休息室等建筑,面积共计 900 多平方米,其中配有电脑室,用于留守儿童与在外地打工的父母进行视频通话。截至 2023 年,灵智幼儿园有 50 名学生,其中有 3 名残疾儿童。杨五洲说,大山里的孩子对于外面的世界充满了好奇。可是条件有限的他,现在没法带他们亲自去体验外面的世界,所以打算多购置几台计算机,让孩子们通过网络世界了解外面的世界。另外,他还打算布置多媒体教室,尽可能满足孩子们更多的好奇心。杨五洲说,他能为祖国贡献的不多,做好祖国未来的启蒙教师工作是他唯一报答党和政府的事;每次看到孩子们天真灿烂的笑脸时，他都觉得创办幼儿园是他这一辈子做的最值得骄傲的决定。身残志坚的他坚持不懈地自学，参加了成人高考，拿到了本科学位。2000年，灵智幼儿园被旺苍县教育委员会评为"先进单位"，2012年被旺苍县教育和科学技术局评为"二星级幼儿园"。而杨五洲在2010年被旺苍县人民政府残工委评为"全县残疾人自强模范"。

总的来看，旺苍县的留守儿童关爱行动主要以政府为主导，政府是留守儿童治理的中坚力量，爱心组织和个人只是雨滴形的帮助，不是长期的，但也不可缺少，因此要想做好留守儿童关爱工作，需要政府、社会还有家庭的共同参与，共同构建"三位一体"的关爱模式。

二、利州区关爱留守儿童的行动年表与乡土特色

1. 利州区关爱留守儿童的情况简介

利州区地处四川盆地北部边缘、位于嘉陵江上游川陕甘三省交汇处、广元市中部，东邻旺苍县，南连剑阁县、昭化区，西接青川县，北界朝天区，介于东经105°27′至106°04′，北纬32°19′至32°37′之间，是广元市的政治、经济、文化中心。利州区素有"女皇故里""川北门户"之称，是中国历史上唐代女皇帝武则天的诞生地，境内有皇泽寺、千佛崖、天曌山、白龙湖、凤凰山等风景名胜。全区面积1538.53平方公里。截至2020年，利州区行政区域划分为7个街道、5个镇、3个乡。2019年末户籍人口49.19万人，城镇人口32.91万人，乡村人口16.28万人，户籍人口城镇化率66.9%。①

2. 利州区近十年关爱留守儿童的行动年表

据统计，广元市利州区政府关于留守儿童的新闻报道共111条，仅次于旺苍县。本书自利州区人民政府官网总结近十年新闻报道中具有代表性的事件，形成利州区近十年留守儿童关爱行动年表，见表4—5。

表4—5 利州区近十年留守儿童关爱行动年谱

关爱时间	关爱主体	关爱领域	关爱形式	关爱内容
2011/11/30	工农镇	/	政策设计	工农镇"三举措"关爱留守儿童构建和谐乡镇，重视青少年法制教育。
2012/04/05	宝轮七一小学	情感关爱	公益活动	开展学习雷锋精神关爱留守儿童暨2012年春季校外社会实践活动。
2012/04/12	团市委	生活关爱	慰问活动	团市委领导看望慰问了嘉陵街道大华社区留守儿童之家的48名儿童，为留守儿童之家捐赠新书1000余册。
2012/06/01	金洞乡	生活关爱	慰问活动	金洞乡机关、村社40余名党员志愿服务者为金洞小学、清河小学、洞水小学的留守儿童送爱心包裹。

续表

关爱时间	关爱主体	关爱领域	关爱形式	关爱内容
2012/06/04	区审计局	情感关爱	慰问活动	为利州区民族小学200多名留守儿童送去了价值3万多元的10台电脑,安装了一部亲情电话,捐建了一个亲情话吧。
2012/06/11	省委宣传部、省社科联	健康关爱	/	省级留守儿童心理健康社科基地落户利州区大石小学。
2012/10/08	杨家岩街道	情感关爱	慰问活动	街道10名科级干部与杨家岩小学10名贫困留守儿童结成"一对一"帮联。
2012/10/18	大石小学	健康关爱	公益活动	举行了四川省留守儿童心理健康社科普及基地授牌仪式暨"爱心伴我成长"主题活动。
2013/01/21	大石小学	情感关爱	公益活动	大石小学省留守儿童心理健康社科普及基地举行留守儿童喜迎新春活动。
2013/03/08	东坝卫生院	健康关爱	公益活动	组织10余名医生到栖凤小学免费为该校近100名留守儿童义务体检。
2013/04/29	利州区委组织部、区教育局	情感关爱	慰问活动	依托远程教育站点开展亲情"面对面"活动,建立"亲情小屋"20个、"QQ亲情聊天室"30个,开通免费服务电话70部,亲情通话人数近1000人次。
2013/06/03	三堆镇	情感关爱	慰问活动	三堆镇在全镇开展"结对帮扶贫困留守儿童和学生"活动。
2013/06/09	大石小学	情感关爱	公益活动	举行"留守儿童亲情大讲堂",近100名留守儿童家长聆听四川省家庭教育讲师团成员赵渊老师的精彩报告。
2013//7/23	成都中医药大学	安全关爱	公益活动	食品质量与安全专业的7名大学生到广元市利州区宝轮镇,为范家小学10余名留守儿童提供学业、课外活动、安全知识等方面的辅导。
2013/08/19	荣山镇镇组织办	情感关爱	慰问活动	荣山镇镇组织办、关工委、工会、共青团、妇联几部门共同开办了"留守儿童·阳光家园暑期培训班"。
2013/10/09	雪峰街道	情感关爱	/	通过社区远程教育设施,为多名留守儿童提供免费视频连线通话的平台,增进孩子与家人的交流。
2014/01/22	区教育局	生活关爱	慰问活动	区教育局赴七一宝轮小学、石羊小学、金洞小学、荣山三小等学校开展"新春送温暖·留守儿童1+1帮扶活动",为留守儿童送去了慰问金和学习用品。
2014/08/22	共青团、广元市众悦社会工作服务中心	情感关爱	公益活动	在共青团省委大力支持下,广元市众悦社会工作服务中心承办了为期10天的"平安快乐成长营"活动。

续表

关爱时间	关爱主体	关爱领域	关爱形式	关爱内容
2014/11/28	广元市委党校学员	生活关爱	公益活动	到大石小学开展了"关爱留守儿童爱心捐赠活动"。
2015/01/26	区人口计生局	生活关爱	慰问活动	区人口计生局联合雪峰街道计生办、雪峰康乐幼儿园组织开展了"关爱留守儿童 温暖过新年"感恩活动。
2015/02/03	回龙河街道	/	政策设计	回龙河街道四项措施扎实开展关爱留守儿童工作，重点摸清底数，建立档案。
2015/02/16	河西街道	健康关爱	公益活动	建立"寒假亲情服务站"，为当地的留守儿童送去书包、文具盒和油彩笔等学习用具，为他们提供健康检查、播放电影等。
2015/06/17	区教育局	/	政策设计	利州区全面加强留守儿童关爱工作。
2015/11/09	龙潭乡	/	政策设计	龙潭乡"三举措"真情关怀留守儿童，重点调查摸底，确定对象。
2015/11/26	市总工会	学业关爱	慰问活动	出资10万元，广元市边远、贫困山区初中、小学的1000名留守儿童每人捐订1份《留守儿童报》。
2016/05/31	区粮食局	生活关爱	慰问活动	为嘉陵办事处大华社区留守儿童之家的80名留守儿童送去学习用具80套、大米10袋、面粉10袋、菜籽油5桶等共计3000余元的学习用品和生活用品。
2016/07/25	龙潭乡民族小学	情感关爱	公益活动	为期5天的"关爱留守儿童，助力精准扶贫"夏令营在利州区龙潭乡民族小学开营。
2016/07/28	市征拆办	生活关爱	慰问活动	深入大石镇红岩村开展"关爱留守儿童、贫困学生"主题志愿服务活动，为留守儿童送上了慰问金、书包文具和羽毛球拍等运动器材。
2016/10/10	金洞乡	安全关爱	政策设计	金洞乡"三举措"强化留守儿童安全管理。
2017/01/05	三堆镇	生活关爱	慰问活动	前往井田、宝珠、三堆3所小学开展"暖冬行动"，为留守儿童送去了棉衣棉被。
2017/05/08	上西街道	/	政策设计	上西街道六举措扎实做好留守儿童关爱保护工作。
2017/06/01	东坝街道党工委、关工委、团工委	生活关爱	慰问活动	在东坝社区青少年之家开展了"牵手留守儿童、助力精准扶贫"暨六一儿童节慰问活动。
2017/08/28	广元日报社、利州广播电视台	情感关爱	公益活动	开展"候鸟不缺爱·团圆过暑假"活动，先后组织57名留守儿童前往上海、杭州与父母团聚。

续表

关爱时间	关爱主体	关爱领域	关爱形式	关爱内容
2017/09/20	区卫计局、龙潭乡卫生院	健康关爱	公益活动	龙潭乡卫生院医务人员为龙潭乡民族小学开展"口腔健康 全身健康"——农村留守儿童健康关爱活动大型健康知识讲座。
2017/12/27	区教育局	/	政策设计	利州区五举措大力推进留守儿童之家创建工作。
2018/04/10	三堆镇	/	政策设计	关于印发《三堆镇农村留守儿童关爱保护工作实施方案》的通知。
2018/05/22	镇团委、镇妇联	情感关爱	公益活动	镇团委、镇妇联联合团区委、川北幼专太阳社志愿者在"童伴之家"开放日为留守儿童提供丰富多彩的活动。
2018/07/11	利州区未成年人社会保护中心	/	/	积极打造农村留守儿童关爱保护和困境儿童保障示范创建活动示范点。
2018/07/30	区民政局、利州区未成年人社会保护中心	/	基层调研	募集19名大学生志愿者,对全区农村留守儿童、困境儿童、事实无人抚养儿童进行了拉网式全覆盖摸排。
2019/03/27	区民政局	生活关爱	慰问活动	深入白朝乡走访慰问困境儿童,并为他们送去了生活用品及学习用品。
2019/03/28	区图书馆	学业关爱	公益活动	开展"关爱留守儿童 送图书下乡"活动,为赤化镇石羊小学校17名留守儿童送去丰富多彩的少儿图书及拼图游戏板。
2019/05/31	区民政局	生活关爱	慰问活动	到金洞小学、白朝小学、宝轮七一小学、大石小学等学校开展爱心捐赠、关爱困难留守儿童慰问活动。
2020/06/11	区图书馆	学业关爱	公益活动	开展"关爱留守儿童,送图书进校园"活动为大石小学留守儿童捐赠130余册图书。
2020/10/20	龙潭乡	学业关爱	政策设计	龙潭乡多举措关爱留守儿童工作,着重开展法治教育。
2020/12/18	白朝乡	/	政策设计	白朝乡常态化关心关爱留守儿童,建立档案,强化跟踪,加强关爱机制。

3. 利州区关爱留守儿童的乡土特色与经验梳理

分析利州区关爱留守儿童行动年表（表4-5），统计年表中各项数据，分别制成饼状统计图。

从关爱主体来看（图4-7），乡镇（社区）党政机关处于主导地位,占43%；县级部门组织也积极制定措施关爱留守儿童,占32%。除此以外,在利州区留守儿童关爱行动年表中大石小学共出现了8次,显然大石小学已经成为利州区关爱留守儿童的一个重要阵地。在那里,曾举行过许许多多的留守儿童关爱活动,为众多留守儿童带去了温暖。近年来，农村大量剩余劳动力向城市转移，留守儿童正面临着亲情缺失、家庭教育缺失、学校安全缺失和家庭监管缺位等因素的不利影响，留守儿童心理健康问题已成为全社会共同关心的问题。因此，分析年表还可以发现，利州区非常关心留守儿童的心理健康状况，为构筑留守儿童的心灵家园，2012年6月，省委宣传部、省社科联授予广元市利州区大石小学"留守儿童心理健康社科普及基地"称号，该校也成为全市首个省级哲学社会科学普及基地。该基地对留守儿童、广大青少年进行心理健康教育，并有针对性地开展各项活动。大石镇博爱留守儿童及心理健康教育基地已形成规模并进入良性运转，形成了有教材、有教师、有考核以及到课堂、到场镇、到农村的"三有三到"机制。从新闻报道的时间来看，开展活动主要有三个时间节点，分别是春节、六一儿童节和暑假。例如，2014年1月22日，区教育局党组成员梁冬梅、敬剑华、鲍海兵等局领导分赴七一宝轮小学、石羊小学、金洞小学、荣山三小等学校开展"新春送温暖•留守儿童1+1帮扶活动"，为留守儿童送去了慰问金和学习用品；2015年1月26日，为了让留守儿童过上一个温馨快乐的节日，区人口计生局联合雪峰街道计生办、雪峰康乐幼儿园组织开展了"关爱留守儿童，温暖过新年"感恩活动；2019年5月31日，在六一儿童节来临之际，利州区民政局党组成员、纪检组组长贾小平带领区慈善会、区未成年人社会保护中心一行到金洞小学、白朝小学、宝轮七一小学、大石小学等学校开展了爱心捐赠、关爱困难留守儿童慰问活动，和孩子们共庆六一儿童节；2013年7月23日，成都中医药大学温江校区食品质量与安全专业的7名大学生组成的暑期社会实践小分队，来到广元市利州区宝轮镇莲花村居委会（范家小学），与该村10余名留守儿童进行交流，并对学业、课外活动、安全等方面进行辅导。

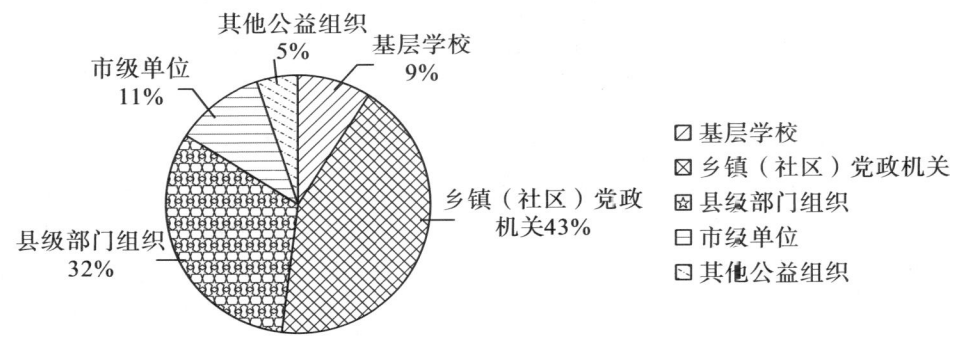

图4-7 利州区留守儿童关爱主体统计图

从关爱领域来看（图4-8），情感关爱占比37%。由于留守儿童长期与父母分离，缺乏情感关爱，利州区各关爱主体已充分认识到情感关爱的重要性。早在2012年6月，区审计局便为利州区民族小学的200多名留守儿童送去了价值3万多元的10台电脑，安装了一部亲情电话，开通了6兆宽带，给孩子们捐建了一个"亲情话吧"，让全校留守儿童在课余可以免费和在外务工的爸爸妈妈通电话。2013年4月，利州区委组织部联合区教育局开展了"远程教育亲情连线暨'书送爱心'关爱留守儿童"活动，并针对父母在外务工的农村留守儿童建立了远程教育"亲情开放日"制度，依托远程教育站点开展亲情"面对面"活动，建立"亲情小屋"20个、"QQ亲情聊天室"30个，开通免费服务电话70部,亲情通话人数近1000人次。2017年8月,广元日报社和利州广播电视台联合开展"候鸟不缺爱·团圆过暑假"活动,该活动在利州区未成年人社会保护中心开展,先后组织57名留守儿童搭乘前往上海、杭州的航班,与父母度过了近两个月的欢聚时光。生活关爱占比31%,人们在关爱留守儿童情感的同时,依然不忘关爱留守儿童的生活,为留守儿童捐资捐物。例如,2016年5月31日,在六一儿童节来临之际,利州区粮食局为嘉陵办事处大华社区留守儿童之家的80名留守儿童送去学习用具80套、大米10袋、面粉10袋、菜籽油5桶等共计3000余元的学习用品和生活用品。2019年03月27日,利州区民政局党组书记、局长刘晓红带领相关股室工作人员深入白朝乡走访慰问困境儿童,并为他们送去了生活用品及学习用品。健康关爱占比为14%,利州区非常关注留守儿童的各项健康,2012年10月18日四川省留守儿童心理健康社科普及基地落户利州,成为利州区关爱留守儿童心理健康的典范;2013年3月8日东坝卫生院组织10余名医生到栖凤小学免费为该校近100名留守儿童义务体检;2017年9月20日龙潭乡卫生院医务人员为龙潭乡民族小学开展"口腔健康 全身健康"——农村留守儿童健康关爱活动大型健康知识讲座。

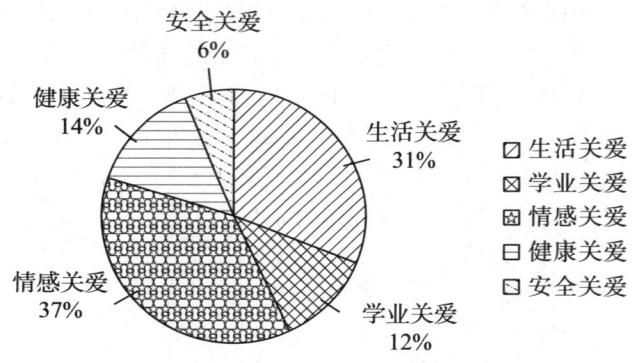

图4-8 利州区留守儿童关爱领域饼状图

从关爱形式来看(图4-9),利州区开展留守儿童关爱慰问活动和公益活动的比重不相上下,慰问活动占38%,公益活动占36%,说明政府和社会公益组织积极参与留守儿童关爱工作。政府各部门带头参与留守儿童关爱工作,市征拆办、区教育局、区民政局、区人口计生局、区未成年人社会保护中心、镇团委、镇妇联联合团区委等纷纷深入利州区各中小学和留守儿童之家慰问留守儿童,给他们送去温暖与关爱。此外还有一批爱心企业和爱心个人积极组织各种公益活动,例如,2013年7月23日,成都中医药大学温江校区食品质量与安全专业的7名大学生到广元市利州区宝轮镇,为范家小学10余名留守儿童提供学业、课外活动、安全等方面的辅导;2017年8月28日,广元日报社和利州广播电视台联合开展"候鸟不缺爱·团圆过暑假"活动;利州区图书馆曾在2019年3月和2020年6月两度为赤化镇石羊小学及大石小学留守儿童带去了经典名著、童话故事、少儿绘本、励志人物传记等丰富多彩的少儿图书。

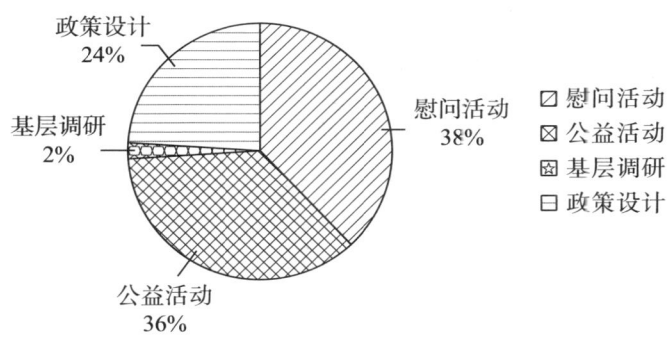

图 4-9 利州区留守儿童关爱形式饼状图

三、青川县关爱留守儿童的行动年表与乡土特色

1. 青川县关爱留守儿童的情况研究

青川县位于四川盆地北部,川陕甘三省接合部,辖区面积 3216 平方公里,辖 12 镇 8 乡(2 个回族乡)178 个行政村(社区),总人口 25 万人。青川县一共有 36 个县乡级行政单位,青川县政府的排查情况显示:青川县现有留守儿童 1048 名,占全县儿童的 26.1%。据统计,青川县人民政府关于留守儿童关爱行动的新闻报道共 86 篇。公元前 201 年(西汉高帝六年),置白水关,建白水县,是"得陇望蜀"第一县,距今有 2221 年建城史,因"山青秀、水清美"于唐天宝元年更名为"青川"。青川县有着光辉灿烂的熊猫文化、贡茶文化、木牍文化、三国文化、红色文化和民俗文化,中原文化与巴蜀文化在此交融。

2. 青川县近十年留守儿童关爱行动年表

据统计,广元市青川县政府关于留守儿童的新闻报道共 86 条,仅次于利州区。本书自青川县人民政府官网总结近十年新闻报道中具有代表性的事件,形成青川县留守儿童关爱行动年表,见表 4-6。

表 4-6 青川县近十年留守儿童关爱行动年谱

关爱时间	关爱主体	关爱领域	关爱形式	关爱内容
2011—2015	/	/	/	/
2016/01/22	团县委、县教育局	/	公益活动	与中国电信联合创建的"爱心小屋"留守儿童关爱项目在乔庄镇小学正式启动。
2016/03/16	房石镇幼儿园	情感关爱	慰问活动	开展"关爱留守儿童,送温暖"慰问活动。
2016/04/13	团县委、县教育局	情感关爱	公益活动	青川县共创建 13 座"爱心小屋",覆盖全县 13 所乡镇学校。

续表

关爱时间	关爱主体	关爱领域	关爱形式	关爱内容
2016/04/13	乔庄幼儿园	情感关爱	公益活动	开展"与你同行,走进心灵"为主题的关爱留守儿童系列活动。
2016/05/04	县恒兴国投公司	生活关爱	公益活动	到孔溪乡遥林村开展"书香国投·遥林村留守儿童关爱行动"送书活动。
2016/05/24	团县委、县教育局、县关工委	生活关爱	公益活动	由团县委、县教育局、县关工委联合开展的夏令营活动圆满结束。
2016/05/30	县总工会	生活关爱	慰问活动	县总工会常务副主席陈燕丽一行到板桥乡看望慰问留守儿童。
2016/06/01	县博物馆	生活关爱	公益活动	县博物馆开展"庆六一,关爱留守儿童"活动。
2016/06/02	广元军分区	生活关爱	慰问活动	广元军分区领导一行到蒿溪回族乡看望慰问留守儿童,为炭河村、光辉村28名贫困村留守儿童送去了书包、文具盒、彩笔等学习用品和慰问金。
2016/06/03	县民政局	/	基层调研	组织召开农村留守儿童摸底排查工作联席会,明确了摸底排查农村留守儿童联席会成员单位以及各单位的相关职责。
2016/07/22	乐安寺乡	安全关爱	政策设计	乐安寺乡积极做好暑期留守儿童防溺水安全工作。
2016/09/06	县卫计局	健康关爱	公益活动	房石镇中心卫生院开展了以"服务百姓健康行动"为主题的留守儿童义诊活动。
2016/10/17	七佛乡	/	政策设计	七佛乡"三举措"做好留守儿童帮扶工作,积极开展"结对子"活动。
2016/12/14	县团委	生活关爱	公益活动	组织青年志愿者到乔庄幼儿园与40多名留守儿童开展暖冬主题活动。
2017/01/18	白家乡妇联	生活关爱	慰问活动	白家乡妇联主席代表乡党委政府深入各村(社区),走访慰问贫困妇女及留守儿童,为他们送上慰问金。
2017/02/16	县教育局	学业关爱	基层调研	县教育局领导到板桥小学调研农村留守儿童学习生活情况。
2017/05/26	县教育局	学业关爱	公益活动	凉水九年制学校举行"青佑青"关爱凉山村留守儿童行动暨法治"村官"讲座进校园活动。
2017/05/31	县总工会	生活关爱	慰问活动	县总工会常务副主席一行在板桥乡慰问板桥小学部分留守贫困儿童。
2017/06/08	市卫生计生委计划生育家庭发展科	生活关爱	慰问活动	市卫生计生委计划生育家庭发展科到沙州镇指导流动儿童和留守儿童健康关爱示范学校创建工作。

续表

关爱时间	关爱主体	关爱领域	关爱形式	关爱内容
2017/06/14	乔庄镇	/	政策设计	乔庄镇"三举措"扎实推进农村留守儿童关爱工作。
2017/06/22	七佛乡	/	政策设计	积极开展农村留守儿童"合力监护、相伴成长"关爱保护专项行动。
2017/07/27	曲河乡	/	基层调研	曲河乡扎实做好单亲家庭留守儿童排查工作。
2017/08/03	楼子乡	/	政策设计	楼子乡多举措关爱留守儿童暑期生活,重点做好走访摸底和心理引导工作。
2017/08/17	红光乡	健康关爱	政策设计	红光乡三措施加强农村留守儿童健康关爱工作,重点加强留守儿童信息采集和健康监测。
2017/09/27	县博物馆	生活关爱	公益活动	组织开展"牵手相伴,共享阳光"关爱留守儿童主题活动,邀请乔庄小学 41 名留守儿童参加。
2017/10/19	瓦砾乡	/	政策设计	瓦砾乡"三举措"积极开展关爱留守儿童工作,重点做好留守儿童摸排工作,抓好数据录入。
2017/10/19	沙州镇	/	政策设计	沙州镇认真做好农村留守儿童和困境儿童信息录入工作。
2017/10/26	青溪正泰幼儿园	/	/	前往青溪镇大西街开展留守儿童家访活动,共走访留守儿童家庭 15 户。
2017/11/08	市民政局	/	基层调研	广元市民政局党组成员、副局长一行到观音店乡督查指导农村留守儿童和困境儿童工作。
2018/01/22	茅坝乡	/	政策设计	茅坝乡认真做好农村留守儿童关爱工作,重点做好全面摸底排查工作。
2018/01/24	马鹿镇	/	政策设计	马鹿镇"四落实、四确保"营造农村留守儿童成长的良好环境。
2018/01/31	观音店乡	/	政策设计	观音店乡多举措并举,做好春节期间留守儿童关爱工作。
2018/02/28	青川团县委	生活关爱	基层调研	团委副书记赴白家乡调研"童伴计划"并看望留守学生。
2018/03/12	凉水镇	/	政策设计	凉水镇四举措促留守儿童健康成长。
2018/04/07	白家乡	/	政策设计	白家乡多举措并举,关爱留守儿童成长。
2018/06/04	县图书馆	生活关爱	公益活动	到县瓦砾小学开展"关爱留守儿童"为主题的图书捐赠活动,并向全校 20 多名留守儿童每人赠送一个书包。
2018/11/14	团县委	生活关爱	慰问活动	前往青川县房石镇蓝天留守儿童生活之家看望慰问 85 名留守儿童,并送去学习用品、手套等御寒用品。

续表

关爱时间	关爱主体	关爱领域	关爱形式	关爱内容
2019/05/30	市妇幼保健院	生活关爱	慰问活动	市妇幼保健院领导等一行到青川县前进乡开展六一儿童节慰问留守儿童活动，向留守学生赠送39套毛巾被、文具等物品。
2019/09/13	阿里巴巴	生活关爱	公益活动	在房石九年制学校开展了"中秋青川，我们在一起"关爱留守儿童活动。
2020/12/09	青溪镇	/	政策设计	青溪镇"三举措"做好留守儿童关爱工作。

注：在昭化区人民政府官网未能检索到2011—2015年留守儿童相关新闻报道。

3. 青川县关爱留守儿童的乡土特色与经验梳理

本书分析青川县近十年留守儿童关爱行动年表（表4-6）中的各项内容，统计各项数据，分别制成饼状图，以便更直观地呈现出统计结果。

从关爱主体来看（图4-10），在青川县开展的留守儿童关爱活动中，主要由政府组织牵头，社会组织和个人共同参与、贡献力量。其中比重最大的是乡镇（社区）党政机关，占比40%。为加大对辖区农村留守儿童关爱力度，落实留守儿童监护责任，使他们健康快乐地成长，各乡镇积极制定举措开展农村留守儿童关爱工作。例如沙州镇提出"三举措"落实留守儿童监护责任。一是掌握政策，准确认定；二是摸清底数，建立档案；三是加强联系，落实责任。房石镇四举措做好留守儿童摸底调查工作。一是成立组织，提供组织保障；二是召开会议，确保数据准确；三是多方携手，全面摸排调查；四是加强督查，严明工作纪律。乔庄镇"三举措"扎实推进农村留守儿童关爱保护工作。一是加强组织领导；二是加强宣传引导，坚持传统媒体和新媒体相结合的方式，发布微信、QQ平台信息500余条，举办宣传栏6期，发放宣传单500余份，召开小组会20场次，入户走访100余户，强化群众政策法律意识，引导未成年人父母自觉履行监护责任；三是加强协作配合。

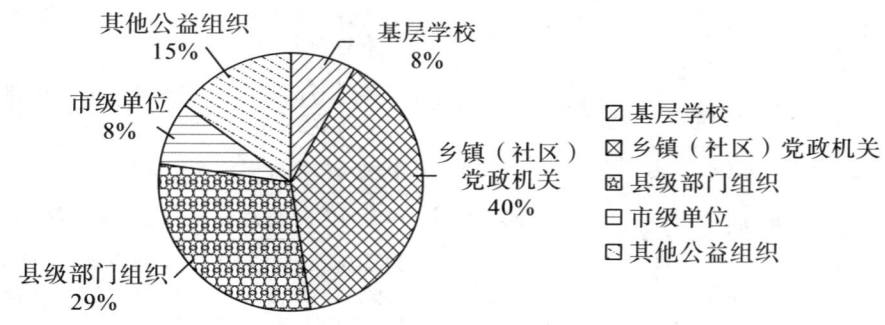

图4-10 青川县留守儿童关爱主体分析图

县级部门组织占比29%。自2016年1月由团县委、县教育局及中国电信联合创建的"爱心小屋"留守儿童关爱项目正式启动后，孩子们能够在"爱心小屋"享受中国电信四川公司在国内首创的电视对手机、电视对电视、手机对手机的视频通话技术服务，在全市范围内实现了留守儿童与外出父母的亲情视频沟通,为每所学校在"留守儿童之家"或乡村少年宫打造了一个亲情视频聊天室,让"想家"看得见。截至 2016 年 4 月,青川县历时 2 个多月共创建 13 所"爱心小屋",覆盖全县 13 个乡镇学校,"想家"业务全面开通。2016 年 5 月底县总工会常务副主席陈燕丽一行先后慰问了浮寨小学、上马小学的留守儿童,陪他们度过了一个欢乐的六一儿童节,给他们送去了温暖,并嘱咐他们好好学习,天天向上。2017 年 5 月底,青川县总工会开展六一儿童节关爱留守儿童慰问活动,为孩子们送去节日的祝福。县总工会共为板桥乡板桥小学、上马小学、乔庄小学、乔庄镇小学、乔庄民主社区等地的 60 名留守儿童送去了价值 8000 余元的文具、图书、小礼品等节日慰问品。

其他公益组织占比 15%。青川县关爱留守儿童活动中涌现出了一批爱心组织和个人,例如,县恒兴国投公司组织党员到联系帮扶的孔溪乡遥林村开展"书香国投·遥林村留守儿童关爱行动"送书活动,本次所送书籍共计 200 余本,主要以少儿类读物、学习工具书、种植养殖类农业技术书籍为主;广元军分区领导到蒿溪回族乡看望慰问留守儿童,为炭河村、光辉村 28 名贫困留守儿童送去了书包、文具盒、彩笔等学习用品和慰问金。

从关爱领域来看(图 4-11),青川县的留守儿童关爱工作将生活关爱放在至关重要的位置,比重超过半数,占到 65%。情感关爱和学业关爱分别占比 13%、9%,健康关爱占比 9%,安全关爱占比 4%。因此,针对农村留守儿童亲情缺少、监管缺位等问题,该县建立"三支队伍"为农村留守儿童暑期提供亲人团聚、爱心帮扶及安全巡护等服务。(1)暖心关爱服务队。由社会知名人士、成功企业家、群众代表等组建农村留守儿童暖心关爱服务队,以企业赞助、爱心人士捐助等方式为 425 名留守儿童争取关爱服务专项工作资金 31 万元,赠送"爱心衣服"800 余套。通过入户走访、电话联系等方式,精准对接农村留守儿童与其家长的需求,已组织 22 人到长沙、南京和上海三地进行主题为"同在一片蓝天下"的传承红色文化公益游学活动。(2)爱心结对帮扶队。通过自主申请的方式,组建由帮扶责任人、教师、志愿者 3 类人员组成的爱心结对帮扶队,按照"1+1"方式与农村留守儿童结对,不定期开展入户关怀、心理疏导、作业辅导等活动。同时,依托"儿童之家",定期组织农村留守儿童参与"知识讲堂""素质拓展"等活动。暑期以来,开展帮扶 100 余次,组织各类活动 20 余次。(3)暑期安全巡护队。联合教育、应急管理、民政等部门,组建暑期安全巡护队,结合县域内道路交通、河流堰塘及农村留守儿童分布等因素,划分出"重点道路巡护区""重要河道巡护区""特别场所巡护区"等 3 类巡护区,分区灵活设岗,开展道路、河道等安全巡护,并对发生意外溺水等紧急状况的农村留守儿童进行紧急救护。开展巡护 60 余次。

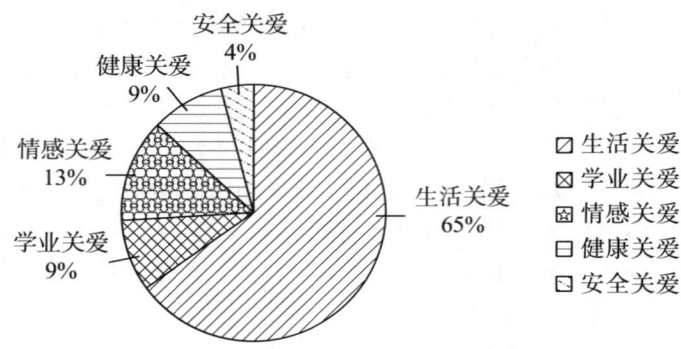

图 4-11　青川县留守儿童关爱领域分析图

从关爱形式来看（图 4-12），青川县各项活动开展较为均衡，政策设计占到 36%，比重最大，说明政府在青川县留守儿童关爱活动中处于主导地位，通过各个方面的政策设计从宏观上对留守儿童关爱工作进行调控，积极响应青川县民政局、县综治办等八个部门联合发文《关于在全县开展农村留守儿童"合力监护、相伴成长"关爱保护专项行动的通知》，进一步做好全乡农村留守儿童关爱保护工作，给留守儿童营造一个健康成长的良好环境。例如，2016 年 10 月，七佛乡"三举措"做好留守儿童帮扶工作：一是开展"结对子"活动；二是建立留守儿童档案；三是加大教育工作力度。2017 年 6 月，乔庄镇也提出三个举措扎实推进农村留守儿童关爱工作：一是加强组织领导；二是加强宣传引导；三是加强协作配合。2020 年 12 月，青溪镇"三举措"做好留守儿童关爱工作：一是健全组织机构；二是加强宣传教育；三是开展关爱活动。

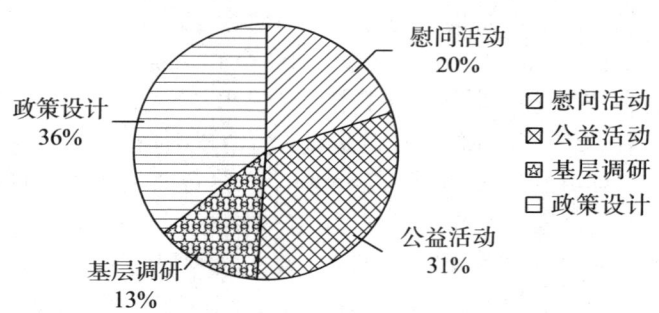

图 4-12　青川县留守儿童关爱形式分析图

四、苍溪县关爱留守儿童的行动年表与乡土特色

1. 苍溪县情况简介

苍溪县地处四川盆地北缘、秦巴山脉南麓、嘉陵江中游，面积为 2334 平方公里，辖 31 个乡镇、464 个村（社区），总人口 75 万人，农业人口 62 万人，因"树浓夹岸、苍翠成溪"而得名。苍溪县历史厚重，文化璀璨，自西晋太康年间置县已有 1700 多年，素有"川北淳邑，蜀中邹鲁"之雅称。道教文化源远流长，庭院文化饮誉全国，民俗文

化特色鲜明，唤马剪纸、歧坪真丝挂毯等 6 项技艺纳入省级非物质文化遗产，是全国首批文化工作先进县、"中华诗词之乡""中国楹联文化县""四川省书香之城""四川省文明城市"。这里是革命老区、红色热土。在第二次国内革命战争时期，是川陕革命根据地的重要组成部分，是红四方面军长征出发地，从中走出 3 位省委书记、6 位中共中央委员和 8 位开国将军。被列为全国"薪火相传·再创辉煌"长征精神红色旅游火炬传递活动 6 个火种采集点之一。

2. 苍溪县近十年留守儿童关爱行动年表

据统计，广元市苍溪县政府关于留守儿童的新闻报道共 70 条，位居广元市第四。因此，本书总结近十年新闻报道中具有代表性的事件形成苍溪县留守儿童关爱行动年表，见表 4-7。

表 4-7　苍溪县 2011—2020 年留守儿童关爱行动年表

关爱时间	关爱主体	关爱领域	关爱形式	关爱内容
2011—2018	/	/	/	/
2019/05/29	县图书馆	学业关爱	公益活动	开展"关爱留守儿童，庆六一送图书"活动，为文昌镇留守儿童之家的留守儿童送去 300 余册图书。
2019/05/30	市公积金中心苍溪管理部	生活关爱	慰问活动	前往高坡镇玉帝村为 30 名在乡读书的留守儿童送上节日祝福和书包等学习用品。
2019/05/31	彭店乡关工委	生活关爱	慰问活动	到吴垭村慰问，为全村 50 多名留守少年儿童送去价值 3000 余元的学习用品和儿童读物。
2019/07/18	县农业农村局	安全关爱	慰问活动	开展"慰问送温暖"活动，对留守儿童进行法制、安全和感恩教育，送去了总价 2000 余元学习用品和书包。
2019/11/11	五里小学	学业关爱	公益活动	开展"爱心助成长、留守不孤单"的留守儿童关爱行动，为 31 名困境儿童开展爱心公益活动。
2019/11/18	云峰镇妇联	生活关爱	慰问活动	开展东西部扶贫协作"暖冬行动"，为全镇 29 名贫困家庭留守儿童送去棉衣棉裤、童鞋、图书等物资。
2019/12/16	彭店乡妇联	生活关爱	慰问活动	组织彭店中学、彭店小学开展东西部扶贫协作"暖冬行动"捐赠仪式，为 65 名困难学生、留守儿童送上过冬棉衣 30 件、棉被 10 床、棉鞋 25 双。
2020/06/04	县乡镇供水总站	生活关爱	慰问活动	深入帮扶贫困金梁村，开展"落实精准扶贫，关爱留守儿童"六一儿童节庆祝活动。

注：在苍溪县人民政府官网未能检索到 2011—2018 年留守儿童相关新闻报道。

3. 苍溪县关爱留守儿童的乡土特色与经验梳理

本书从关爱主体、关爱领域、关爱形式等三个角度分析苍溪县近十年留守儿童关爱行动年表（表4—7）中的各项内容，统计各项数据，分别制成饼状图，以便更直观地呈现出统计结果。

从关爱主体来看（图4—13），苍溪县县级部门组织和乡镇（社区）党政机关占比相同，都是37.5%，可见二者在苍溪县留守儿童关爱行动中都做出了卓越的贡献。县级部门组织中，县农业农村局以"慰问送温暖"活动为契机，到帮扶村慰问留守儿童。每到一个村，帮扶干部详细了解留守儿童的学习、生活等情况，引导他们通过电话、视频、书信等方式，与父母沟通交流，让父母了解自己的成长情况。同时，帮扶干部还对留守儿童进行了法制、安全和感恩教育，送去了总价值2000余元学习用品和书包。乡镇（社区）党政机关中，彭店乡关工委、云峰镇妇联、彭店乡妇联纷纷出力，为留守儿童送温暖。例如，2019年11月18日，云峰镇妇联开展了东西部扶贫协作"暖冬行动"，活动围绕对贫困家庭留守儿童进行关心关爱展开，为全镇29名贫困家庭留守儿童送去了棉衣棉裤、童鞋、图书等物资。通过此次"暖冬活动"，留守儿童感受到了社会的温暖。2019年12月16日，彭店乡妇联组织彭店中学、彭店小学开展了东西部扶贫协作"暖冬行动"捐赠仪式，此次捐赠仪式为65名困难学生、留守儿童送上了过冬棉衣30件、棉被10床、棉鞋25双。此次捐赠仪式，切实让困难学生、留守儿童感受到了家庭般的温暖，从而健康成长。

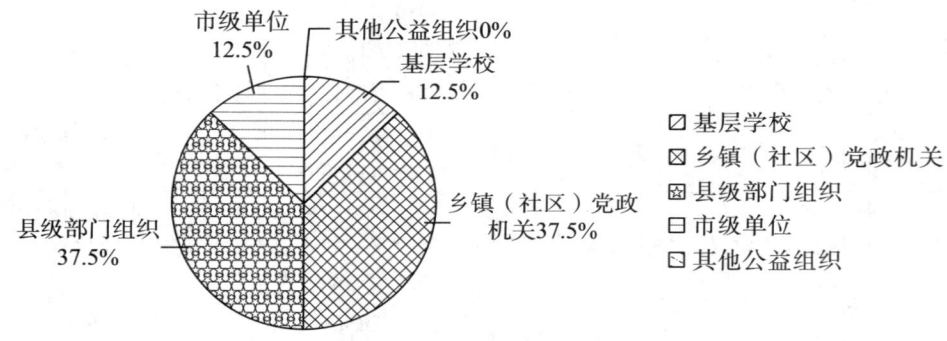

图4—13 苍溪县留守儿童关爱主体分析图

从关爱领域来看（图4—14），生活关爱仍然是苍溪县最重视的关爱，只有吃饱穿暖，才能更好地学习。相比其他的县区而言，苍溪县虽然对留守儿童相对缺少健康和情感方面的关爱，但更加重视学业关爱，唯有从教育着手，提升国民素质，才是改善留守儿童现状最有效的方式。因此，2019年5月29日，县图书馆开展"关爱留守儿童，庆'六一'送图书"活动，为新成立的文昌镇"留守儿童之家"的留守儿童送去国学经典、童话故事、益智生活等方面的优秀儿童读物300余册，并与文昌小学的教师进行了座谈，详细了解留守学生的生活、学习、家庭等情况和读书需求；同时以五里小学为重要阵地，2019年11月11日全面启动主题为"爱心助成长、留守不孤单"的留守儿童关爱行动，联合广元市未成年人保护中心，组织7位服务人员为31名困境儿童开展了爱心公益活动。

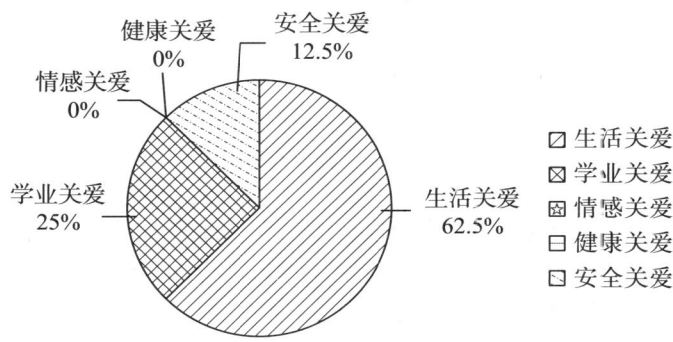

图4-14 苍溪县留守儿童关爱领域分析图

从关爱形式来看（图4-15），苍溪县的关爱形式以慰问活动和公益活动为主，其中由县政府牵头的慰问活动超过半数，占75%，政府各部门积极前往对口帮扶的村镇开展留守儿童慰问活动。例如，2019年5月30日，由市公积金中心苍溪管理部与县中医院两家帮扶单位领导带队，专程前往高坡镇玉帝村看望在乡读书的留守儿童并开展六一儿童节慰问活动，了解询问留守儿童的生活、学习情况，向该村30名留守儿童送上节日祝福和书包等学习用品。2019年5月31日，在六一儿童节即将来临之际，彭店乡关工委联系吴垭村帮扶单位市卫生计生监督执法支队及县文物管理所到村慰问留守儿童。此次慰问为全村50多名留守少年儿童送去价值3000余元的学习用品和儿童读物，鼓励孩子们树立良好的生活信心，努力学习，健康快乐成长。2020年6月4日，县乡镇供水总站党员志愿者深入帮扶贫困金梁村开展了"落实精准扶贫，关爱留守儿童"六一儿童节庆祝活动，为小朋友们送上节日祝福和慰问。虽然公益活动的比重只占到慰问活动的1/4，但公益活动是苍溪县关心留守儿童的重要形式之一。2015年8月10日，苍溪县成功争取到资金为20万元的"新一千零一夜"农村留守学生公益项目，成为四川省首个开展"新一千零一夜"农村留守学生公益项目试点和评估县区。该项目主要以留守学生为主体，以农村寄宿制小学为单位，为学校发放一千零一个故事的激光唱片和配套播放的喇叭等，并提供安装与播放技术指导，故事在学生睡觉前15分钟通过喇叭播放。全县共有72所农村寄宿中小学校，5.5万余名留守学生受益。

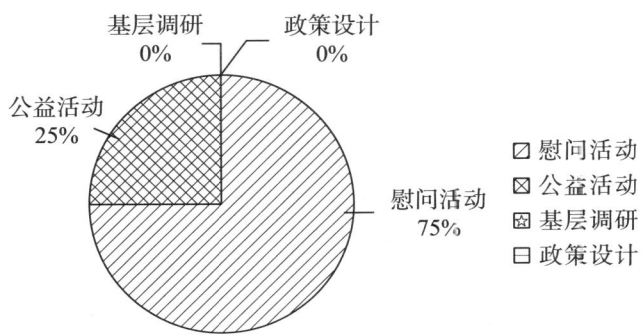

图4-15 苍溪县留守儿童关爱形式统计图

五、昭化区关爱留守儿童的行动年表与乡土特色

1. 昭化区情况简介

广元市昭化区位于四川盆地北部、广元市中部,东邻旺苍县,西接剑阁县,东南与苍溪县相连,北与广元市利州区交界。地理坐标为北纬 31°53′41″~32°23′27″,东经 105°33′59″~106°07′20″。地貌属盆地丘陵向山区过渡地带,地形地貌以中低山为主,平均海拔 900 米。2019 年末,全区总户数 75079 户,总人口 231008 人。

2. 昭化区近十年关爱留守儿童行动年表

据统计,广元市昭化区政府关于留守儿童的新闻报道共 29 条,位居全市第五。本书自昭化区人民政府官网总结近十年新闻报道中具有代表性的事件,形成昭化区留守儿童关爱行动年表,见表 4-8。

表 4-8　昭化区 2011—2020 年留守儿童关爱行动年表

关爱年份	关爱主体	关爱领域	关爱形式	关爱内容
2011/06/01	广元市财政局机关党委	生活关爱	慰问活动	赴红岩镇广吉村慰问留守儿童。
2012/01/13	团区委	健康关爱	慰问活动	到元坝区栋银岩留守儿童家中开展关爱活动,为他们提供心理咨询、学习辅导,讲励志故事,引导他们感恩自强。
2012/03/26	元坝区	学业关爱	政策设计	元坝区五举措筑起留守儿童爱的港湾,重点开展义务教育阶段留守儿童教育。
2012/05/31	市委组织部	情感关爱	慰问活动	前往元坝区太公镇小学慰问留守儿童,并实地调研太公镇远程教育站点亲情服务留守儿童"四个一"活动的开展情况。
2012/06/27	红岩派出所	生活关爱	慰问活动	红岩派出所落实"警民亲"活动,开展留守儿童慰问。
2012/07/19	栋银岩街道办事处	生活关爱	慰问活动	深入村、社区开展"把特别的爱献给留守儿童"慰问活动。
2013/01/31	区教育局	生活关爱	慰问活动	组织党员志愿者 10 余人赴紫云乡开展"给留守儿童送爱心"活动。
2013/05/30	区总工会、区检察院、农行昭化支行	学业关爱	公益活动	共同前往文村乡小学开展"实现伟大中国梦、建设美丽繁荣和谐四川"主题教育宣讲活动,为 40 名困难留守儿童赠送了学习用品。
2014/08/21	团区委	情感关爱	公益活动	开展"快乐留守、快乐成长"为主题的留守儿童集体过生日活动。
2014/09/05	区教育局	/	政策设计	教育局多举措筑起留守儿童爱的港湾。

续表

关爱年份	关爱主体	关爱领域	关爱形式	关爱内容
2015/06/01	区安监局	生活关爱	慰问活动	区安监局慰问了王家镇小学、王家镇幼儿园留守儿童。
2015/07/31	白果乡	学业关爱	公益活动	开展为期一个月的暑期关爱留守儿童书法培训班。
2015/10/19	元坝镇	/	政策设计	元坝镇四举措切实关爱留守儿童。
2015/12/18	成都台商妇联协会	生活关爱	慰问活动	成都台商妇联协会会长一行赴梅树乡小学、卫子镇小学慰问贫困留守儿童并发放助学金和慰问品。
2015/12/24	昭化区工业园区管委会	生活关爱	公益活动	组织东孚汽车销售公司党支部在太公红军文化教育基地开展关爱留守儿童的公益活动。
2016/06/01	昭化区总工会	生活关爱	慰问活动	昭化区总工会领导一行3人赴紫云乡小学与留守儿童共度六一儿童节。
2017/05/04	昭化区法院团支部	安全关爱	慰问活动	组织青年干警前往紫云乡小学开展"关爱留守儿童·播撒司法阳光"主题活动。
2017/05/27	昭化区质监分局	生活关爱	慰问活动	组织慰问队深入柏林沟镇岚黎村与明安村对19个留守儿童逐一开展关爱走访慰问活动。
2017/05/27	四川音乐学院	/	基层调研	四川音乐学院音乐教育学院领导一行深入王家镇文旦村调研脱贫攻坚工作,开展了关爱留守儿童活动。
2017/05/31	梅树乡	/	政策设计	梅树乡四举措关爱留守儿童,重点开展普查,摸清底数。
2017/06/01	农行昭化支行	生活关爱	公益活动	农行昭化支行领导一行到文村乡开展关爱留守儿童结对帮扶活动。
2017/06/01	区发改局	生活关爱	慰问活动	组织党员干部到虎跳镇东岩、东沟村开展"心手相牵·快乐成长"关爱贫困村留守儿童慰问活动,为10名留守儿童送去学习和生活用品。
2017/06/02	区人社局	情感关爱	慰问活动	昭化区人社局到张家乡小学参加"汇聚八方大爱,托起明天太阳"为主题的庆六一儿童节活动。
2017/06/13	区公安分局	情感关爱	慰问活动	区公安分局开展了"关爱留守儿童结对帮扶"活动。
2017/06/29	虎跳峡人民政府	/	政策设计	发出《关于成立农村留守儿童"合力监护、相伴成长"关爱保护专项行动领导小组的通知》。
2017/06/29	虎跳峡人民政府		政策设计	关于印发《农村留守儿童委托监护协议书等四个范本的通知》。
2017/08/28	丁家乡	安全关爱	政策设计	丁家乡"四到位"加强留守儿童假期安全管理。

续表

关爱年份	关爱主体	关爱领域	关爱形式	关爱内容
2017/09/29	拣银岩街道	/	政策设计	关于印发《拣银岩街道开展农村留守儿童"合力监护、相伴成长"关爱保护专项行动实施方案》的通知。
2017/10/31	区民政局	/	/	昭化区召开全区农村留守儿童和困境儿童信息管理系统培训会议。
2019/03/05	团区委	生活学业	慰问活动	深入明觉镇小学对留守儿童进行慰问。
2019/05/24	邓玲口腔	健康关爱	公益活动	邓玲口腔携美年大健康到柳桥小学举行免费义诊活动。
2019/08/08	市教育局	情感关爱	公益活动	组织昭化区90名师生参与"壮丽华夏行,永怀爱国心"研学夏令营活动。
2019/09/05	卫子镇	/	政策设计	卫子镇扎实推进留守儿童关爱工作,重点建立留守儿童档案、联系卡制度。
2019/09/09	市教育局	生活关爱	公益活动	"中华慈善日"关爱留守儿童公益活动在王家小学举行。
2020	/	/	/	/

注:在昭化区人民政府官网未能检索到2020年留守儿童相关新闻报道。

3. 昭化区关爱留守儿童的乡土特色与经验梳理

分析昭化区近十年留守儿童关爱行动年表(表4－8)中的各项内容,统计各项数据,分别制成饼状图,以便更直观地呈现出统计结果。

从关爱主体来看(图4－16),昭化区县级部门组织在该区的关爱留守儿童中起着主导作用,占47%。团区委、区教育局、区总工会、区检察院、区安监局、区总工会、区法院、区质监分局、区发改局、区人社局纷纷做出响应,带头做实事,积极开展留守儿童各项关爱活动,从生活、学业、情感、安全等多方面关爱留守儿童。例如,2017年5月4日,在五四青年节到来之际,昭化区法院团支部组织青年干警前往昭化区紫云乡小学开展"关爱留守儿童·播撒司法阳光"主题活动,为留守儿童普及法律知识,提供法律援助。2017年6月1日,区发改局党员干部一行来到虎跳镇东岩、东沟村帮扶户家中,开展"心手相牵·快乐成长"关爱贫困村留守儿童慰问活动,为10名父母常年不在身边陪伴的留守儿童送去书包、水杯、文具等学习生活用品。乡镇(社区)党政机关占29%。各乡镇党政机关积极响应政府号召,落实留守儿童关爱行动。例如2017年5月31日,梅树乡多举措关爱留守儿童:一是开展普查,摸清底数;二是完善机制,发挥作用;三是开展活动,送去温暖;四是强化责任,严格考察。2019年9月5日,卫子镇扎实推进留守儿童关爱工作:一是建立健全领导负责制度;二是实施干部结对儿童制度;三是建立留守儿童档案、联系卡制度。市级单位和其他公益组织均占比12%,是昭化区留守儿童关爱工作中的重要参与主体。

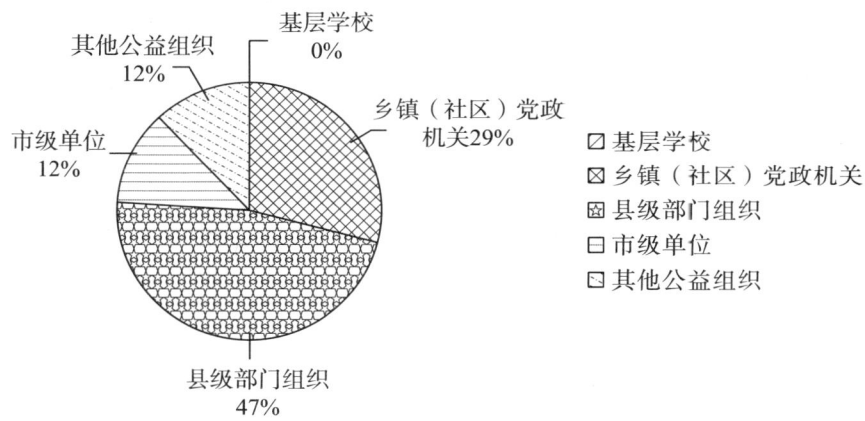

图 4—16 昭化区留守儿童关爱主体饼状图

从关爱领域来看（图 4—17），昭化区将生活关爱放在第一位，比重占到 52%，政府和社会爱心企业、爱心人士纷纷捐资捐物积极改善留守儿童生活情况。例如 2013 年 5 月 30 日，区总工会与区检察院、农行昭化支行三家单位共同前往文村乡小学开展了"实现伟大中国梦、建设美丽繁荣和谐四川"主题教育宣讲活动，并为 40 名困难留守儿童赠送了书包、文具盒、画板、画笔和书籍等学习用品。除此以外，情感关爱占 20%，学业关爱占比 12%，健康关爱和安全关爱各占 8%。在昭化区的留守儿童关爱行动中，关爱形式多样，关爱内容丰富，共同为留守儿童的健康成长营造了一个良好的环境。

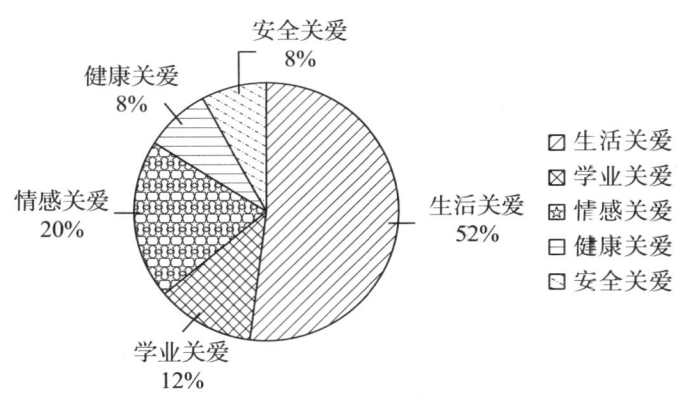

图 4—17 昭化区留守儿童关爱领域饼状图

从关爱形式来看（图 4—18），首先主要以慰问活动居多，占 46%。政府各部门起到了一个很好的带头作用，积极到帮扶村开展慰问活动，为留守儿童送温暖。其次是政策设计，占 27%。尤其各乡镇（社区），积极响应政府发布的《广元市进一步加强农村留守儿童关爱保护工作实施方案》，制定措施落实关爱留守儿童行动。例如 2017 年 8 月 28 日，丁家乡"四到位"加强留守儿童假期安全管理：一是责任落实到位；二是宣传教育到位；三是隐患排查到位；四是家访慰问到位。2017 年 9 月 29 日，栋银岩街道发布关于印发《栋银岩街道开展农村留守儿童"合力监护、相伴成长"关爱保护专项行动实施方案》的通知，力图做好留守儿童关爱工作。2017 年 10 月 31 日，昭化区召开全区农村留守儿童和困境儿童信息管理系统培训会议。除此之外的其他公益组织和个人也积极参与到留守儿童的关爱行动中，占24%；基层调研也是该区留守儿童关爱的重要形式之一，占3%。

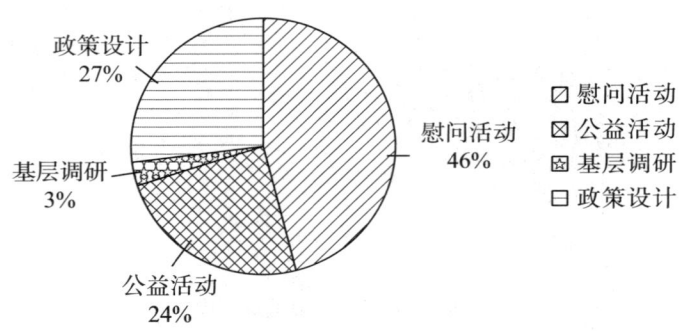

图4-18 昭化区留守儿童关爱形式饼状图

六、朝天区关爱留守儿童的行动年表与乡土特色

1. 朝天区的情况简介

朝天区地处秦巴山南麓、川陕接合部，是千年古蜀道、千里嘉陵江的交汇地，是北向入川的第一个县级政治、经济、文化中心。因唐天宝年间玄宗避"安史之乱"幸蜀百官在此接驾朝拜天子而得名，素有"秦蜀锁钥""川北门户"之称，享有"栈道之都""养生天堂"之美誉。全区面积1613平方公里，辖12个乡镇、124个行政村、15个社区21万人。朝天区历史文化厚重，具有独具魅力的中子铺细石器文化、蜀道文化、民俗文化、养生文化和红色文化，是先秦古栈道文化的集中展现地和中国蜀道文化、三国蜀汉文化的核心走廊。2019年4月，朝天区组织区教科、妇联等部门和25个乡镇对全区留守儿童数量、住址、就读学校、联系方式、监护人等基本情况进行逐村逐户排查。

2. 朝天区近十年关爱留守儿童行动年表

据统计，广元市朝天区政府关于留守儿童的新闻报道共19条，位居广元市第六。本书自朝天区人民政府官网总结近十年新闻报道中具有代表性的事件，形成朝天区留守儿童关爱行动年表，见表4-9。

表4-9 朝天区2011—2020年留守儿童关爱行动年表

关爱时间	关爱主体	关爱领域	关爱形式	关爱内容
2011/04/07	鱼洞乡	/	政策设计	开展关爱留守儿童工作，重点落实全面调查摸底。
2011/11/10	平溪乡	/	/	组织召开首场家庭教育专题培训会，120余名留守儿童家长（监护人）参加。

续表

关爱时间	关爱主体	关爱领域	关爱形式	关爱内容
2012/06/07	朝天区	生活关爱	公益活动	组织党员为留守儿童爱心捐款近25万元。
2012/10/29	平溪乡	/	政策设计	结对关爱留守儿童，建立档案，对口帮扶。
2012/11/06	省经信委离退办	生活关爱	慰问活动	省经信委离退办赴中子镇中心小学开展"牵手枣树村留守儿童"活动。
2013/02/02	区网络中心	情感关爱	慰问活动	曾家镇开展远程教育站点亲情服务留守儿童"三个一"活动。
2013/05/30	团区委	生活关爱	慰问活动	联合区红十字会、区关工委、区老科协等单位到柏杨小学共庆六一儿童节，为留守儿童赠送价值1万元的学习用品。
2013/07/08	柏杨乡	/	政策设计	柏杨乡"三举措"关爱留守儿童。
2013/07/30	宣河乡	/	政策设计	宣河乡多举措关爱留守儿童，建好信息台账，完善帮扶制度。
2015/06/02	沙河镇	学业关爱	政策设计	沙河镇多举措关爱留守儿童，重点抓教育。
2015/07/03	马家坝乡	/	政策设计	马家坝乡下发《关于进一步做好留守儿童关爱服务工作》的通知。
2015/07/07	转斗乡	/	政策设计	转斗乡"三个一"关爱农村留守儿童。
2015/07/13	麻柳乡	/	政策设计	麻柳乡"四举措"关爱留守儿童重点建立关爱留守儿童工作长效机制。
2015/07/14	区司法局	/	政策设计	广元市朝天区司法局印发《关于开展留守儿童法律援助专项活动》的通知。
2015/08/12	区地税局	生活关爱	慰问活动	组织党员志愿服务队前往曾家镇白鹰村开展关爱留守儿童活动，为该村7名留守儿童赠送了价值近3000元的学习用品。
2015/10/09	李家乡	/	政策设计	李家乡"三举措"关爱留守儿童。
2015/10/30	曾家镇	/	政策设计	朝天区曾家镇人民政府印发《关于进一步加强留守儿童管理工作》的通知。
2016/07/20	蒲家乡	/	政策设计	蒲家乡全力做好留守儿童暑期监管工作，发动机关、所有村组党员干部每人联系1~2名留守儿童。
2017/01/25	曾家镇	/	政策设计	曾家镇"三举措"关爱留守儿童。
2017/05/15	重庆材料研究院	生活关爱	公益活动	组织志愿者赴鱼洞乡小学开展留守儿童关爱活动。
2017/05/25	区妇联、区红十字会、区检察院、区关工委	情感关爱	慰问活动	联合开展以"端午送关爱·'六一'享亲情"为主题的留守儿童关爱活动。

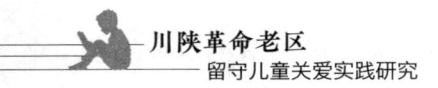

续表

关爱时间	关爱主体	关爱领域	关爱形式	关爱内容
2017/07/12	沙河镇	/	政策设计	沙河镇多举措关爱留守儿童，重点加强排查，落实帮扶。
2018/01/08	西北乡	/	政策设计	西北乡多举措关爱农村留守儿童，准确掌握全乡留守儿童及困难学生情况，构建留守儿童关爱网络。
2018/05/22	区民政局	生活关爱	慰问活动	深入朝天区未成年人社会保护中心服务站点集中看望慰问516名困境未成年人和留守儿童。
2019/04/08	蒲家乡	/	政策设计	蒲家乡倾心助力关爱留守儿童，精心组织摸底数。
2019/07/25	区教科局	情感关爱	公益活动	朝天区"携手千万家用行动诠释爱"2019年关爱农村留守儿童军事夏令营正式开营，共370名留守儿童参加。
2019/09/12	区总工会	生活关爱	公益活动	携广元市电信公司、广元市春蕾爱心协会在陈家小学开展"庆中秋·迎国庆·情暖留守儿童"志愿服务活动。
2020/01/17	区民政局	/	基层调研	救助儿童会四川项目团队就农村留守儿童、困境儿童关爱保护工作进行调研。

注：在朝天区人民政府官网未能检索到2014年的政府新闻报道。

3. 朝天区留守儿童关爱乡土特色与经验梳理

分析朝天区近十年留守儿童关爱行动年表（表4-9）中的各项内容，统计各项数据，分别制成饼状图，以便更直观地呈现出统计结果。

从关爱主体来看（图4-19），朝天区的关爱主体主要是乡镇（社区）党政机关、县级部门组织和其他公益组织，其中乡镇（社区）党政机关占主导地位，占比59%，在该区留守儿童关爱行动中起着至关重要的作用。例如2016年7月20日，蒲家乡全力做好留守儿童暑期监管工作：一是以关工委牵头，成立领导小组；二是乡党委、政府要求学校多宣传暑假安全防护等知识；三是发动机关、所有村组党员干部每人联系1~2名留守儿童。2018年1月8日，西北乡多举措关爱农村留守儿童：一是深入调研，准确掌握全乡留守儿童及困难学生情况；二是制定方案，构建留守儿童关爱网络；三是多措并举，大力实施留守儿童关爱行动。2019年4月8日，蒲家乡倾心助力关爱留守儿童：一是精心组织摸底调查；二是实施暖心关爱行动；三是全面压实监护责任；四是多管齐下丰富载体。区级部门组织在该区的留守儿童关爱行动中贡献了重大力量，占比37%。团区委、区网络中心、区司法局、区地税局、区妇联、区红十字会、区检察院、区关工委等区级部门组织带头参与留守儿童关爱行动中，积极开展各项活动关爱慰问留守儿童。除此以外，还有其他公益组织也作为社会力量积极参与留守儿童关爱行动，占比3%。例如，2017年5月15日，重庆材料研究院的志愿者们在团中央青年志愿者行动中心项目指导处，区委常委、区教科局、团区委相关人员的陪同下从朝天区出发，前往鱼洞乡小学开展留守儿童关爱活动。2019年9月12日，在中秋、国庆两节来临之际，广元市总工会携广元市电信公司、广元市春蕾爱心协会等单位在陈家小学开展了"庆中秋·迎国庆·情暖留守儿童"志愿服务活动。

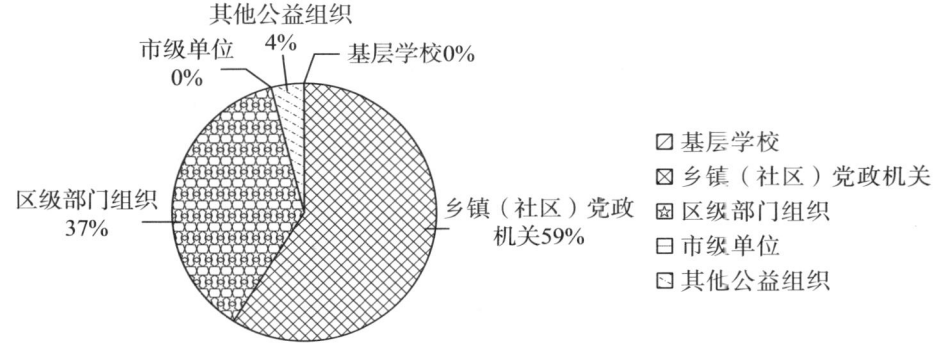

图4—19 朝天区留守儿童关爱主体分析图

从关爱领域来看（图4—20），朝天区留守儿童关爱主要有生活、情感和学业关爱，比较缺乏健康和安全关爱，其中首先最为注重生活关爱，占64%，将改善留守儿童的生活情况作为首要任务；其次是情感关爱，占27%；最后是学业关爱，占9%。

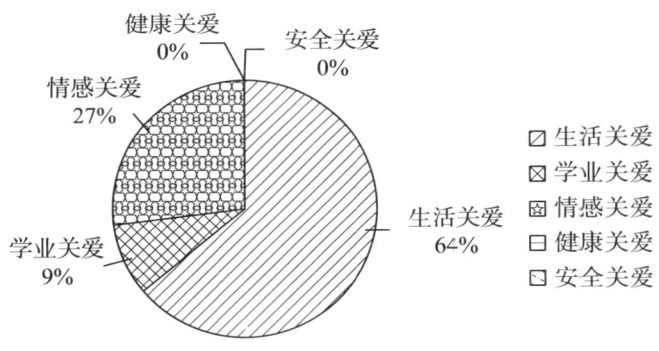

图4—20 朝天区留守儿童关爱领域分析图

从关爱形式来看（图4—21），朝天区留守儿童的四种关爱形式均有涉及，主要以政策设计为主，占61%，可见政府依然起主导作用，从宏观政策上对留守儿童关爱工作做出指导。例如，2015年7月14日，广元市朝天区司法局发布《关于开展留守儿童法律援助专项活动》的通知。2015年7月30日，马家坝乡发布《关于进一步做好留守儿童关爱服务工作》的通知。2015年10月30日，广元市朝天区曾家镇人民政府发布《关于进一步加强留守儿童管理工作》的通知。2017年7月12日，沙河镇多举措关爱留守儿童：一是高度重视，全员参与；二是加强排查，落实帮扶；三是创新模式，增加就业；四是加强宣传，营造氛围。慰问活动占21%，是该区留守儿童关爱形式的重要组成部分，各政府部门积极开展关爱慰问活动，例如，2018年5月22—23日，朝天区民政局、广元市救助管理站（广元市未成年人社会保护中心）带着关心和关爱，深入朝天区未成年人社会保护中心服务站点集中看望慰问516名困境未成年人和留守儿童，为他们带去了生活和学习用品。

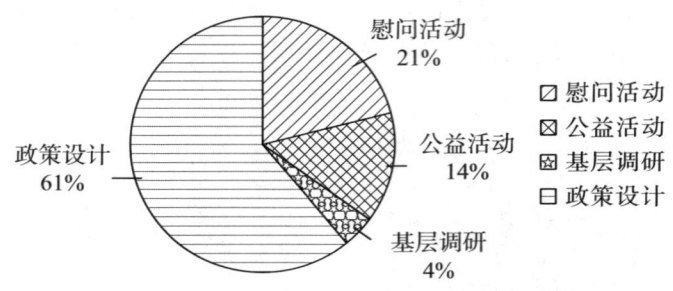

图4-21 朝天区留守儿童关爱形式分析图

七、剑阁县关爱留守儿童行动年谱与乡土特色

1. 剑阁县情况简介

剑阁县，位于四川省广元市境内，地处四川盆地北部边缘，四川、陕西、甘肃三省接合部，位于四川省北部，广元市西南部，守剑门天险，"剑阁峥嵘而崔嵬，一夫当关，万夫莫开"，有"蜀道明珠"等美誉。

2. 剑阁县近十年关爱留守儿童行动年表

据统计，广元市剑阁县政府关于留守儿童的新闻报道共17条，位居广元市第七。因此，自剑阁县人民政府官网总结近十年新闻报道中具有代表性的事件形成剑阁县留守儿童关爱行动年表，见表4-10。

表4-10 剑阁县2011—2020年留守儿童关爱行动年表

关爱时间	关爱主体	关爱领域	关爱形式	关爱内容
2011	/	/	/	/
2012/05/28	县人力资源和社会保障局	生活关爱	公益活动	在人社大厦举行了关爱留守儿童爱心捐赠仪式。
2012/05/28	县国税局	生活关爱	慰问活动	积极举行"关爱留守儿童爱心捐赠仪式"共庆六一儿童节。
2012/06/11	县统计局	生活关爱	慰问活动	县统计局领导、纪检组领导等一行三人慰问垂泉小学70余名留守儿童。
2013/09/11	县水务局	生活关爱	慰问活动	局党组成员、副局长一行赴金光村看望留守儿童岳健浩，为岳健浩送去书包、书籍等物资，并给予帮扶资金500元。
2014/06/17	县总工会	生活关爱	慰问活动	赴剑阁县龙江小学、剑门关高级中学等学校开展"放飞希望，绽放微笑"慰问活动。

续表

关爱时间	关爱主体	关爱领域	关爱形式	关爱内容
2015/01/05	剑阁县	情感关爱	慰问活动	组织四大班子领导陪留守儿童过节联欢迎新年。
2015/08/21	剑阁县	/	/	普安小学、龙源小学、东宝小学、江口小学、汉阳小学5所学校"留守儿童之家"项目首批设备、设施全部安装到位、调试完毕,开学即可投入使用。
2016/01/19	剑阁县	/	政策设计	剑阁县人民政府办公室印发《关于进一步加强农村留守儿童关爱救助工作》的通知。
2016/06/01	剑阁县	生活关爱	慰问活动	赴汉阳小学与留守儿童共庆六一儿童节。
2017/05/23	剑阁县	生活关爱	慰问活动	深入联乡镇香沉镇干展"点燃希望,放飞梦想"关爱留守儿童主题活动。
2018—2020	/	/	/	/

注:在剑阁县人民政府官网未能检索到2011年、2018年、2019年、2020年留守儿童相关新闻报道。

3. 剑阁县关爱留守儿童的乡土特色与经验梳理

分析剑阁县近十年留守儿童关爱行动年表(表4—10)中的各项内容,统计各项数据,分别制成饼状图,以便更直观地呈现出统计结果。

从关爱主体来看(图4—22),剑阁县的关爱主体较为单一,只有县级部门组织参与关爱行动,缺乏其他关爱主体,应加大宣传力度,吸引其他关爱主体参与进来。县级部门组织参与度达100%,县人力资源和社会保障局、县国税局、县统计局、县水务局、县总工会等组织都积极参与,从生活、情感各方面关爱留守儿童。

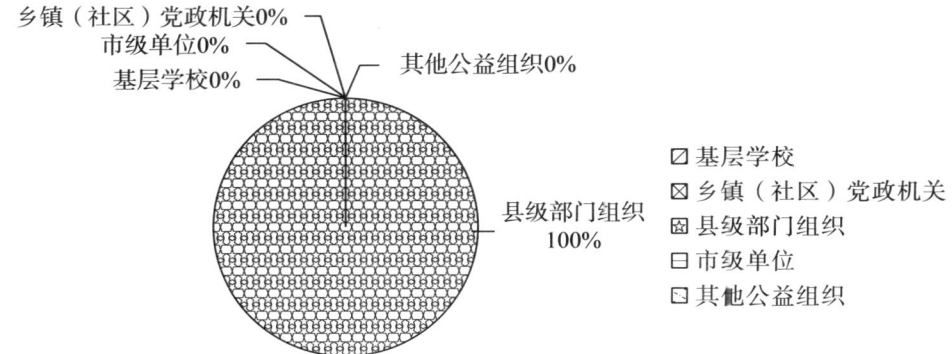

图4—22 剑阁县留守儿童关爱主体分析图

从关爱领域来看(图4—23),剑阁县留守儿童关爱领域也较为单一,仅有生活关爱和情感关爱,缺乏学业关爱、健康关爱和安全关爱,其中生活关爱是主要的关爱领域,占89%,情感关爱是重要组成,占11%。总的来说,剑阁县的关爱还处在较低层次的关爱水平，仅限于关心爱护留守儿童的生活和情感方面，还未上升到留守儿童的学业、安全和健康关爱的水平上，因此留守儿童关爱工作还有待进一步加强。

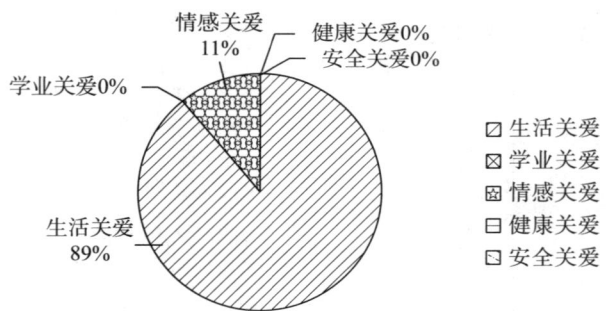

图 4-23　剑阁县留守儿童关爱领域分析图

从关爱形式来看（图4-24），剑阁县留守儿童关爱主要以慰问活动为主，占70%。例如，2012年5月28日，剑阁县国税局积极响应县委、县政府号召，热心关注留守儿童，举行了"关爱留守儿童爱心捐赠仪式"，共同庆祝即将来临的六一儿童节。2014年6月17日，剑阁县总工会一行到县龙江小学、剑门关高级中学等学校开展了"放飞希望，绽放微笑"慰问活动，为留守儿童送上工会组织的关爱和节日祝福。政策设计占20%。2016年1月19日，剑阁县人民政府办公室发布了《关于进一步加强农村留守儿童关爱救助工作》的通知，提出三点要求：一是各部门要提高认识并高度重视，文件指出做好农村留守儿童关爱帮扶和救助工作，是事关家庭和睦、社会稳定、民族未来的大事要事，是扎实推进精准扶贫、脱贫攻坚重大决策部署的急事难事分内事；二是健全机制，各司其职，建立健全政府、学校、家庭、群团组织、社会"五位一体"的农村留守儿童关爱救助服务体系，进一步完善政府主导、部门联动、社会参与、法制保障的关爱救助工作机制，形成上下之间、条块之间、部门之间各司其职、各负其责，通力协作、齐抓共管的工作格局，对各部门提出了具体要求；三是强化落实，确保实效，重点指出各乡镇要进一步完善对所辖区域农村留守儿童基本情况的排查，摸清留守儿童基本情况，填报《剑阁县留守儿童基本情况明细台账》和《剑阁县留守儿童基本情况汇总表》，切实做到排查不漏一户、问题不留死角，确保底数清楚、情况明晰。

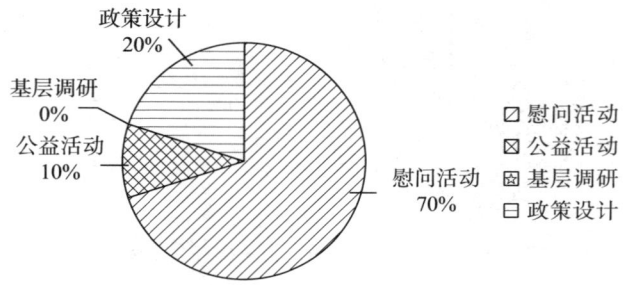

图 4-24　剑阁县留守儿童关爱形式分析图

第三节 广元市关爱留守儿童的经典案例与典型经验

一、广元市关爱留守儿童感人故事与典型案例

（一）典型案例一①

为全面贯彻落实党中央、国务院对农村留守儿童关爱保护的决策部署，做好农民工家庭及子女关心关爱工作，不断丰富留守儿童暑期生活，开拓孩子视野，促进孩子健康成长，营造良好的家庭和社会氛围，2020年8月18至19日，由广元市妇联主办，市妇女培训中心、市妇女儿童社会组织联盟、市七七五志愿者协会协办的"妇联护航 亲情相拥 携手成长"关爱留守儿童游学活动在广元市城区举行，广元市妇联党组领导参加了慰问活动。该活动共41名留守儿童参加，15名广元市"幸福使者"志愿者全程参与。

为加强孩子们的爱国主义和传统文化教育，该活动组织留守儿童参观了川北家风馆、市博物馆和市图书馆，进一步拓宽了留守儿童的视野，提升了留守儿童的认知能力，丰富了留守儿童的精神生活。

为鼓励留守儿童与父母增强交流、增进感情，2020年8月18日晚上，组织了以"以爱为灯·点亮星空"为主题的星空分享会，通过开展互动游戏、组织留守儿童分享写给爸爸妈妈的话、帮助留守儿童与父母视频连线等方式倾诉他们的心声，让留守儿童真正走进父母、了解父母、关心父母，使他们真正体会到父母的艰辛、理解父母的不易，帮助留守儿童培养阳光心态，健康快乐地成长。

活动还组织留守儿童在广元市妇女儿童活动中心开展了素质拓展训练，在栖凤廊桥智慧居家馆进行生活垃圾分类体验，在利州区检察院开展了法治教育和体验活动。进一步培养了留守儿童的动手能力，提升了留守儿童的法治意识和自我保护意识。

下一步，市妇联还将持续开展留守儿童关心关爱服务活动，组织更多的社会团体和志愿者，用温暖和爱心帮助留守儿童建立自信，健康成长。同时做好政策、法律宣传和未成年人合法权益维护等工作。

（二）典型案例二②

六月是花的季节，六月是欢乐的海洋。为庆祝新中国成立70周年，2019年6月1

---

① 该案例中的事件均来自微信公众号广元市妇联。
② 该案例中的事件均来自微信公众号广元市妇联。

日，在第 70 个六一儿童节来临之际，广元市妇联、建设银行广元分行、广元市妇女儿童社会组织联盟、市妇联六届执委妇女与经济界别组联合举办"喜迎'六一'祝福祖国"关爱留守儿童广元行活动。

2019 年 5 月 30 日 7：00，晨曦微露，张东、郭佳、杨正国等 18 名巾帼志愿者坐上了大巴，分组前往苍溪县三川镇景光村、青川县营盘乡东山村迎接 35 名留守儿童来广元过节。

午餐时间，留守儿童们到达快餐店后立即就被童话般的世界吸引得目不转睛，沉浸在欢乐的海洋，随后志愿者和留守儿童一起玩游戏、做手工、学英语，第一次手工制作汉堡。一个接一个的体验活动让留守儿童兴奋不已。

随后，带领留守儿童来到了全国重点文物保护单位皇泽寺，留守儿童不时向讲解员发问，了解"女皇故里"的由来，观摩武则天的塑像和摩崖石刻，书本上的历史知识仿佛在这里找到了答案。接下来，留守儿童与志愿者们一起来到市图书馆学习。一到图书馆，留守儿童很快就自觉安静地捧起书本，认真学习起来。快乐而又充实的第一天活动结束，留守儿童在广元国际大酒店叔叔阿姨们细致周到的安排下安然入睡，以饱满的精神迎接第二天的参观体验。

第二天的活动丰富且精彩。首先来到"星星河"舞校，留守儿童活泼的天性像火花一样绽放开来，他们手舞足蹈，认真地模仿着老师的每一个动作，运动的快乐在每一个稚嫩的小脸上迸发，在每一个欢快的笑声中飘荡。

市妇联领导们早早就在川北家风馆等候留守儿童的到来，希望留守儿童通过两天的活动感受到社会大家庭对他们的关爱，希望留守儿童通过社会各界爱心人士的付出体会到家的温暖。走进家风馆，留守儿童一边认真聆听讲解员的详细介绍，一边仔细观看墙壁上丰富的图片，映入眼帘的一幕幕不断地让留守儿童感受到孝亲敬老传承好家风的重要，深刻理解小家、大家的涵义。

留守儿童说："即使爸爸妈妈不在身边，我们也生活在爱的世界里。"本次活动让留守儿童感受到社会美好的大家庭里叔叔阿姨们的关心关爱。

（三）经典案例三

从第二节利州区关爱留守儿童行动年表（表 4-5）可以发现，大石小学共出现了 8 次，显然大石小学已经成为利州区关爱留守儿童的一个主要阵地。在大石小学，曾举行过许多大大小小的活动，给众多留守儿童带来了温暖。近年来，农村大量剩余劳动力向城市转移，留守儿童正面临着亲情缺失、家庭教育缺失、学校安全缺失和家庭监管缺位等因素的不利影响，同时留守儿童心理健康问题已成为全社会共同关心的问题。表 4-11 详细列举了大石小学留守儿童关爱行动年表。

表 4-11 大石小学留守儿童关爱行动年表一览表

关爱时间	关爱主体	关爱领域	关爱形式	关爱内容
2010/09/26	区教育局、区关工委、大石小学	生活关爱	慰问活动	区教育局、区关工委与大石小学联合举办了"爱在阳光中、欢乐过中秋"主题活动。
2012/06/11	省委宣传部、省社科联	健康关爱	/	省委宣传部、省社科联授予广元市利州区大石小学"留守儿童心理健康社科普及基地"称号。
2012/10/18	大石小学	健康关爱	公益活动	大石小学举行四川省留守儿童心理健康社科普及基地授牌仪式暨"爱心伴我成长"主题活动。
2012/12/20	广元广播电视台	生活关爱	公益活动	广元广播电视台台长一行来到大石小学，开展新闻媒体"走、转、改"结对帮扶活动。
2013/01/21	大石小学省留守儿童心理健康社科普及基地	生活关爱	慰问活动	大石小学省留守儿童心理健康社科普及基地举行留守儿童喜迎新春活动。
2013/06/09	四川省家庭教育讲师团	健康关爱	公益活动	大石小学举行"留守儿童亲情大讲堂"，聆听四川省家庭教育讲师团成员赵渊老师的精彩报告，促进学校、家庭、社会三结合教育网络的建设。
2014/11/28	广元市委党校学员	生活关爱	慰问活动	广元市委党校学员到大石小学开展"关爱留守儿童爱心捐赠活动"。
2019/05/31	区民政局	生活关爱	慰问活动	利州区民政局带领区慈善会、区未成年人保护中心到金洞小学、白朝小学、宝轮七一小学、大石小学等学校开展爱心捐赠、关爱困难留守儿童六一儿童节慰问活动。

2020年6月10日下午，利州区图书馆走进大石小学开展"倡导全民阅读，建设书香利州"的活动，为学校的留守儿童捐赠图书，图书馆工作人员精心挑选了少儿绘本、中外名著、历史人物及励志人物传记等优秀读物130余册送到学校，希望通过捐赠图书活动，给留守儿童提供多读书、读好书的平台。留守儿童在老师的带领下，安安静静地来到学校阅览室，接过捐赠的书籍，迫不及待地翻看起来；图书馆工作人员表示，欢迎留守儿童们到图书馆来参观并开展阅读活动。大石小学的同学们为参加利州区图书馆开展的手工制作比赛正积极地准备着，预祝留守儿童们在温暖的大家庭中快乐成长，在多读书、读好书的同时，劳逸结合，做出精美的手工作品参赛，充分展示自己的动手能力。每一个留守儿童都是降临凡间的天使，需要真心呵护和关爱，此次利州区图书馆"关爱留守儿童，送图书进校园"活动，让留守儿童享受到图书馆的温暖服务，希望好书、好故事伴随着留守儿童们健康快乐成长。

二、广元市关爱留守儿童特色经验

(一) 以市妇联为主体,多方参与

广元市人口众多,经济欠发达,因此农民工众多,常年有大量的农民工女性外出务工就业。广元市妇联全名广元市妇女联合会,是全国妇女联合会的市级地方组织,是广元各界妇女在中国共产党领导下为争取进一步解放而联合起来的群众团体,是党和政府联系妇女的桥梁。为继续做好广元市在外女性农民工的关爱、联系及引导工作,市妇联多渠道、多途径、多措施积极开展各项关爱活动,其中就包括留守儿童关爱行动,同时做好政策及法律宣传、权益维护等服务工作。多年来,市妇联统筹各种资源用实际行动为留守儿童送去爱心,送去欢乐,让梦想、信心和爱重回留守儿童们的心中,让外出务工的女性农民工感受到娘家人的关心关爱,为她们分忧解难。

市妇联是一个非常重要的关爱主体。从前面各县区关爱主体的调查来看,在广元市留守儿童关爱行动中,市妇联多次联合市教育局、社会公益组织开展留守儿童关爱活动,经常在六一儿童节和暑假期间组织各县区留守儿童到广元市市区开展活动,参观市博物馆、市图书馆、川北家风馆和皇泽寺等极富教育意义的场所,在参观的过程中志愿者与留守儿童开展了多种多样的活动,例如参观川北家风馆和皇泽寺,有利于拓宽留守儿童们的眼界、提高留守儿童们的思想道德水平,在轻松愉悦的环境中了解历史文化,培养留守儿童的爱国主义情怀;开展科学技术活动,例如参观博物馆、科技馆,做手工等,有利于培养留守儿童从小热爱科学的精神和动手操作的能力;开展文艺活动则有利于增加他们的文艺知识,发展他们发现美、鉴赏美、创造美的能力,促进他们的全面发展。

(二) 以阵地关爱为主,向周边辐射

经典案例三不是描述的个别案例,而是以广元市利州区大石小学为主要阵地,记录了在大石小学开展的留守儿童关爱行动(表4-11),从表4-11中可以看出各关爱主体纷纷在大石小学开展各种活动,关爱领域涉及生活、健康、学业等方方面面。并且由于农村大量剩余劳动力向城市转移,留守儿童正面临着亲情缺失、家庭教育缺失、学校安全缺失和家庭监管缺位等因素的不利影响,社会大众开始关注到了留守儿童的心理健康问题。2012年6月省委宣传部、省社科联授予广元市利州区大石小学"留守儿童心理健康社科普及基地"称号,该校也成为全市首个省级哲学社会科学普及基地。

据了解,在全国第十五次社会科学普及理论研讨与经验交流会上,利州区大石小学"留守儿童心理健康社科普及基地"被表彰为全国人文社会科学普及基地,这是四川省获此荣誉的5家基地中唯一的县区单位。自该基地正式挂牌投入使用以来,利州区大石小学以"加强留守儿童人文社科素质培养,促进留守儿童健康成长"为主题,以良好的思想品德和行为习惯养成教育为重点,以"切实做好留守儿童心理健康社科普及教育"为突破口,立足实际,创新方法,注重实效,扎实组织开展了一系列留守儿童心理健康

社科普及主题教育与实践体验活动,在帮助留守儿童化解成长烦恼、点燃成才希望、放飞成功梦想、奠基出彩人生上取得了初步成效,赢得了各级领导和社会各界的关心支持,引起了国内众多知名网络媒体的持续关注。近年来,在各级各相关部门的关心支持下,利州区委宣传部、利州区社科联协同区教育局等职能部门,依托该区大石小学"留守儿童心理健康社科普及基地",扎实做好留守儿童的关爱和教育工作,在切实开展青少年学生心理健康教育、加强人文社科知识普及和优化家庭教育、落实社会教育等方面,作出了不少积极、有益的探索,收到了良好的社会效应。

该基地的建设以及投入使用充分说明了广元市对于留守儿童的关爱已经从以往只关爱留守儿童的温饱和物资捐助到进一步关注留守儿童的心理健康层面发展,达到了进一步的提升,留守儿童关爱工作也由点扩展到了面。大石镇留守儿童及心理健康教育基地已形成规模并进入良性运转,形成了有教材、有教师、有考核以及到课堂、到场镇、到农村的"三有三到"机制。

(三)政府主导,标本兼治

留守儿童关爱一直是政府的重点关注内容,近年来留守儿童关爱行动也逐渐趋向成熟,从治标向着治本发展。政府治理仍然居于主导地位,紧跟国家大政方针从宏观上调控留守儿童治理资源,各个乡镇在对留守儿童进行关爱的过程中除了制定措施以外,还积极地开展主题活动。首先,这些活动已经不止于为留守儿童捐资捐物,还关注到了留守儿童由于与父母长期分离而产生的心理问题,积极对留守儿童进行心理疏导,并在学校和留守儿童之家开展心理咨询;其次,对留守儿童寒暑假的安全问题也非常重视,其中就包括了暑期防溺水、春节防烟火等安全告知;最后,县司法局充分发挥职业职能,针对留守儿童因缺少父母监管而误入歧途或遭受欺辱的现象,对留守儿童进行法治教育,开展法律宣讲活动,积极进行法律援助。以政府为主导的留守儿童关爱工作坚持标本兼治,既立足当前,完善政策措施,健全工作机制,着力解决留守儿童监护缺失等突出问题;又着眼长远,统筹城乡发展,从根本上解决儿童留守问题,逐渐形成一个政府主导、标本兼治的有序的留守儿童关爱长效机制。

本章小结

本章从广元市的现实背景出发,依据现有文献和政府工作报告,详细介绍了广元市关爱留守儿童工作服务体系。首先,总结梳理相关文献,总结出留守儿童形成原因和关爱留守儿童的发展历程与特点;其次,分别分析广元市各区县留守儿童关爱的乡土特色和发展历程,总结具有代表性的年度事件,绘制行动年表;最后,分析广元市关爱留守儿童的典型案例,力图构建一个由政府主导,学校、社会、家庭共同参与的留守儿童关爱经典模式,从而推广出去,更好地在全社会开展留守儿童关爱工作。

本章共分三小节,主要内容如下:

第一节，首先通过CNKI、万方、维普等学术数据库搜索整理关于广元市关爱留守儿童的相关文献，在梳理文献的基础上总结出广元市存在大量留守儿童的原因，其中影响最大的两个原因是地理条件限制和城镇化发展。再结合广元市人民政府、广元市教育局、广元市妇联、广元市共青团等官方网站发布的权威信息总结出广元市留守儿童关爱发展历程的三个阶段，分别是部分区县先行行动时期：2007—2015年；留守儿童关爱全面扩展时期：2016—2017年；各区县留守儿童关爱深化发展时期：2018—2020年。然后归纳出广元市留守儿童关爱的特点：第一，部分先行，活动为主；第二，建规立制，全面行动；第三，政府主导，多方参与。

第二节，以广元市各县区为单位，分析各个区县关爱留守儿童的乡土特色和历史图景，分别以时间为线索绘制广元市各区县关爱留守儿童行动年表，为确保搜集信息的可靠性，所有信息均来自广元市人民政府、广元市教育局、广元市妇联、广元市共青团等官网发布的新闻报道，详细展示了2011—2020年这十年间不同区县在关爱留守儿童工作上具有代表性的年度事件。分别从年表中包含的关爱时间、关爱主体、关爱领域、关爱形式和关爱内容等五个方面去分析各区县在关爱留守儿童行动中所做出的贡献。

第三节分享了广元市关爱留守儿童的感人故事和三则经典案例，在最后，总结广元市关爱留守儿童的经验，有以下几点：第一，以市妇联为主体，多方参与；第二，以阵地关爱为主，向周边辐射；第三，政府主导，标本兼治。本章所列举的这些活动都只是广元市在关爱留守儿童工作中很小的一部分，还有非常多的经典案例和活动在政府的领导下，集结了其他行政单位和社会各界人士共同参与，致力于为留守儿童撑起一片蔚蓝的天空。

参考文献：

[1] 杨松林. 让山区孩子在家门口享受到公平而有质量的教育［N］. 广元日报，2018/01/17（A04）.

[2] 赵桂军，何凤梅，张宏强. 心理干预对广元市农村留守儿童心理行为问题的改善情况［J］. 中国儿童保健杂志，2018，26（07）：775-778.

[3] 戴亚男. 广元市昭化区农村留守儿童问题调研［D］. 四川农业大学，2014.

[4] 熊谋林，胡瑶，张琪，马丽源，代亮亮，刘美彤. 青少年越轨、犯罪与"社会一体化"预防理念——基于四川省三市调查的启示［J］. 预防青少年犯罪研究，2015（01）：38-57.

[5] 格格. "捐肝女孩"的中国梦：为留守老人和儿童建造温馨家园［J］. 妇女生活，2014（03）：10-12.

[6] 中华人民共和国教育部. 教育部等5部门关于加强义务教育阶段农村留守儿童关爱和教育工作的意见［EB/OL］.（2013-01-04）［2024-11-17］. http://www.moe.gov.cn/srcsite/A06/s7053/201301/t20130104_146671.html.

[7] 广元青年网. 用爱心托起未来 青川县总工会"六一"前慰问竹园小学留守儿童［EB/OL］.（2019-06-03）［2024-11-17］. http://www.gygqt.gov.cn/gygqt/article.html?id=340945.

[8] 广元市朝天区人民政府. 蒲家乡：倾心助力关爱留守儿童［EB/OL］.（2019-04-08）［2024-11-17］. https://www.gyct.gov.cn/gongkai/show/649acbeabdce4154a26f99a439737dfa.html.

[9] 中华人民共和国中央人民政府. 加强社区补偿教育 关爱留守儿童［EB/OL］.（2018-10-08）

[2024-11-17]. https://www.gov.cn/xinwen/2018-10/08/content_5328405.htm.

[10] 广元市利州区人民政府. 利州区图书馆开展"关爱留守儿童 送图书进校园"活动[EB/OL]. (2020-06-11) [2024.11.17]. https://www.lzq.gov.cn/news/show/20200612093327526.html.

[11] 广元市朝天区人民政府. 我区780名农村留守儿童走进夏令营[EB/OL]. (2019-07-25) [2024-11-17]. https://www.gyct.gov.cn/mshow/050584084cce4a1ea1808e65fdc3a761.html.

[12] 旺苍县人民政府. 县教科局狠抓农村留守儿童关爱保护工作[EB/OL]. (2016-12-20) [2024-11-17]. https://www.scgw.gov.cn/mob/Detail.aspx?id=20161220170527984.

[13] 广元市实施"四项救助"关爱农村留守儿童[EB/OL]. (2017-02-07). https://www.cngy.gov.cn/artic/show/20170207154700461.html.

[14] 人民网. 民政部发布数据显示农村留守儿童少了两成多[EB/OL]. (2018-11-02) [2024-11-17]. http://society.people.com.cn/n1/2018/1102/c1008-30372247.html.

[15] 广元市民政局. 市未成年人保护工作站持续关爱朝天区留守儿童[EB/OL]. (2022-01-14) [2024-11-17]. https://mzj.cngy.gov.cn/gongkai/show/20220114120732548.html.

| 第五章 |

宝鸡市太白县、凤县关爱留守儿童的历史概述与经典案例

本章节以留守儿童的现实处境出发,深入探究了宝鸡市太白县、凤县留守儿童关爱行动的各主体关系及关爱行动脉络,详细介绍了太白县、凤县的留守儿童关爱行动,并总结其特征。依托宝鸡市太白县、凤县的留守儿童关爱行动,本章确定了如下的写作思路:首先,从自然和人文两个角度分析太白县、凤县留守儿童关爱行动的现实背景,简要分析该地区留守儿童问题存在的具体原因;其次,对该地区的留守儿童相关学术研究进行梳理,了解研究现状;再次,通过政府网站等平台的新闻报道、文件政策等梳理当地留守儿童关爱的行动脉络、发展历程,在发掘其本土特色的同时尝试总结出其行动路径和行动特点。最后,基于以上梳理,总结出当地的经典案例与典型经验。

第一节 宝鸡市关爱留守儿童的现实背景、文献综述与发展历程

一、宝鸡市关爱留守儿童的现实处境与生成背景

(一)"六山一水三分田"——地理环境限制区域发展

从地质构造上看,宝鸡市地质构造复杂,东、西、南、北、中的地貌差异大,具有南、西、北三面环山,以渭河为中轴向东拓展,呈尖角开口槽形的特点。独特的地理位置和地形地势特征使得宝鸡市山、川、原兼备,地形以山地、丘陵为主,呈现"六山一水三分田"的格局,巍峨峻峭的秦岭群峰与平畴沃野的渭河平原互为映衬,构成了宝鸡市的地貌主体。位于宝鸡市太白县境内的秦岭主峰太白山海拔 3767 米,是中国大陆东部的最高山峰。

太白县隶属陕西省宝鸡市,位于陕西省宝鸡市东南部,地处秦岭腹地,因秦岭主峰太白山在境内而得名。总面积 2780 平方千米,县城海拔 1543 米,是陕西省海拔最高的

县城。由于区域内多为山区，尤其是太白山的存在，使得太白县内自然资源丰富。截至2019年末，太白县下辖7镇44个行政村。县政府驻地于咀头镇。根据第七次人口普查数据，截至2020年11月1日零时，太白县常住人口为39630人。由于太白县区域内以山区为主，平地较少，所以交通不便，不适宜长期居住，太白县是宝鸡市面积第二但人口最少的县。

凤县位于陕西省西南部、秦岭腹地、嘉陵江源头。东、南与本省太白县、渭滨区、留坝县接壤，西与甘肃省两当县为邻，北与陈仓区相连。凤县古称"凤州"，为长安通往巴蜀的必经之地，有"秦蜀咽喉、汉北锁钥"之称，故道、连云、褒斜三条栈道从县境通过。境内有三个4A级景区、三个3A级景区；已探明铅锌、黄金等金属和硅石等非金属矿藏100多种，陕西省实施找矿突破战略确定的14个省级整装勘查区，凤县独占其二，是中国四大铅锌基地之一、陕西省黄金吨金县；是中国花椒之乡、全国最大的林麝人工驯养基地、陕西省山地苹果基地县。2019年，凤县下辖9个镇，另设有1个林业局、1个林场。

（二）城乡经济发展不平衡，人口区域间流动大

根据2020年《宝鸡市国民经济与社会发展公报》，全年城乡居民人均可支配收入36209元，比上年增加1763元，增长5.1%。其中，工资性收入22273元，增长4.6%；经营净收入3647元，下降1.2%；财产净收入1329元，增长9.8%；转移净收入8960元，增长8.6%。城镇居民人均生活消费支出21535元，比上年减少575元，下降2.6%。全年农村居民人均可支配收入14189元，比上年增加1095元，增长8.4%。其中，工资性收入8002元，增长7.8%；经营净收入2759元，增长7.2%；财产净收入128元，增长13.3%；转移净收入3300元，增长10.6%。农村居民人均生活消费支出11126元，比上年增加469元，增长4.4%。全市城乡居民收入比为2.55∶1，比上年缩小0.08。

二、宝鸡市留守儿童研究现状

（一）宝鸡市留守儿童基本情况

根据第七次人口普查数据，相比于2010年，宝鸡市的流动人口数量呈上升趋势。其中，在市辖区内的流动人口有581404人，省内流动人口为501845人，跨省流动人口为79559人。同2010年第六次全国人口普查相比，流动人口增加308663人，增长1.13倍。此外，受经济条件、地理位置等因素的限制，宝鸡市太白县和凤县的常住人口数量是全市各区县中最少的两个县。由此也可以看出，宝鸡市太白县、凤县流动人口数量呈递增的趋势，也随之造成留守儿童群体庞大、留守儿童问题突出等情况。

（二）宝鸡市留守儿童研究现状

2021年11月11日进入中国知网CNKI数据库，以"秦巴山区"并含"留守儿

童"、"秦巴山区"并含"山区儿童"、"秦巴山区"并含"困境儿童"、"秦巴山区"并含"处境不利儿童"、"宝鸡市"并含"留守儿童"、"宝鸡市"并含"山区儿童"、"宝鸡市"并含"困境儿童"、"宝鸡市"并含"处境不利儿童"、"太白县"并含"留守儿童"、"太白县"并含"山区儿童"、"太白县"并含"困境儿童"、"太白县"并含"处境不利儿童"、"凤县"并含"留守儿童"、"凤县"并含"山区儿童"、"凤县"并含"困境儿童"、"凤县"并含"处境不利儿童"为检索条件,2011年1月1日—2021年11月11日为文献检索时间范围,以文献篇名、关键词、摘要为检索内容,共检索到36篇文献。通过浏览文献摘要进行精细化筛选,再去除报纸报道、会议纪要等无关文献后共计23篇有效文献,见表5－1。

表5－1 宝鸡市2011—2021年关爱留守儿童研究文献汇总

分类	题名	（第一）作者主编	来源	时间	类型
公益活动类	基于社会组织广泛参与的流浪儿童救助的宝鸡模式研究	张景景	西南交通大学	2014年	硕士论文
	沐浴文明 砥砺前行 助推儿童福利事业追赶超越	李富强、罗晓怀	社会福利	2019年	期刊
	推动未成年人救助保护的宝鸡实践	杨珺	社会福利	2019年	期刊
生理、心理健康类	FGD1基因与秦巴山区精神发育迟滞的关系研究	李亚静	西北大学	2011年	硕士
	NLGN3基因与秦巴山区儿童精神发育迟滞相关性分析	张伟	西北大学	2013年	硕士
	宝鸡市农村留守儿童孤独感与心理健康状况调查	郭智慧、韩志红、史永涛、上官青云、郭宇鹏、邢麟	中国儿童保健杂志	2014年	期刊
	西北地区农村留守儿童心理健康状况	郭智慧、杨丽丽、上官青云、段晓鹏	中国健康心理学杂志	2014年	期刊
	留守儿童抗逆力生成研究	同雪莉	南京大学	2016年	博士论文
	失衡与重构：留守儿童抗逆力重组研究	同雪莉	中州学刊	2019年	期刊
	小学生学业自我效能感、完美主义与孤独感的关系	罗增让、刘亚平	职业与健康	2019年	期刊
政策权利研究类	/	/	/	/	/

续表

分类	题名	（第一）作者主编	来源	时间	类型
家庭、学校教育类	关于留守儿童学习问题及解决措施的探讨——以陕西省宝鸡市虢角镇为例	杨飞、王卉子、向熊波、王昕、郑红云、张丹阳、张雯	绿色科技	2011年	期刊
	农村留守儿童思想道德教育探析	史永涛、郭宇鹏、郭智慧、韩志红、邢麟	新西部（理论版）	2014年	期刊
	山区小学是否应该实行寄宿制的案例研究	张雯	陕西师范大学	2015年	硕士论文
	隔代抚养对农村儿童孤独感和心理健康的影响	韩志红、郭智慧	华南预防医学	2016年	期刊
	他们为何弃学？	盛梦露	云南教育（视界时政版）	2016年	期刊
	生态系统视角下隔代教育对农村留守儿童社会化影响——以陕西省太白县为例	侯曼、武敏娟、任旭	现代中小学教育	2019年	期刊
社会体系建设类	基于社会组织广泛参与的流浪儿童救助的宝鸡模式研究	张景景	西南交通大学	2014年	硕士论文
	陕西省千阳县：三级联动编织农村留守儿童保护网	邓斌峰	中国民政	2018年	期刊
	社会治理创新对地方政府治理能力的新要求——基于困境儿童救助网络的实证研究	刘波、方奕华、盖小静	中国行政管理	2018年	期刊
	职业教育精准扶贫创新教育体系的探索	原和平、魏君丽	现代企业	2018年	期刊
综合类	宝鸡市农村留守儿童问题研究	郭智慧、韩志红、史永涛、上官青云、郭宇鹏、邢麟	陕西农业科学	2014年	期刊
	快速城市化背景下西部工业城市周边农村留守儿童存在问题研究——以宝鸡市为例	徐玉霞	中国农学通报	2015年	期刊
	陕西宝鸡：让民生福祉更有质感	刘天宏	中国民政	2021年	期刊

截至 2021 年 11 月 11 日，检索到的与"宝鸡市留守儿童""太白县留守儿童""凤县留守儿童"高度相关的文献共 23 篇。利用 CNKI 中国知网对已选文献进行计量可视化分析，分别从指标分析、发文总体趋势分析、资源类型分布情况、学科分布情况、研究主题五个方面对已有文献进行计量分析及综述。

表 5-2 指标分析

文献数	总参考数	总被引数	总下载数	篇内参考数	篇均被引数	篇均下载数	下载被引比
23	685	168	13175	29.78	7.3	572.83	0.01

表5-2里,已选23篇文献的总被引数为168频次,从数量上来看是相对较少的,这说明该地区的已有研究在学术领域的影响力尚待提升。总下载数为13175频次,说明有不少学者通过文献来了解宝鸡市留守儿童的研究情况。下载被引比为0.01,说明该地区的研究质量与深度尚且不足,还有很大的提升空间。

从发文总体趋势来看(图5-1),在2011—2021年期间,宝鸡市留守儿童相关研究每年发文量变化波动但年发文量均不超过5篇,从发文数量来看是相对较少的。但是从引证文献的总体趋势来看,自2014年以后,有越来越多的文章开始引用宝鸡市留守儿童研究的文献。这是由于自2016年开始国务院、国家计生委、国家民政部等国家主体部门相继颁布了《国务院关于加强农村留守儿童关爱保护工作的意见》《关于做好农村留守儿童健康关爱工作的通知》《关于在全国开展农村留守儿童"合力监护、相伴成长"关爱保护专项行动的通知》等宏观指导性的政策文件,有越来越多的学者开始关注留守儿童问题,宝鸡市留守儿童相关研究的质量与影响力也自此逐年提高。

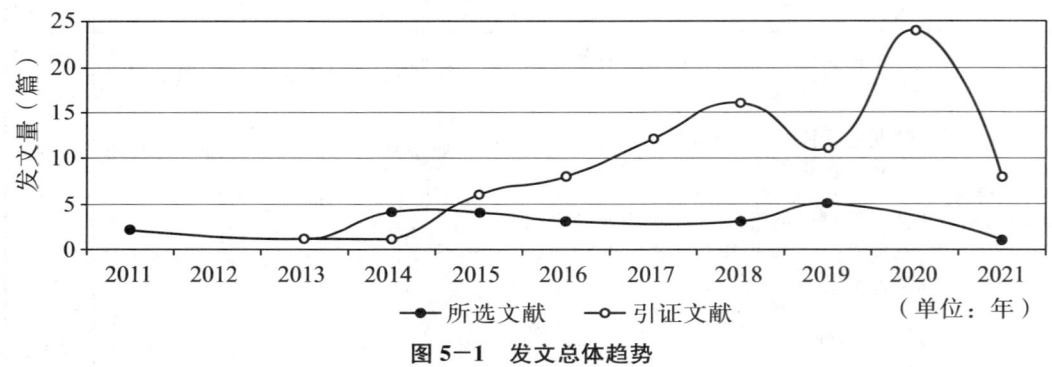

图 5-1 发文总体趋势

从资源类型分布来看(图5-2),在检索到的文献中以期刊为主要文献类型(78.26%),辅之以少量的硕士论文(17.39%)、极少数的博士论文(4.35%)。由此可以看出,关于宝鸡市留守儿童的相关研究尚缺少更专业、更有深度的理论研究。

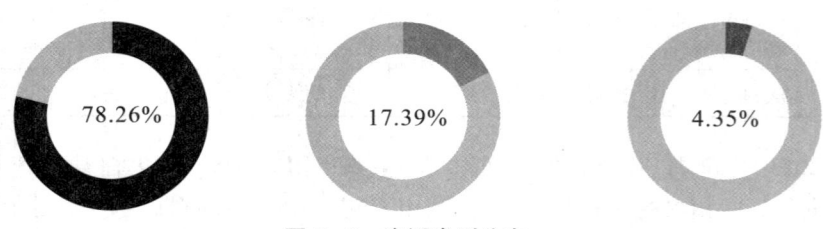

图 5-2 资源类型分布

从学科分布情况来看(图5-3),主要在社会科学领域进行研究,辅之以部分的医药卫生科技、农业科技、经济与管理科学等领域。由此可看出，社会科学领域的学者尤其关注留守儿童问题，他们往往将留守儿童问题作为一种社会现象，将其放置于社会、政府、学校、家庭等具体的领域中进行深入研究。同时也有部分医药科技领域的学者从生理角度探究基因与秦巴山区儿童精神发育迟缓的相关性，并得出"不同地域、不同人类亚群的人群遗传结构存在差异"等对医学理论有价值的相关理论。农业、经济学科的学者从留守儿童与农村经济关系的角度研究留守儿童问题。如学者原和平认为，职业教育对于精准扶贫工作具有独特作用。原和平的研究发现，宝鸡职业技术学院对宝鸡市两个贫困县进行结对帮扶，职业教育的优势在于不仅能对当地农民进行产业技术等方面的指导，还能为学习成绩不佳的留守儿童提供继续学习的机会，增强他们的职业技能，以增加贫困学生的就业机会，提升其质量。

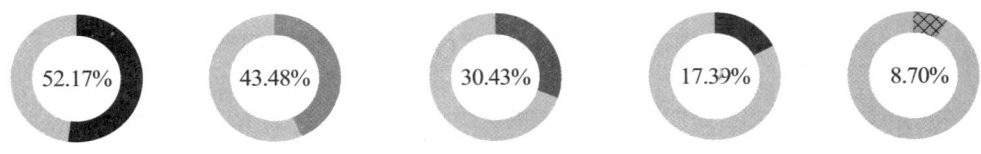

图 5-3　学科分布

从研究主题来看（图 5-4），已有研究大部分集中在留守儿童生理、心理健康类和家庭、学校教育类两大类别。如学者同雪莉在她的博士论文中采用定量研究与定性研究相结合的方式探索秦巴山区留守儿童抗逆力生成问题。学者罗增让利用问卷专业的儿童心理量表调查宝鸡市 5~6 年级学生，研究小学生学业自我效能感、完美主义与孤独感的关系。将统计结果利用 SPSS 22.0 进行独立样本 t 检验等相关数据分析后得出结论："小学生学业自我效能、积极完美主义与孤独感显著相关，积极完美主义在小学生学业自我效能感与孤独感之中起中介作用。"除此之外，部分文献与公益活动、社会体系建设等有关，而留守儿童相关政策、权利研究的相关文献数量为零。这说明已有研究的主题相对集中但仍有空缺，研究者对该地区留守儿童政策权利类问题研究不足。

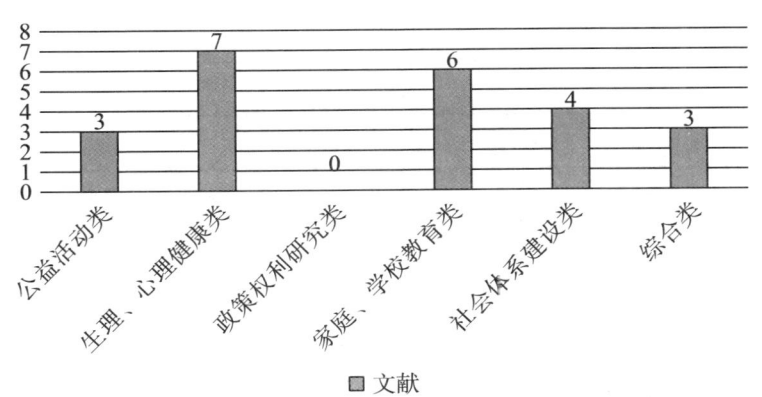

图 5-4　研究主题分布

总的来说，关于宝鸡市留守儿童的相关研究，文献被引量小，研究影响力不足；文献类型以期刊为主，硕士和博士论文较少，研究深度不足；领域分布较广，但在政策研究方面存在空缺。

三、宝鸡市关爱留守儿童行动的发展历程

"关爱留守儿童"是教育、民生等领域的一件大事，不容忽视。关爱留守儿童行动需要多方参与、协同发展，在这个过程中政府起着不可或缺的重要作用。政府对"关爱留守儿童行动"的重视程度、参与度、扮演何种角色、起着何种作用等信息，可以通过分析政府门户网站的相关新闻报道（含政策文件）得知。从每年政府发布的相关新闻报道数量可以推知政府关爱行动及重视程度的总体趋势。因此，在整理宝鸡市人民政府、宝鸡市教育局、宝鸡市民政局等官方网站中近十年（2011—2021年）关于"留守儿童"的相关新闻报道（含政策文件）后得到表5-3。

表5-3 2011—2021年宝鸡市人民政府网站等留守儿童新闻报道数量统计表

年份	报道数量（条）
2011年	7
2012年	19
2013年	32
2014年	34
2015年	50
2016年	58
2017年	63
2018年	40
2019年	36
2020年	38
2021年	29

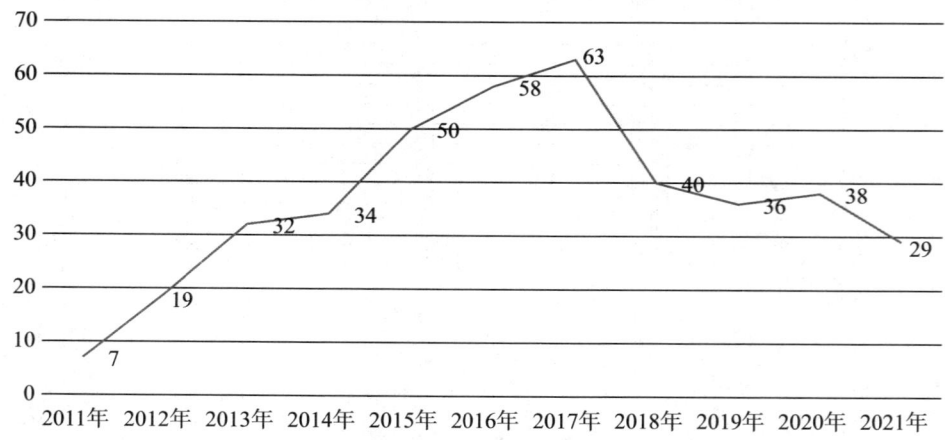

图5-5 2011—2021年宝鸡市人民政府网站等留守儿童新闻报道数量趋势

从宝鸡市人民政府、市民政局对关爱留守儿童行动的相关新闻报道数量可以看出，自 2011 年以来政府对留守儿童的关注度呈逐年上升的趋势。尤其是 2014—2017 年，无论是从新闻报道数量还是年增长趋势来看都尤其突出。这说明这段时间是宝鸡市政府的关怀行动最集中、最突出的时期。这反映出政府在关爱留守儿童领域的积极作为，同时也反映出自 2016 年国务院颁发关爱留守儿童的相关文件后对地方政府关爱行动的导向和促进作用。根据对宝鸡市关爱留守儿童行动的深入分析，可将宝鸡市关爱留守儿童行动路径分为四个发展阶段。

（一）萌芽期（2011 年以前）——观念发展，行动萌芽

"留守儿童问题"伴着"农民工"群体的产生而产生，随着城乡发展差异拉大而加深。但在 2011 年以前，由于没有专门针对留守儿童的相关政策文件，留守儿童问题只是依附于"农民工"问题，作为解决"农民工"生存、发展等问题的相关问题而存在。通过在宝鸡市政府网站进行相关检索发现，在 2011 年以前专门针对"留守儿童"群体而开展的关爱行动很少，关爱领域以保障适龄儿童入学、保障儿童医疗权益等基本权益保障为主。而对留守儿童的生活保障、身心健康关爱等方面的行动较少提及。

（二）探索期（2011—2014 年）——采取行动，初步探索

以宝鸡市太白县、凤县的关爱行动为研究依据可以看出，在 2011—2014 年各地政府纷纷开始探索当地的留守儿童关爱行动模式并尝试开展了一部分关爱留守儿童的行动。如太白县在 2013 年开始探索素质教育新机制催生新模式。积极开展"亲情关爱"行动，解决寄宿制学生和留守儿童亲情缺失的问题。凤县于 2013 年开始进行"妇女儿童幸福家园"试点和初步尝试以公益倡议的形式开展"暖心红围脖"行动。根据研究者对这些早期实践的继续跟踪可以发现，在这个时期的试点工作均取得了一定成效，凤县的"暖心红围脖"志愿服务项目在 2015 年被评为宝鸡市优秀志愿服务项目和陕西省青少年公益大赛铜奖，并被新华社、人民网、陕西日报、宝鸡日报等多家媒体报道。见表 5-4。

表 5-4　2011—2014 年太白县、凤县部分关爱留守儿童行动年表

时间	关爱主体	关爱领域	关爱形式	关爱行动
2011/09/27	共青团太白县委、太白县少工委、太白山环保助学会	生活关爱	慰问活动	"深秋送温暖，关爱留守儿童"帮困助学献爱心捐赠活动。
2013/05/09	凤县妇联	生活关爱	调研活动	县妇联结合开展的党的群众路线教育实践活动，下到平木镇、留凤关镇、唐藏镇调研留守儿童幸福乐园试点建设工作。
2013/05/17	黄凤山小学	/	项目培训	太白县黄凤山小学开展"儿童成长家园"项目专项培训。

续表

时间	关爱主体	关爱领域	关爱形式	关爱行动
2013/07/04	太白县人民政府	/	政策设计	太白县探索素质教育新机制催生新模式。积极开展"亲情关爱"行动，解决寄宿制学生和留守儿童亲情缺失的问题。
2013/08/29	凤县农工部	生活关爱	公益活动	凤县黄牛铺镇堆子村留守老人互助中心、留守儿童幸福家园落成，首批20余位留守老人和儿童开始体验"幸福生活"。
2014/12/15	凤县团委、凤县青年志愿者协会	生活关爱	公益倡议	发出"暖心红围脖行动"倡议书，号召社会爱心人士为留守儿童亲手编织红围脖。

（三）发展期（2014—2016年）——整合资源，优化行动

在经过几年的行动初探以后，自2014年起宝鸡市的留守儿童关爱行动开始以"整合资源，优化行动"为主要发展方向。具体表现为充分利用各项社会资源在多个领域开展多种形式的关爱行动。如2015年太白县法门寺博物馆的爱心志愿者邀请县上的14名留守儿童一起过中秋节。2016年宝鸡市委宣传部、市文明办、宝鸡电视台主办了一场"冬日送温暖·红线传真情"大型公益活动。体现了当地在关爱留守儿童行动中的资源整合能力和效力。活动由市政府牵头，宝鸡老字号黄金有限公司爱心资助，并号召100名市民成为"红线传真情"活动志愿者。志愿者们领到由宝鸡老字号黄金有限公司提供的红色毛线后，在半个月的时间里，一针一针亲手勾出"爱心毛衣"，送给金台区六川河小学和硖石七家沟小学的100名留守儿童，让这些孩子在冬季不再寒冷，让他们感受到社会给予的关注和温暖。一场公益活动，体现了政府在关爱行动中的积极领导作用，发挥了爱心企业的社会责任，激发了普通市民参与公益事业的积极性。

（四）深化期（2016年至今）——理论引导，健全制度

国家的政策制度对地方行动有决定性的导向作用。2016年以后国务院、民政部等相继颁布了与留守儿童相关的政策文件、指导建议，自此地方政府也开始逐步完善相关领域的政策、制度。通过整理宝鸡市、太白县、凤县的人民政府、民政局、教育局等发布的相关文件，得到表5-5。

表5-5 宝鸡市、太白县、凤县政府等主体关爱留守儿童政策文件一览

文件名称	颁布时间	颁布主体
凤县人民政府办公室关于建立凤县农村留守儿童关爱保护工作联席会议制度的通知	2017/03/06	凤县人民政府办公室
凤县人民政府办公室关于印发凤县促进贫困家庭儿童发展工作方案（2016—2020年）的通知	2017/04/10	凤县人民政府办公室
宝鸡市人民政府关于加强困境儿童保障工作的实施意见	2018/02/02	宝鸡市人民政府办公室

续表

文件名称	颁布时间	颁布主体
关于进一步健全农村留守儿童和困境儿童关爱服务体系的实施意见	2020/01/16	宝鸡市民政局
关于疫情防控期间深入实施关爱特殊困难儿童"春雨计划"的通知	2020/02/05	宝鸡市教育局
关于进一步健全农村留守儿童和困境儿童关爱服务体系的实施意见	2020/11/19	太白县民政局
宝鸡市人民政府办公室关于成立宝鸡市未成年人保护工作领导小组的通知	2021/06/24	宝鸡市人民政府办公室
关于进一步推进"护苗"工作站建设的通知	2021/10/14	太白县教育体育局

制度化是关爱行动进入深化期的重要标志。随着制度的逐渐完善，宝鸡市的留守儿童关爱行动开始标准化和常态化。各区县政府、民政局等都有一套标准化的关爱模式，同时建立了固定的关爱行动基地，如凤县的"妇女儿童幸福乐园"、太白县的"青少年之家"等，成为关爱留守儿童的重要基地和主要阵地。

第二节 宝鸡市太白县、凤县关爱留守儿童的乡土特色与行动年表

一、宝鸡市太白县关爱留守儿童的乡土特色与行动年表

（一）太白县关爱留守儿童基本情况介绍

通过邮件与太白县人民政府取得联系，并得到了太白县2021年度儿童福利类相关人数：截至2021年太白县民政局登记在册的困境儿童（包含孤儿、事实无人抚养儿童、特困儿童等）共计30人，农村留守儿童186人。为了合理关切这部分儿童，太白县积极探索关怀模式、完善相关制度、开展各项活动，力求从多方面促进留守儿童群体身心健康发展。经过多年的摸索，太白县探索出独具特色、符合当地实际情况的"54321"亲情关爱模式，开展了一系列常态化关怀行动。如国际六一儿童节系列庆祝暨慰问活动、"双百工程"暖心红围脖公益活动等。

（二）太白县关爱留守儿童行动年表

为更好地研究太白县关爱留守儿童的行动路径和乡土特色，利用太白县人民政府网站发布的相关信息和研究过程中与太白县政府邮件联系后获取到的最新资料，进行系统

化梳理，得到表 5-6 太白县关爱留守儿童行动年谱。

表 5-6　太白县 2011—2021 年关爱留守儿童行动年表

时间	关爱主体	关爱领域	关爱形式	关爱行动
2011/09/27	共青团太白县委、太白县少工委、太白山环保助学会	生活关爱	慰问活动	"深秋送温暖，关爱留守儿童"帮困助学献爱心捐赠活动。
2013/05/17	黄凤山小学	/	项目培训	太白县黄凤山小学开展"儿童成长家园"项目专项培训。
2013/06/14	靖口镇	/	/	靖口镇多措并举，抓好留守儿童关爱工作。
2013/07/04	太白县人民政府	/	政策设计	太白县探索素质教育新机制催生新模式。积极开展"亲情关爱"行动，解决寄宿制学生和留守儿童亲情缺失的问题。
2013/09/24	咀头初级中学	生活关爱	文艺活动	相约双节　放飞梦想——咀头初级中学寄宿生文艺晚会。
2014/06/24	咀头小学			咀头小学开展亲情关爱活动，为贫困留守儿童送去温暖。
2015/07/01	太白县人民政府	/	政策设计	太白县"54321"亲情关爱模式为留守儿童健康成长保驾护航。
2015/09/28	法门寺博物馆	生活关爱	公益活动	法门寺博物馆的爱心志愿者邀请县上的 14 名留守儿童一起过中秋节。
2017/01/11	太白县卫计局、县计生协会	生活关爱	慰问活动	开展慰问困难计生群众活动，重点对困难留守儿童和老人等进行走访慰问。
2018/06/01	桃川镇	生活关爱	文艺活动	庆六一儿童节，关爱留守儿童。
2018/10/29	太白县南大街社区、县财政局	生活关爱	慰问活动	"关爱留守，情暖童年"活动。
2018/12/24	宝鸡文理学院	生活关爱	公益活动	宝鸡文理学院利用假期和重要节日，组织学校师生赴太白县开展产业调研、关爱留守老人儿童、宣传法规政策、爱心捐赠、文艺汇演等活动。
2019/11/12	宝鸡文理学院	生活关爱	慰问活动	开展"双百工程"红围脖暖冬行动。
2020/02	太白县民政局	生活关爱	生活补贴	拨付"福彩圆梦·助力脱贫攻坚"关爱困难家庭儿童慰问金。
2020/02	太白县民政局	生活关爱	生活补贴	拨付农村"三留守"人员春节慰问资金。
2020/07	太白县民政局	/	政策设计	开展"儿童福利信息动态管理精准化提升年"专项行动。
2020/08/07	太白县民政局	思想引领	宣传教育	组织开展全县农村留守儿童和困境儿童关爱保护政策宣讲进村（居）。

续表

时间	关爱主体	关爱领域	关爱形式	关爱行动
2020/08/26	咀头镇东大街社区	生活关爱	公益活动	东大街社区组织辖区少年儿童开展"爱心小报童"义卖志愿服务活动。
2020/09/01	鹦鸽镇	/	宣传教育	开展农村留守儿童和困境儿童关爱保护"政策进村"宣讲活动。
2020/10/12	太白县卫健局	健康关爱	宣传教育	开展"国际女童日"主题宣传活动。
2020/11	太白县民政局	/	政策设计	出台《关于进一步健全农村留守儿童和困境儿童 关爱服务体系的实施意见》。
2020/12/25	黄凤山小学	健康关爱	心理辅导	邀请国家二级心理咨询师焦芳琴老师为黄凤山小学留守儿童开展了以"我成长，我快乐"为主题的留守儿童心理素养提升团体辅导关爱活动。
2021/01/29	靖口镇人民政府	生活关爱	/	开展脱贫攻坚回村回访活动，慰问留守儿童。
2021/03	太白县关心下一代工作委员会、太白县教育体育局、共青团太白县委	思想引领	宣传教育	在市级五老队伍和红色基因传承人中推选三到四名优秀骨干，进行全县中小学党史教育精品巡回报告活动。
2021/03	太白县关心下一代工作委员会、太白县教育体育局、共青团太白县委	思想引领	文艺活动	开展"阳光下成长"艺术展演活动。
2021/03	鹦鸽中学	生活关爱	公益活动	太白县"童步益行"——给乡村娃一双运动鞋公益活动走进鹦鸽中学。
2021/03	咀头初级中学	生活关爱	公益活动	太白县咀头初级中学开展"童步益行——给乡村孩子一双运动鞋"捐赠仪式。
2021/05	太白县民政局	思想引领	思想教育	"守护儿童·托起希望"未成年人法制宣传教育活动。
2021/06	太白县关心下一代工作委员会、太白县教育体育局、共青团太白县委	学业关爱	慰问活动	开展党员爱心助学活动。
2021/06	太白县关心下一代工作委员会、太白县教育体育局、共青团太白县委	思想引领	文艺活动	"红心向党，薪火相传"建党100周年师生书画展。

续表

时间	关爱主体	关爱领域	关爱形式	关爱行动
2021/06	太白县关心下一代工作委员会、太白县教育体育局、共青团太白县委	思想引领	文艺活动	开展建党100周年师生文艺汇演。
2021/06	太白县关心下一代工作委员会、太白县教育体育局、共青团太白县委	思想引领	文艺活动	开展"红色基因传承人"提升活动（演讲比赛、参观学习）。
2021/06/01	太白县教体局	生活关爱	公益活动	开展2021年六一儿童节慰问及系列庆祝活动。
2021/06/07	西安航天远征公司	生活、学业关爱	慰问活动、宣传教育	西安航天远征公司一行爱心人士莅临黄柏塬小学开展爱心捐赠暨迎建党100周年主题团日活动。

（三）太白县关爱留守儿童乡土特色与经验梳理

行动年表是对信息的初步加工，为了深入分析研究太白县关爱留守儿童的乡土特色、梳理特色经验，以表5-6为基础，分别将"关爱主体""关爱领域""关爱形式"三个部分再次进行分类汇总，并以饼状图的形式进行可视化分析。

从关爱主体来看，参与留守儿童关爱行动的主体大致可分为基层学校、乡/镇/街道为单位的党政机关、县/区级单位、其他爱心单位或个人四大主体。为分析各主体在关爱行动中的分布情况，本书基于表5-6太白县关爱留守儿童行动年表中的"关爱主体"一栏进行再次分类汇总后，得到图5-6。由图5-6可以看出，近年来太白县关爱留守儿童行动主要由县/区级单位负责组织开展（占总体的57%），部分基层学校（包含一所高校——宝鸡文理学院）也积极开展了关爱活动（占23%），同时乡/镇/街道为单位的党政机关和其他爱心单位或个人也有参与其中。这说明太白县当地各主体都在发挥各自的优势来开展相关活动，而在其中县政府、党政机关起着引领作用。从关爱主体可以看出，在留守儿童关爱行动中政府积极作为，担起了关爱留守儿童的重要职责。

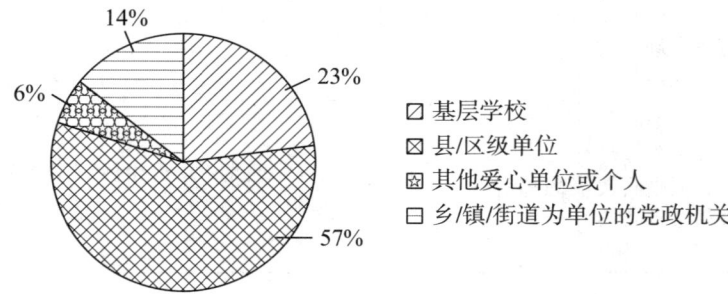

图5-6 太白县留守儿童关爱行动主体分布

从关爱领域来看（如图5-7所示），近十年来太白县关爱留守儿童的行动领域主要集中在生活关爱、学业关爱、思想引领三个方面，而对留守儿童的健康关爱、法律宣传、安全关怀较少（不排除信息缺失导致统计信息不全）。从现实因素考虑，在太白县脱贫前，留守儿童的生活条件相对困难，加上父母不在身边无人辅导学业，因此生活和学业是当时需要解决的主要问题。而2020年实现脱贫目标后，太白县的关爱领域应向留守儿童的身心健康、人身安全等方面发展。

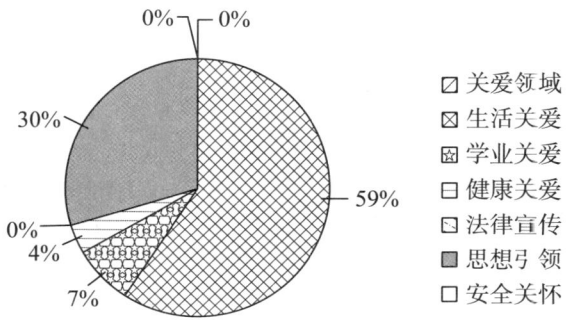

图5-7　太白县留守儿童关爱行动领域分布

从关爱形式看（如图5-8所示），近十年太白县关爱留守儿童行动以公益活动、慰问活动、宣传教育、政策设计为主，其他形式还有发放补贴、开展文艺活动、关爱项目相关人员培训、留守儿童心理辅导等。关爱形式十分丰富，旨在从多方面解决留守儿童的生活、学习困境，并以文艺活动的形式丰富儿童的学习生活。

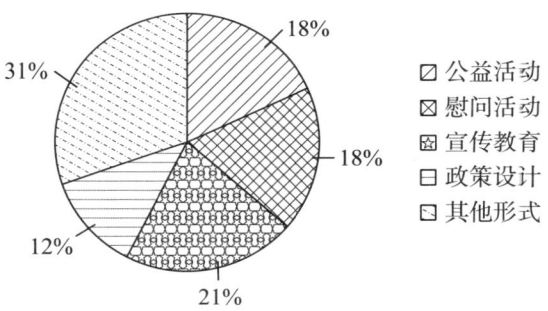

图5-8　太白县留守儿童关爱行动形式分布

二、宝鸡市凤县关爱留守儿童的乡土特色与行动年表

（一）凤县关爱留守儿童基本情况

凤县扎实关爱留守人员。2018年春节之际，对全县195名农村留守儿童进行了走访慰问，为每名农村留守儿童送去了羽绒服1件、运动鞋1双、棉手套1双、现金100元。为了更好地开展留守儿童关爱工作，提高关爱水平，让留守儿童受到更多、更优的关爱，凤县举办了全县村（居）儿童主任业务培训班，对全县农村留守儿童和困境儿童

进行摸底排查、建立台账，截至 2019 年初共录入农村留守儿童 400 人、困境儿童 971 人。

（二）凤县关爱留守儿童行动年表

凤县 2012—2021 年关爱留守儿童行动年表见表 5-7。

表 5-7　凤县 2012—2021 年关爱留守儿童行动年谱

时间	关爱主体	关爱领域	关爱形式	关爱行动
2012/04/19	凤县人口计生局	生活关爱	结对帮扶	对全村 20 户贫困家庭、空巢家庭、留守儿童家庭实施了结对子帮扶。
2012/05/30	凤县人口计生局、县慈善协会、县工商业联合会、县计划生育协会	生活关爱	慰问活动	在六一儿童节来临之际，对全县 160 名贫困、留守儿童进行了慰问，发放慰问金 16000 元，为他们送去了党的关怀和温暖。
2013/01/21	凤县人民政府	/	政策设计	建立健全留守儿童基本信息库，制定出台留守儿童监护帮扶措施，投资 200 万元建设"儿童幸福乐园"，实现全县 100 个行政村全覆盖，着力构筑家庭—学校—社会"三位一体"关爱体系。
2013/04/22	共青团凤县委	生活关爱	慰问活动	团县委通过多方联动、微博宣传，从中国凤县 QQ 群联系到了 40 余名青年志愿者，为农村留守儿童和农民工子女募捐了价值 3500 元的衣物和 4000 元的学习用品，并与孩子们进行了手拉手互动活动，随后还为 40 余名留守儿童进行了文艺表演。
2013/05/09	凤县妇联	生活关爱	调研活动	县妇联结合开展的党的群众路线教育实践活动，先后下到平木镇、留凤关镇、唐藏镇调研留守儿童幸福乐园试点建设工作。
2013/08/29	凤县农工部	生活关爱	公益活动	凤县黄牛铺镇堆子村留守老人互助中心、留守儿童幸福乐园落成，首批 20 余位留守老人和儿童开始体验"幸福生活"。
2013/09/11	凤县县委、县政府	生活关爱	政策设计	凤县县委、县政府出台措施启动空巢老人和留守儿童服务新模式。成立关爱服务工作领导小组、建立留守儿童幸福家园、保障留守儿童管护服务。
2013/09/27	县委常委、统战部部长魏莉	/	调研活动	深入黄牛铺镇检查"儿童幸福家园"项目进展情况，并提出相关建议确保项目活动正常开展。
2014/01/14	凤县县委	生活关爱	慰问活动	凤县县委在凤县凤州民族小学开展"衣加衣暖冬行动"，为留守儿童和家庭贫困的孩子们送去 300 余件棉衣及学习用品。

续表

时间	关爱主体	关爱领域	关爱形式	关爱行动
2014/01/27	凤县妇联	生活关爱	公益活动	凤县妇联组织烧锅庄村和寺河村的留守儿童在2014年春节到来之际通过儿童幸福家园的视频对话设备与远方的父母进行了"亲情视频对话"。
2014/04/18	凤县凤州中学团委	生活关爱	公益活动	凤县凤州中学团委开展系列"关爱留守儿童"爱心募捐活动,并用募集到的1320元捐款购买了学习用具,捐赠给全校35名留守儿童。通过爱心捐赠、师生结对帮扶、知心屋心理疏导等多种措施,努力为全校留守儿童构建一个温暖、健康的学习生活环境。
2014/05/28	县计生协联合县慈善协会	生活关爱	慰问活动	为使凤县偏远地区的儿童度过一个快乐、祥和的节日。县计生办联合县慈善协会在了解到坪坎镇、唐藏镇小学的困难后,积极为他们购置体育器材200件,学习用品480个,价值1.4万元。
2014/05/30	凤县团委、陕西省有色金属矿山公司团委领导带领宝鸡慈航公益组织的8名网友	生活关爱	慰问活动	凤县团委、陕西省有色金属矿山公司团委领导带领宝鸡慈航公益组织的8名网友,于5月29日上午到留凤关小学和三岔小学,为两个学校的80余名留守儿童送去了崭新的书包、故事书和各类学习文具和节日礼物,并和他们提前度过了快乐的六一儿童节。
2014/06/03	凤县妇联	/	项目督导	凤县2014年"儿童幸福家园"项目建设工作现场会在凤州镇龙泉湾社区儿童幸福家园召开。县妇联全体干部、凤州镇主管妇女儿童工作的领导、各镇妇联主席、凤县儿童幸福家园的爱心妈妈、凤州镇龙泉湾社区儿童幸福家园工作委员会成员共40余人参加了会议。
2014/06/03	凤县县委、县人民政府	生活关爱	慰问活动	六一儿童节来临之际,凤县县委书记、县长分别看望慰问了智障儿童、留守儿童和幼儿园的孩子们,并向全县少年儿童致以节日问候,祝愿少年儿童健康快乐成长。
2014/06/03	凤州镇龙泉湾社区儿童幸福家园	生活关爱	公益活动	凤县妇联与留守儿童在凤州镇龙泉湾社区儿童幸福家园欢度六一儿童节。
2014/06/23	一楠救助协会	生活关爱	慰问活动	"一楠救助协会"会长张楠先生带领该会10名会员赴我县凤州镇桑园村慰问救助该村的10名贫困留守儿童。
2014/07/02	凤县人民政府	生活关爱	项目建设	新建10所留守儿童关爱中心。
2014/07/08	凤县人民政府	生活关爱	公益倡议	"关爱留守妇女儿童、携手共建幸福家园"倡议书。

续表

时间	关爱主体	关爱领域	关爱形式	关爱行动
2014/07/14	市财政局、市人口计生局、市计划生育协会	/	项目调研	调研留守儿童管理运行情况并提出指导建议。
2014/09/02	凤县县委、县政府	生活关爱	项目建设	坪坎镇银母寺村和唐藏镇曹家庄村"儿童幸福家园"建成使用。
2014/12/15	凤县团委、凤县青年志愿者协会	生活关爱	公益倡议	"暖心红围脖行动"倡议书,号召社会爱心人士为留守儿童亲手编织红围脖。
2015/01/08	凤县团委	生活关爱	公益活动	凤县团委在凤县双石铺中学举行"暖心红围脖"发放仪式,为全县留守儿童发放了社会各界爱心人士送来的暖心红围脖。
2015/01/16	凤县团委	生活关爱	公益活动	按照团县委发起的"暖心红围脖"活动的安排,凤州镇团委和志愿者将69条暖心红围脖及时发放到凤州中学、凤州中心小学和凤州民族小学共57名留守儿童和12名贫困孩子的手中。
2015/01/19	凤县妇联	生活关爱	公益活动	凤县妇联在凤州镇龙泉湾社区儿童幸福家园开展留守儿童和父母的"亲情视频"对话活动。
2015/06/03	县水利局	生活关爱	慰问活动	县水利局和其他联合帮扶单位一同前往河口镇下坝村看望结对帮扶的留守妇女儿童幸福家园的孩子们,并为他们送去了节日祝福和小礼物。
2015/08/13	凤县团委会、县公安局、农业局、县妇联	生活关爱	慰问活动	凤县团委会同县公安局、农业局、妇联,前往凤县双石铺镇十里店村留守儿童幸福家园,进行了小型文艺汇演,开展了丰富多彩的文体活动。
2015/08/19	凤县县委	生活关爱	慰问活动	凤县县委书记与留守儿童共度假日,家园捐建者凤县银湘矿业有限责任公司现场为家园捐赠了价值2000元的学习用品,县卫生局、县政府办、司法局、县医院、疾控中心等单位参与活动。
2015/08/28	县委常委、县纪委书记、县妇联等	生活关爱	慰问活动	凤县县委常委、县纪委书记慰问羌舞团演职人员和烧锅庄村留守儿童。
2015/09/22	凤县县委宣传部、县创文办、工商联、县团委	生活关爱	慰问活动	开展"爱心月饼"征集公益活动,倡议社会爱心人士为全县空巢老人、留守儿童,以及中秋夜坚守工作岗位的环卫工人、交通警察捐赠月饼,奉献爱心,传递祝福,彰显凤县文明的力量。

续表

时间	关爱主体	关爱领域	关爱形式	关爱行动
2015/10/10	县委常委、纪委书记	生活关爱	慰问活动	县委常委、纪委书记为县新建路小学、双石铺小学共60名留守儿童和贫困学生送去了御寒靴子。
2015/11/02	市妇联主席、《中国妇女报》驻西北站负责人一行	/	调研指导	市妇联主席、《中国妇女报》驻西北站负责人一行深入凤县凤州镇、双石铺镇调研指导留守儿童幸福家园建设和妇女小额担保贷款工作。
2015/11/26	县妇联、县慈善协会	生活关爱	慈善资助	县妇联、县慈善协会联合在双石铺中学举办了"凤县亲情缺失贫困家庭少年儿童救助金发放仪式",全县75名因各种原因造成亲情缺失的少年儿童得到社会关爱,每人领取到500元的慈善资助金。
2015/12/30	凤县人民政府、县委	生活关爱	慰问活动	凤县县长前往留凤关镇参加贫困家庭在校留守儿童慰问活动,看望慰问了困难妇女和孤寡老人。
2016/01/08	新建路社区	生活关爱	公益活动	搭建便民服务管理信息平台,针对本辖区范围内留守儿童、留守老人、留守妇女等组织成立多个便民服务队。
2016/01/08	县妇儿工委	/	项目督导	县妇儿工委主任、副县长前往坪坎镇银母寺村检查指导儿童幸福家园工作,并看望慰问了该村的2名贫困妇女。县妇儿工委会副主任、县妇联主席薛金婷随同参加。
2016/01/26	凤县人民政府、县民政局、县教育局、团县委、县妇联、留凤关镇等单位	生活关爱	慰问活动	凤县各政府单位前往留凤关镇留凤关小学看望慰问该校64名贫困家庭留守儿童,送去了羽绒服、棉被以及慰问金。
2016/02/19	凤县团委同县公安局团委、女子骑警队和农业局的志愿者	生活关爱	慰问活动	前往双石铺镇十里店村留守儿童幸福家园,为孩子们带去新年礼物、进行寒假作业辅导、视频连线、发放体育用品等。
2016/02/24	凤县留守儿童幸福家园及其结对帮扶单位	生活关爱	慰问活动	开展"进家园·送温暖"活动,组织网络亲情视频对话、亲情热线电话、亲子互动游戏、儿童互动游戏等活动。
2016/02/25	凤县残联、县文广局、县商务局	生活关爱	帮扶活动	购买文具、图书等儿童学习用品送到坪坎镇银母寺村留守妇女儿童家园。
2016/05/26	县妇联、县关工委	/	文艺活动	凤县开展关爱留守儿童传统教育演讲会。

续表

时间	关爱主体	关爱领域	关爱形式	关爱行动
2016/05/30	县科协、住建局、爱卫办、公安局等	生活关爱	慰问活动	慰问双石铺镇十里店村幸福家园的留守儿童，赠送学习用品、体育用品。
2016/06/01	县椒果局、县卫计局、工商局	生活关爱	慰问活动	开展留守儿童结对帮扶活动，慰问并赠送学习用品、体育用品等。
2016/07/18	县妇联、宝鸡"一楠救助协会"	生活关爱	慰问活动	县妇联和来自宝鸡"一楠救助协会"的爱心人士一行到双石铺镇桥头庄村、十里店村慰问9名贫困老人和留守儿童，为他们送去社会的关爱和祝福，同时送上了价值1.2万元的慰问品和慰问金。
2016/07/22	县妇联、县关工委	思想引领	演讲活动	县妇联、县关工委邀请双石铺中学退休教师王清河老师走进平木镇烧锅庄村留守儿童幸福家园，和村里的孩子们一起开展了一场精彩纷呈的传统教育演讲会。
2016/07/28	市关工委	/	调研活动	通过听取汇报、现场查看、召开座谈会等方式，重点对农村留守儿童的生存现状、存在问题以及好的做法经验进行调查研究。
2016/12/12	县卫计局	生活关爱	慰问活动	由县卫计局牵头，县教管局结对县市监局、唐藏卫生院前往唐藏镇曹家庄村留守儿童幸福家园开展"进家园，送温暖"活动，共为其购买价值600元的少儿读物50余本。
2017/01/12	凤县县委、县政府	生活关爱	文艺活动	凤县春晚以"情暖童心 快乐成长"关爱贫困家庭留守儿童为主题，通过文艺演出的形式，宣传公益事业，汇聚公益力量，引导社会各界关注、关心、关爱留守儿童，使留守儿童心有人爱、身有人护。
2017/05/11	凤县县委、县政府	/	政策设计	凤县县委全面深化改革领导小组第七次（扩大）会议。
2017/05/17	共青团凤县县委、县妇联、县直机关工委	生活关爱	公益活动	"情暖端午 欢乐'六一'"留守儿童"暖心粽子"认领活动。
2017/05/26	共青团凤县县委	生活关爱	慰问活动	留守儿童欢聚老伙计主题餐会——"情暖端午 欢乐'六一'"关爱留守儿童系列活动。
2017/05/27	共青团凤县县委、县妇联、县直机关工委	生活关爱	慰问活动	留守儿童暖心粽子发放仪式——"情暖端午 欢乐'六一'"关爱留守儿童系列活动（二）。
2017/06/01	县妇儿工委	生活关爱	慰问活动	"庆'六一'·送温暖·助脱贫"慰问捐赠仪式。

续表

时间	关爱主体	关爱领域	关爱形式	关爱行动
2017/06/26	杨家坪社区	思想引领	宣传教育	"心手相牵，快乐成长"未成年人教育主题活动。
2017/08/22	凤县人民政府	/	政策设计	凤县川陕革命老区振兴发展规划实施方案。
2017/09/08	新建路社区	生活关爱	慰问活动	凤县新建路社区党总支书记和志愿者刘春玲一行到辖区留守儿童赵子龙家中，送上了500元的慰问金和一套新衣服。让留守儿童感受到了社会力量的关注、关怀和关爱。
2017/12/05	共青团凤县委员会	生活关爱	慰问活动	举行"青春扶贫 聚力扶志"凤县贫困青少年"亲青1+1"联谊活动。
2018/01/11	共青团凤县委员会	生活关爱	公益活动	凤县贫困少年儿童"新年微心愿"认领。
2018/05/30	县妇儿工委	生活关爱	慰问活动	开展"关爱留守儿童，共度快乐'六一'"慰问活动。
2019/01/08	凤县人民政府	生活关爱	慰问活动	开展"巾帼暖人心"志愿服务系列活动暨"情暖寒冬、温暖相伴"关心贫困妇女、关爱留守儿童活动。
2019/03/14	文管委党工委	生活关爱	慰问活动	开展"让爱循环、衣旧情深"爱心捐赠活动。
2019/12/10	壹基金	生活关爱	慰问活动	"铭记初心使命、践行扶贫济困"——凤县关爱留守儿童壹基金温暖包发放仪式在县城中心广场举行。
2019/12/30	县住建局妇委会	生活关爱	慰问活动	县住建局妇委会积极响应县妇联"恒爱行动"公益活动号召，组织20余名妇女干部及家属通过编织毛衣送温暖活动，帮助县内孤残贫困儿童和新疆地区的孤残贫困儿童度过一个暖心的隆冬。
2020/05/27	县妇联、共青团凤县委员会	生活关爱	项目建设	凤县留凤关镇成立关爱保护留守儿童专业团队。
2020/05/29	双石铺村党支部	生活关爱	宣传教育	双石铺村党支部联合包联单位凤县移动公司开展"留守儿童关爱"主题党日活动。为孩子们送去爱心体验，让留守儿童在生活和学习上得到关爱，感受党的温暖。
2020/06/01	农业农村局、人社局、自然资源局	生活关爱	慰问活动	县农业农村局、人社局、自然资源局来平木镇烧锅庄村留守妇女儿童幸福家园开展六一儿童节慰问，给孩子们送去学习生活用品，并祝福孩子们节日快乐。
2020/06/01	县财政局会同县扶贫办、县环保分局、县医院、县公积金管理部等	生活关爱	慰问活动	看望慰问黄牛铺镇东河桥村的儿童，现场开展知识有奖问答、文艺节目互动等活动。

续表

时间	关爱主体	关爱领域	关爱形式	关爱行动
2020/06/01	县卫健局与县委统战部、市监局、唐藏镇中心卫生院等	生活关爱	慰问活动	开展六一儿童节送爱心，关爱暖童心活动。
2020/08/07	双石铺镇党委、政府	生活关爱	宣传教育	开展"女童保护，儿童防性侵知识讲座"暨"文明创建手拉手，关爱儿童心连心"主题活动。
2021/01/20	凤县县委、县政府	生活关爱	慰问活动	县委副书记、副县长到双石铺镇十里店村、双石铺村，慰问留守儿童，为他们送去寒冬温暖。
2021/01/21	县民政局、县妇联、团县委	生活关爱	慰问活动	民政局、县妇联、团县委三家单位联合在县体育馆门前举行了隆重的关爱留守儿童慰问品发放仪式。
2021/01/26	县民政局、团县委、县妇联	生活关爱	慰问活动	凤县举办"让爱多一度·情暖童心"慰问品发放仪式暨"就地过年共抗疫"宣传活动。
2021/02/08	双石铺镇政府	生活关爱	慰问活动	双石铺镇政府积极开展精准关爱、用情服务农村留守儿童工作，统筹解决好就地过年外出务工人员的"大后方"问题，让留守儿童安心、舒心地过好春节。
2021/02/10	唐藏镇政府	生活关爱	慰问活动	回望脱贫攻坚成果 感恩奋进振兴征程——记唐藏镇"回村回访"系列活动。
2021/05/28	县卫健局与县水利局、县自然资源局、行政审批局院等	生活关爱	慰问活动	县卫健局与县水利局、县自然资源局、行政审批局院等单位前往凤州镇龙口村妇女儿童幸福家园，看望慰问困难和留守儿童，为他们送去关怀与爱心。
2021/06/02	红花铺镇妇联、红花铺村、草凉驿村、永生村、恒源矿业等	生活关爱	慰问活动	了解贫困家庭学生在学校及家中的学习和生活情况，与学生交谈，倾听他们的心声，并勉励小朋友们要自立、自强、自信，好好学习、健康成长，并为他们送去慰问金。
2021/06/02	红花铺镇党委、政府和镇邮政储蓄银行	生活关爱	慰问活动	红花铺镇党委、政府向中心小学学生送去六一儿童节祝贺。镇邮政储蓄银行向镇小学留守学生进行了捐赠。
2021/10/18	凤县卫生健康局	健康关爱	公益活动	组建"健康超市"服务队，根据留守儿童、居家康养人群等群体不同需求，制定个性化健康服务套餐。

（三）凤县关爱留守儿童的乡土特色与经验梳理

为了深入分析研究凤县关爱留守儿童的乡土特色、梳理特色经验，以表5-7为基础，分别将"关爱主体""关爱领域""关爱形式"三个部分再次进行分类汇总，并以饼状图的形式进行可视化分析。

从关爱主体看（图5-9），关爱行动以凤县县/区级单位、乡/镇/街道为单位的党政机关为主体，在关爱行动中起着示范引领作用。在近十年的关爱行动中，凤县政府及其他党政机关积极作为，为促进留守儿童身心健康发展做出了不可磨灭的贡献。与此同时，凤县基层学校、乡/镇/街道为单位的党政机关、市级单位、其他爱心单位或个人也有参与其中，各自发挥优势，共同将关爱行动做好做优。其中，宝鸡市一楠救助协会与凤县保持着常态化联系，多年来与凤县人民政府、县妇联等党政机关合作开展了丰富多彩的关爱行动，为留守儿童提供了物质保障，丰富了精神生活，促进了儿童的身心健康发展。

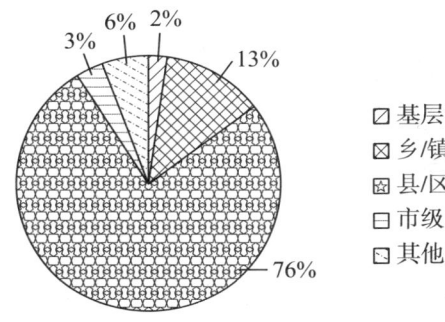

图5-9　凤县留守儿童关爱行动主体分布

从关爱领域看（图5-10），近十年来凤县的关爱行动主要集中在生活关爱方面（占总体的96%），以物资捐赠、发放补贴等为主要内容。集中的关爱领域使得凤县留守儿童的物质生活得到了基本保障。根据马斯洛需要层次理论，生存需要作为缺失性需要，只有在被满足以后才能进一步发展更高层次的需要。因此，留守儿童关爱各方积极资助解决了当地留守儿童的基本生存问题。但是自2020年底完成"脱贫摘帽"，打赢脱贫攻坚战以后，在保障物质生活的基础上还应该对留守儿童的身心健康、人身安全、法律意识、思想道德等方面进行合理关切和引导，以促进他们的全面发展、健康发展。

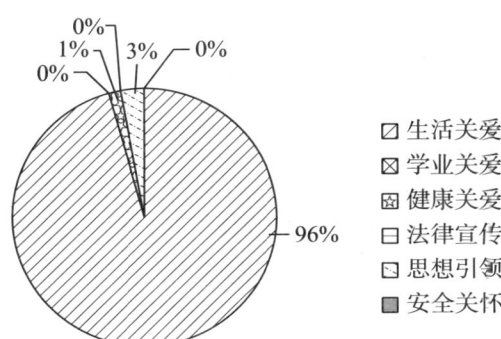

图5-10　凤县留守儿童关爱行动领域分布

从关爱形式来看（图5-11），近十年来凤县开展了多种形式的关爱活动。早年间由于自身经济发展水平限制、关怀行动资源不足等因素的影响，凤县还采取了独具特色的"公益倡议"形式。以公益倡议的形式集中社会资源，以形成合力，共同推动关爱行动。例如 2014 年 7 月凤县妇联面向全社会爱心人士、爱心单位发布《"关爱留守妇女儿童、携手共建幸福家园"倡议书》(以下简称《倡议书》),《倡议书》中号召社会各界携手共建留守妇女儿童幸福家园,面向全社会筹集善款,让广大农村留守妇女儿童享受亲情关爱,感受社会温暖,幸福生活,帮助留守儿童快乐学习、健康成长。

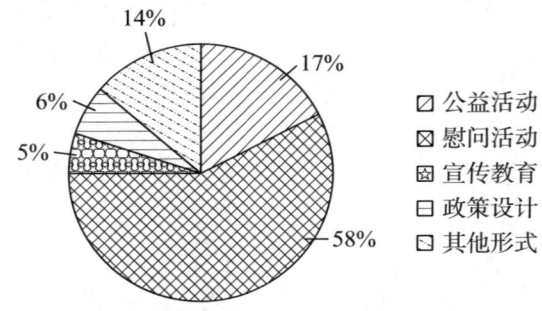

图 5-11 凤县留守儿童关爱行动形式分布

第三节 宝鸡市太白县、凤县关爱留守儿童的经典案例与典型经验

一、太白县关爱留守儿童行动经典案例与典型经验

(一)探索一种模式——"54321"关爱模式

调查摸底,做到"五清楚"。每学期对留守儿童基本信息进行调查摸底,做到底子清、情况明,即清楚留守儿童的基本信息、清楚留守儿童的性格特点、清楚留守儿童的兴趣爱好、清楚留守儿童的健康状况、清楚留守儿童父母及监护人联系方式等,对调查信息进行分类整理建档,为开展亲情关爱工作提供第一手资料。

教育监管,做到"四优先"。一是安全上优先教育和监管。优先对留守儿童进行安全教育和法制教育,帮助他们牢固树立良好的安全意识,提高自我防范能力。二是学习上优先帮助和辅导。从学习方面对留守儿童逐一分类研究,责任落实到每一位任课教师。任课教师具体分析学生的学业情况,制定学习帮助计划,明确帮助的时间、内容和方法。三是生活上优先关心和照顾。积极动员各方面力量共同关心留守儿童的衣食住行,全方位关注留守儿童身心健康发展。四是活动上优先参与和指导。依据留守儿童的个性特点,有针对性地开展文体活动,精心做好寄宿生管理工作,丰富留守儿童的校园生活,开拓他们的视野。

建章立制,做到"三沟通"。建立留守儿童与父母的沟通渠道、密切与第二监护人的沟通。班主任、任课教师或代理家长每周要与帮扶的留守儿童谈一次心,掌握思想动态；每月指导留守儿童给父母写一封书信或通一次亲情电话，增强情感交流；学校每学期向留守儿童的父母通报一次学习成绩，肯定学习收获。

有效对接，做到"双管理"。建立完善班主任和"代理家长"的"双管理"制度。各中小学、幼儿园均成立"代理家长"志愿者服务队伍，"代理家长"每月进行一次温馨家访，加强联系，充分发挥"代理家长"的管理和指导职能，是高对留守儿童的教育水平。班主任在平时工作过程中真实掌握留守儿童家庭背景、思想表现、学业成绩、日常行为表现等，与"代理家长"密切协作，共同管好留守儿童的思想、学习和生活。

携手育人，做到"一帮一"。积极动员社会多方力量共同做好留守儿童教育帮扶工作。建立教职工与留守儿童"一对一"结对教育帮扶制度，动员社会热心人士与留守儿童家庭结对帮扶，在生活上给予他们细心照顾、学习上悉心指导、心理上耐心引导，做孩子生活的知心人、学习的引路人、成长的保护人，形成学校、家庭、社会三位一体亲情关爱教育合力。

通过积极探索与多措并举，太白县"54321"亲情关爱新模式为留守儿童营造了良好的社会环境，促进了每一位留守儿童快乐、平等、健康成长。

（二）建设一个基地——"妇女儿童之家"

通过近年来的积极建设和定期的基层调研、项目督导以及相关人员的项目培训，太白县妇女儿童之家成为太白县内各街道、乡镇开展关爱留守儿童行动的主要阵地和活动基地。2021年县妇联对妇女儿童民生项目建设运行情况进行专题调研，并针对当前基地建设提出了几点建议：一要善于发挥优势及阵地作用，开展形式多样的贴近妇女儿童的文体活动，最大限度调动本村（社区）妇女的积极性和主动性，不断丰富她们的精神文化生活；二要用心倾听妇女儿童心声和诉求，多形式开展帮困关爱活动，让广大妇女感受到"娘家人"的温暖；三要拓展"妇女儿童之家"的功能和内涵，将妇联各项工作有机结合并贯穿始终，带动和打造更多贴近妇女儿童的特色品牌，把"妇女儿童之家"建成广大妇女儿童的坚强阵地。

二、凤县关爱留守儿童行动经典案例与典型经验

凤县率先在宝鸡市启动农村留守老人儿童服务新模式——"两中心、一灶社"。近年来，随着城镇化步伐的加快和打工经济蓬勃发展，凤县农村留守老人、留守儿童不断增加。为破解老人有儿有女却面临养老困惑的现状，凤县县委、县政府针对农村老人"恋家情结"，探索试点农村互助式养老。凤县首家留守老人互助中心和留守儿童幸福家园，位于黄牛铺镇堆子村，是利用废弃校舍改建而成。该中心设有老人活动室、儿童娱乐室、阅览室、休息室、厨房，留守老人可自带菜、米、面、油等生活必需品，依托留守老人互助中心，实现抱团养老。

据凤县农工部负责人介绍，"两中心"不仅制定了留守老人互助公约，完善了"两中心、一灶社"的管理、服务等各项规章制度，还建成了"中心有制度、娱乐有场所、安全有保障"的休闲娱乐活动中心。下一步将逐步建立党员志愿服务、留守老人与留守

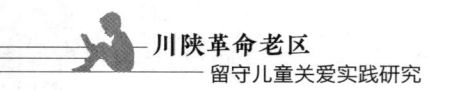

儿童"一带一"或"多带一"帮带服务和医疗志愿服务等三支队伍,让留守老人儿童真正过上"离亲不离情,享乐家门口"的幸福生活。

本章小结

本章节从留守儿童的现实处境出发,深入探究了宝鸡市太白县、凤县留守儿童关爱行动的各主体关系及关爱行动脉络,详细介绍了太白县、凤县的留守儿童关爱行动,并总结其特征。

依托宝鸡市太白县、凤县的留守儿童关爱行动,本章确定了如下的写作思路:首先,从自然和人文两个角度分析太白县、凤县留守儿童关爱行动的现实背景,总体简要分析该地区留守儿童问题存在的具体原因;其次,对该地区的留守儿童相关学术研究进行梳理,了解研究现状。再次,通过政府网站等平台的新闻报道、文件政策等梳理当地留守儿童关爱行动的行动脉络、发展历程,在发掘其本土特色的同时尝试总结出其行动路径和行动特点。最后,基于以上梳理总结出当地的经典案例与典型经验。总的来说,本章的内容主要包括以下四个方面。

第一,从自然和人文两个方面分析宝鸡市关爱留守儿童的现实处境和生成背景。通过对当地的地理地势环境的分析发现,复杂的地势特征使得该地区的地貌呈现"六山一水三分田"的格局。复杂的地势导致该地区交通极其不便,经济发展滞后,由此产生大量的流动人口。通过对自然和人文的综合分析,梳理该地区留守儿童问题突出的主要原因。

第二,通过文献检索,整理与该地区留守儿童相关的研究,掌握宝鸡市留守儿童的研究现状。利用中国知网 CNKI 的可视化分析功能对已选文献进行计量可视化分析,分别从指标分析、发文总体分析、资源类型分布情况、学科分布情况、研究主题五个方面对已有文献进行计量和综述。

第三,根据政府、学校、公益团体和爱心个人等关爱主体在网络上发布的新闻报道、文章、微博博文、公众号文章等,以时间为线索进行梳理分析,寻找其内在逻辑,找到该地区留守儿童关爱行动的发展特征,并根据变化特征将关爱路径分为不同的阶段。

第四,通过政府网站发布的新闻公告,以时间线为线索整理宝鸡市太白县和凤县的留守儿童关爱行动年表,并从关爱领域、关爱形式、具体的关爱行动几个维度来进行具体分析,以表格、饼状图的形式进行可视化呈现。通过分析发现太白县、凤县各主体都在发挥各自的优势,积极展开行动,其中县政府、党政机关在其中起着积极引领作用。从中也挖掘到很多具有乡土特色的典型经验,如太白县的留守儿童"54321"关爱模式和凤县的"两中心、一灶社"农村留守老人儿童服务新模式。

参考文献：

［1］太白县人民政府. 太白县行政区划图［EB/OL］.（2021－11－01）［2024－7－31］. http://www.taibai.gov.cn/,.

［2］凤县人民政府. 凤县行政区划图［EB/OL］.（2021－11－01）［2024－7－31］. http://www.sxfx.gov.cn/.

［3］中华人民共和国人民政府网. 国务院印发《关于加强农村留守儿童关爱保护工作的意见》［EB/OL］.（2021－11－11）［2024－7－31］. http://www.gov.cn/xinwen/2016－02/14/content_5041100.htm.

［4］中华人民共和国国家卫生健康委员会. 国家卫生计生委关于做好农村留守儿童健康关爱工作的通知［EB/OL］.（2021－11－11）［2024－7－31］. http://www.nhc.gov.cn/cms－search/xxgk/getManuscriptXxgk.htm?id=db26bb1b7f9140b8b4b8c2e019edca69.

［5］中华人民共和国民政部. 关于在全国开展农村留守儿童"合力监护、桂伴成长"关爱保护专项行动的通知［EB/OL］.（2021－11－11）. https://xxgk.mca.gov.cn:8445/gdnps/pc/content.jsp?mtype=1&id=14165,.

［6］张景景. 基于社会组织广泛参与的流浪儿童救助的宝鸡模式研究［D］. 西南交通大学，2015.

［7］李富强，罗晓怀. 沐浴文明 砥砺前行 助推儿童福利事业追赶超越［J］. 社会福利，2019（12）：53－54.

［8］刘波，方奕华，盖小静. 社会治理创新对地方政府治理能力的新要求——基于困境儿童救助网络的实证研究［J］. 中国行政管理，2018（06）：53－60.

|第六章|

重庆市城口县关爱留守儿童的历史概述与经典案例

本章节从留守儿童的现实处境出发,探究重庆市城口县留守儿童关爱行动的各主体关系及关爱行动脉络,详细介绍了重庆市城口县的留守儿童关爱行动,并总结其特征。依托重庆市城口县的留守儿童关爱行动,本章确定了如下的写作思路:首先,从自然和人文两个角度,分析城口县留守儿童关爱行动的现实背景,简要分析该地区留守儿童问题存在的具体原因;其次,对该地区的留守儿童相关学术研究进行梳理,了解研究现状;再次,通过政府网站等平台的新闻报道、文件政策等梳理当地留守儿童关爱行动的行动脉络、发展历程,在发掘其本土特色的同时尝试总结出其行动路径和行动特点;最后,基于以上梳理总结出当地的经典案例与典型经验。

第一节 城口县关爱留守儿童的现实背景、文献综述与发展历程

一、城口县关爱留守儿童的现实背景

(一)群山起伏,交通单———地理环境限制经济发展

城口县隶属于重庆市,位于重庆东北部、长江中下游地区,与渝、川、陕三省接壤,总面积3289.09平方公里。城口县地处大巴山群峰深处,受地势构造以及岩石特性的影响,山岭均由北西向南东展布,山脉连绵起伏,群峰海拔2000~2500米。从行政区划来看,城口县内辖葛城街道、复兴街道共2街道,高燕镇、巴山镇、坪坝镇、修齐镇、庙坝镇、明通镇、高观镇、高楠镇、咸宜镇、东安镇共10镇,蓼子乡、左岚乡、北屏乡、双河乡、沿河乡、厚坪乡、治平乡、岚天乡、周溪乡、河鱼乡、明中乡、龙田乡、鸡鸣乡共13乡。

复杂的地形地势让交通建设成为这个地区的难题,这也就导致了该地区的交通方式较为单一,主要交通方式是公路运输。根据城口县人民政府官方网站发布的《城口县

2020年国民经济和社会发展计划执行情况与2021年计划草案的报告》，截至2020年末，城口县交通建设"三年行动计划"全面收官，完成"四好农村路"（通组公路）通达工程980公里，通畅工程1275公里，实施新改建普通干线公路24条414公里。至此，城口县的公路运输已满足基本需要，但不能为经济发展带来更高效能，交通依然是限制城口县经济发展的重要影响因素。高铁"渝西"线已将城口县纳入铁路规划范围。待高铁正式通车，城口县的经济将得到更高效的发展。

（二）脱贫摘帽，乡村振兴——经济发展处于关键期

根据重庆市人民政府网站公告，重庆市城口县已于2020年2月退出国家扶贫开发工作重点县。城口县成功摘下"贫困县"帽子说明，截至2020年初，城口县的经济发展已经有了质的变化，开始进入新的发展阶段。因此在分析城口县关爱留守儿童的现实背景时应分为两个阶段分别阐述。

1. 脱贫前——稳发展

因踞三省之门户名"城"、扼四方之咽喉称"口"而得其"城口"之名。从地理位置和地形地势上看，城口县地处边远地区、山大坡陡；从经济情况上来看，城口县经济体量弱小、农业发展零散、工业发展受限、商贸物流不畅；从教育文化发展方面看，城口县教育文化投入不足、人才匮乏、文化积淀不深、缺乏发展动能；从民众生活状况来看，群众普遍生活拮据、工作艰苦，为了维持生计只能背井离乡打工赚钱。因受内部局限性因素的影响，加上缺乏外力支撑，城口县经济一直处于全市的弱势地位。

本书根据城口县人民政府历年来发布的《城口县国民经济和社会发展统计公报》提供的相关数据，汇总得到"2011—2019年城口县经济生产总值及增速图"，如图6-1所示。从统计图可以看出，城口县经济生产总值呈逐年上升的趋势，并且同比增长率在经历了一段时间的波动后逐渐趋于平稳。截至2019年底，全县实现地区生产总值52.50亿元，同比增长6.0%。在国家脱贫攻坚的大背景下，城口县享受到了政策带来的经济发展红利，但是由于自身动力不足加上"积贫"已久，所以即使经济增长趋势向好，但总体经济情况仍不容乐观。

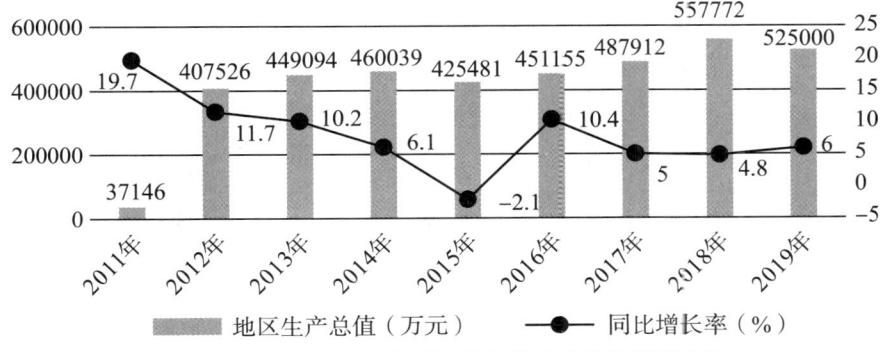

图6-1 2011—2019年城口县经济生产总值及增速图

2. 脱贫后——保民生

根据《2020 年脱贫攻坚战重点事项执行情况》的汇报，经过"脱贫攻坚决胜期"的"百日大会战"及"收官大决战"，城口县全面攻克 2 个市级深度贫困乡、4 个定点攻坚村、220 户未脱贫户，于 2020 年 2 月正式退出国家扶贫开发工作重点县，成功"摘帽"。在经济发展实现了质的变化以后，城口县开始更加关注民生问题。在教育方面，一是安排教育方面资金 79500 万元，用于保障全县教育正常运行。二是落实分类资助、临时救助、控辍保学、送教上门"四大举措"，精准兑现各类资助 3222 万元，惠及贫困学生 3.1 万人次，义务教育适龄儿童实现零失学辍学。在社会服务方面，城口县大力培育本土社会工作服务机构，实施社会工作服务项目 10 余个，登记社会工作服务机构 3 个，累计开展各类社区社会工作、志愿服务 60 余场，服务 4000 余人次。在经济得到基本保障，群众基本生存问题得到解决后，民生保障显得尤为重要。

二、城口县留守儿童研究现状

（一）城口县留守儿童基本情况

根据《城口县第七次全国人口普查公报》，城口县全县常住人口为 197497 人，与 2010 年第六次全国人口普查的 192967 人相比，增加 4530 人，增长 2.35％，年平均增长率为 0.23％。全县人口中，人户分离人口为 49109 人，其中，市辖区内人户分离人口为 0 人，流动人口为 49109 人。流动人口中，跨省流入人口为 5375 人，市内流动人口为 43734 人。从图 6-2 可以看出，乡村人口数量与城镇人口数量的差值正在逐步减小。

本书在本次检索过程中未找到关于重庆市城口县留守儿童数量的详细数据，但是根据乡村常住人口数量以及流动人口数量可以大致推断出，城口县留守儿童数量呈递减趋势，但整体数量依然庞大。

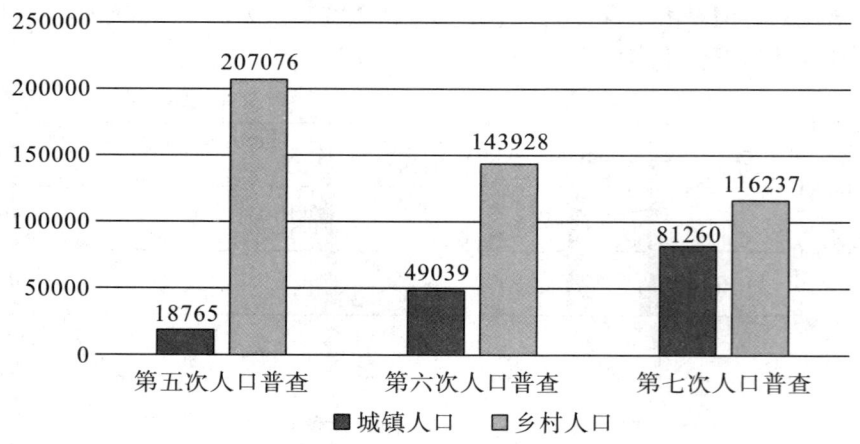

图 6-2 近三次人口普查城口县常住人口统计

（二）城口县留守儿童研究现状

2021年11月14日进入CNKI中国知网数据库，以"城口县"并含"留守儿童"或含"山区儿童"或含"困境儿童"或含"处境不利儿童"为检索条件进行高级检索，搜索篇名、关键词、摘要；以"城口县"为篇名、摘要、关键词，全文搜索"留守儿童"。将文献时间范围确定在2011年1月1日至2021年11月14日，最终得到6篇与"城口县留守儿童"高度相关的文章。由于该地区留守儿童相关文献较少，无法准确科学地把握该地区留守儿童研究的现状，因此在检索过程中将范围扩大，以"重庆市"并含"留守儿童"或含"山区儿童"或含"困境儿童"或含"处境不利儿童"，"渝东北"并含"留守儿童"或含"山区儿童"或含"困境儿童"或含"处境不利儿童"为检索条件进行高级检索。本次检索共得到175篇文章，在逐一阅读摘要后剔除无关文献以及新闻报道、报纸、会议等无效文献后共得到121篇有效文献，其中与"城口县留守儿童"高度相关的有6篇，见表6－1。

表6－1 重庆市留守儿童研究文献汇总

题名	作者	文献来源	发表时间	来源库
农村留守儿童问题须从整合社会资源破题	张鹏	重庆社会科学	2011/01/15	期刊
"校园·家园·乐园"重庆市垫江县探索"一校一园一站"留守儿童教育管理模式	新华	今日教育	2011/02/05	期刊
正确认识留守儿童及其教育：基于7年跟踪研究的呼吁	任运昌	今日教育	2011/02/05	期刊
浅析长篇小说《离殇》折射的留守儿童问题	孙良溦、胡火清	长城	2011/02/15	期刊
留守儿童社会创造性倾向发展特点及其与主观幸福感关系	胡馨月、陈旭	中国学校卫生	2011/02/25	期刊
打造教育强县 校长责无旁贷	余万权	科学咨询（教育科研）	2011/03/15	期刊
农村城镇地区留守儿童心理健康状况调查分析	吴雪梅、周绍飞	校园心理	2011/04/01	期刊
农村地区中小学安全管理政策失真问题研究	汪小瑜	西南大学	2011/04/10	硕士
重庆农村留守儿童深圳团圆之夜	/	国际公关	2011/04/20	期刊
统筹城乡发展过程中解决重庆留守儿童思想道德问题途径探索	雷祖军、乐晓勇	学理论	2011/04/30	期刊
重庆儿童医院意外伤害住院儿童的特征分析及相关因素研究	周蓉	第三军医大学	2011/05/01	硕士论文

续表

题名	作者	文献来源	发表时间	来源库
发挥优势 认真履职 扎实推进农村留守儿童关爱服务工作	兰运华	中国妇运	2011/05/10	期刊
十项实事让农村留守儿童收获自信与快乐	周旭	科学咨询（教育科研）	2011/09/15	期刊
重庆城乡统筹背景下教育公平的实现	侯国跃、张成晟	重庆行政（公共论坛）	2011/10/18	期刊
关于报纸媒体对留守儿童模式化报道的探究——以《羊城晚报》和《重庆商报》的报道为例	操圣宁	新闻知识	2011/11/15	期刊
积极心理学视野下留守儿童心理健康调研报告	杨晓燕、吴晓川	中小学心理健康教育	2011/12/15	期刊
《规划纲要》视域下农村留守儿童教育关爱服务体系的构建	王正惠	教育理论与实践	2011/12/20	期刊
儿童手足口病住院病例流行病学分析	谭明伟、刘晞照、郭晓华、熊德场、饶俊莉	重庆医学	2011/12/30	期刊
社会转型时期民间组织与留守儿童教育模式研究——基于重庆市的地域研究	贾霄锋、李杰	重庆教育学院学报	2012/01/25	期刊
亲子分离对农村留守儿童自尊的影响	程黎、王寅梅、刘玉娟	内蒙古师范大学学报（教育科学版）	2012/02/15	期刊
中国农村留守儿童培养模式实验研究——基于现场干预后心理健康状况前后变化的数量分析	白勤、林泽炎、谭凯鸣	管理世界	2012/02/15	期刊
重庆市留守儿童阅读环境研究	刘灿	西南大学	2012/04/18	硕士
重庆农村留守儿童家庭教育误区及其对策	贺芬	长江师范学院学报	2012/04/28	期刊
中国西部两省（市）岁儿童受忽视现状及影响因素研究	刘晨煜	重庆医科大学	2012/05/01	硕士
西部农村留守儿童身心健康可持续发展模式研究	宋义	西南大学	2012/05/04	硕士
六个渠道，畅通"县级政府"领导留守儿童工作	左天玖、况红英、刘勇	科学咨询（科技·管理）	2012/05/05	期刊
江津区农村留守儿童道德现状及对策	黄海霞	产业与科技论坛	2012/05/30	期刊
三峡库区农村劳动力转移研究	黄云、廖铁军、傅瓦利	重庆大学学报（社会科学版）	2012/06/15	期刊

续表

题名	作者	文献来源	发表时间	来源库
浅谈留守儿童的管理	封发彬、张琳	新课程学习（中）	2012/06/18	期刊
农村防学生溺水死亡"导"重于"堵"	沈大中	科学咨询（教育科研）	2012/08/15	期刊
农村留守儿童情感教育的调查研究	程雪	重庆师范大学	2012/09/01	硕士
西部农村留守儿童身心健康可持续发展模式研究——以重庆留守儿童为例	宋义、梁建平、任贞玲、罗彦平、周维臻	中国体育科技	2012/09/10	期刊
留守儿童心理健康与父母同伴依恋的关系研究	杨圆圆、张仲明、郭晓伟、胡朋利	中国健康心理学杂志	2012/09/15	期刊
"五大模式"推动重庆市农村留守儿童教育问题的解决	赵婷	现代企业教育	2012/10/08	期刊
教育对经济发展的贡献：以三峡库区为例	熊勇	重庆社会科学	2012/10/15	期刊
重庆市人民政府办公厅关于进一步推进中小学布局结构调整的实施意见	/	重庆市人民政府公报	2012/11/05	期刊
留守儿童心理健康状况的Meta分析	刘霞、张跃兵、宋爱芹、梁亚军、翟景花、李印龙、石敬芹	中国儿童保健杂志	2013/01/10	期刊
重庆某库区县中学生亚健康状态及危险行为分析	方琪、王宏、李雷雷	中国公共卫生	2013/01/10	期刊
重庆地区农村留守儿童癔症的发生及干预	胡君、蒋莉、洪思琪、李秀娟、郭艺、孔敏、叶园珍	中华实用儿科临床杂志	2013/01/20	期刊
重庆璧山县开展"三服务"实现流动人口优质服务常态化	舒译影	人口与计划生育	2013/02/08	期刊
留守儿童的就学和学业成绩——基于教育机会和教育结果的双重视角	段成荣、吕利丹、王宗萍	青年研究	2013/03/15	期刊
农村留守儿童心理健康现状调查研究	白勤	现代中小学教育	2013/03/20	期刊
三峡库区农村留守儿童心理健康与心理弹性现状及影响因素的研究	张帆	重庆医科大学	2013/04/01	博士论文
重庆市农村初中留守儿童思想品德教育现状及对策研究	赵婷	西南大学	2013/04/12	硕士
两翼农村留守儿童健康情况报告	张维利	重庆行政（公共论坛）	2013/04/18	期刊

续表

题名	作者	文献来源	发表时间	来源库
绘画艺术治疗在城市留守儿童心理干预中的应用——重庆图书馆的探索与实践	易红、王祝康	山东图书馆学刊	2013/04/28	期刊
留守儿童文化与教育信息需求的调研分析	孙浩	东方企业文化	2013/06/08	期刊
重庆农村教育的烦恼	谭畅	小康	2013/07/01	期刊
让快乐与学校同在——"快乐学校"关爱农民工子女活动调查	涂皓	教育	2013/08/08	期刊
地方高校服务农村城镇化建设的实践研究	黄智	中南林业科技大学	2013/10/01	硕士论文
留守儿童文化生活需求下的农家书屋建设研究——以重庆市留守儿童为例	邓倩、胡登全	图书情报工作	2013/10/20	期刊
西部山区离村儿童学习适应性研究——基于重庆T中学的调研	李长英、罗平云	现代中小学教育	2013/10/20	期刊
三峡库区留守儿童思想道德现状及对策研究	黄海霞	重庆交通大学	2013/12/01	硕士
民族幼儿教育的困境与破解——基于重庆秀山县金珠苗寨的田野考察	张卫民、张敏	学前教育研究	2014/01/01	期刊
加强农村留守儿童关爱服务体系建设	/	中国妇运	2014/03/15	期刊
留守儿童校外学习支持体系研究	马丽娜	西南大学	2014/04/10	硕士论文
公共图书馆开展留守儿童社会补偿教育的实践与思考——以重庆图书馆蒲公英梦想书屋项目为例	李英	河北科技图苑	2014/05/01	期刊
基于留守儿童文化生活的农家书屋建设——以重庆市留守儿童为例	胡登全、邓倩	编辑之友	2014/06/05	期刊
重庆彭水县黄家镇农村留守儿童身心健康状况调查	邢雨晗	青岛大学医学院学报	2014/07/14	期刊
新型城镇化视阈下涪陵区农村留守儿童安全问题研究	张李娟	改革与开放	2014/07/25	期刊
PICU留守儿童死亡病例就医现状分析	姜建渝、张小蓉	中国小儿急救医学	2014/10/20	期刊
浅阅读时代农村留守儿童阅读现状与对策研究	邓倩	图书馆工作与研究	2014/11/15	期刊
农村留守儿童阅读现状的调查分析——以重庆市为例	邓倩	出版发行研究	2015/01/15	期刊
农村留守儿童阅读现状调查分析——以重庆市为例	邓倩	中国出版	2015/01/23	期刊

续表

题名	作者	文献来源	发表时间	来源库
留守儿童安全感研究	廖传景	西南大学	2015/04/08	博士论文
重庆市初中留守儿童体质现状探析	吉莉扬洋、付邱竹文、孙艳华	文体用品与科技	2015/04/15	期刊
浅析报纸媒体关于"留守儿童"报道的得与失——以《三峡都市报》为例	鲁忠欣	经贸实践	2015/06/25	期刊
农村留守儿童阅读推广的探索与实践——以重庆图书馆为例	车丽娜、刘红、刘孝容	河南图书馆学刊	2015/07/15	期刊
重庆北碚初中留守儿童体质状况成因初探	吉莉扬洋	学周刊	2015/11/04	期刊
重庆滨江实验学校"12年一贯制学校情感教育课程建构与实施研究"中期报告	梁林	科学咨询（科技·管理）	2015/11/07	期刊
留守未成年人重新犯罪问题实证研究——以重庆某区77名留守未成年人犯罪案件为样本	万云松、陈贵玲	青少年犯罪问题	2015/11/20	期刊
重庆市农村留守儿童接种率现状及其监护人预防接种知信行研究	徐佳薇、王青、匡珊珊、姚宁	重庆医学	2015/12/20	期刊
渝东北片区留守儿童重型手足口病的就医现状分析	王玲、张小蓉、姜建渝	中国医药指南	2016/04/10	期刊
"留守"对重庆市儿童生存质量的影响	幸箐筠、钟晓妮、杨国婧	第二军医大学学报	2016/04/20	期刊
重庆地区留守儿童心理健康剖析和对策研究	张晓敏	青年文学家	2016/05/30	期刊
重庆三峡库区留守儿童营养知识和饮食行为调查与干预措施	刘奉、蒋祥林、邹飞	重庆医学	2016/10/20	期刊
非政府组织参与重庆市留守儿童帮扶的问题及对策研究	李朗	重庆大学	2016/11/01	硕士论文
曾留守大学生心理问题成因及对策探究——以重庆某独立学院为例	王艺燃	科教文汇（中旬刊）	2016/11/20	期刊
重庆市永川区3~6岁留守儿童25-羟维生素D水平及其与维生素D受体基因FOKⅠ位点多态性的相关性研究	田谧、李远、王燕、龚放	第三军医大学学报	2016/12/19	期刊
西南地区农村留守儿童学习现状调查研究——基于川、滇、黔、渝四省市的实证分析	汪建华、刘恬	海南师范大学学报（社会科学版）	2017/02/15	期刊
教育规训下中职学生的媒介行为研究	张勤	安徽大学	2017/03/01	硕士

续表

题名	作者	文献来源	发表时间	来源库
重庆市慈孝文化建设实效性研究	彭雪容	西南政法大学	2017/03/12	硕士论文
祖辈教养方式与学前留守儿童情绪调节能力的相关研究	隗代焱	西南大学	2017/04/10	硕士论文
留守儿童安全保护的社会工作组织介入研究	钱欣欣	西南大学	2017/04/10	硕士论文
留守儿童的学校关爱保护问题研究	李中阳	西南大学	2017/04/10	硕士论文
农村留守儿童关怀型课堂建构研究	牛旭峰	西南大学	2017/04/11	硕士论文
重庆市永川区285例3~6岁留守儿童25-羟维生素D水平调查及分析	田谧	重庆医科大学	2017/05/01	硕士论文
农村留守儿童学校适应问题研究	杨玉兰	华中师范大学	2017/05/01	硕士论文
关于"留守儿童"新闻报道的内容分析——以《重庆日报》留守儿童报道为例	张璐璐	今传媒	2017/09/05	期刊
农村留守儿童学习主观幸福感的现状	王燕	中国健康心理学杂志	2017/09/15	期刊
农村留守儿童应对方式学习自我效能感在社会支持与学习主观幸福感间的中介作用	王燕、邵义萍、杨青松、李萌萌、唐丹丹、赵娴	中国学校卫生	2017/12/25	期刊
浅谈"4+1"培养模式对留守儿童心理的影响——以重庆石柱县冷水镇小学为例	谭久远	学周刊	2017/12/25	期刊
重庆市綦江区农村留守儿童体质健康现状及对策研究	刘舒萍	知识文库	2018/01/23	期刊
同一个教室,不一样的童年	刘晨旭	西南大学	2018/04/01	硕士论文
西南地区农村留守儿童社会适应研究	程慧娟	西南科技大学	2018/05/01	硕士论文
贫困山区乡村衰落与人口迁移	陈方	西南大学	2018/05/19	硕士论文
"公共图书馆+学校"的少儿阅读推广实践与探索——以重庆图书馆为例	胡婷	农业网络信息	2018/06/26	期刊
留守女童性被害原因及预防对策——基于中国裁判文书网28例个案的分析	于阳、张鹤	山东警察学院学报	2018/09/20	期刊

续表

题名	作者	文献来源	发表时间	来源库
重庆某区青春期留守儿童生活质量影响因素分析	王宏、刁华、冉敏、杨静薇、杨连建、李婷	中国学校卫生	2018/09/29	期刊
儿童边缘人格特征量表的修订及其信效度检验	李杰、吴明霞	心理研究	2018/10/01	期刊
媒介偏倚理论视角下农村留守儿童媒介使用现状与媒介教育研究	韦文杰、马海娇	西部广播电视	2019/01/25	期刊
精准扶贫视角下农村留守儿童健康活动问题研究——以重庆三峡库区为例	王鑫鹏、车超	山东农业工程学院学报	2019/02/15	期刊
农村留守儿童基本文化权益保障机制研究	明月	西南大学	2019/04/19	硕士论文
重庆农村小学生法治教育研究	薛春兰	重庆师范大学	2019/05/01	硕士论文
妈妈回来了，孩子更好了	毛菊英	重庆师范大学	2019/05/01	硕士论文
儿童健康相关生命质量研究的知识图谱与演化路径分析	张梦娟	延边大学	2019/05/15	硕士论文
烛光跨越"九重山"——城口县借力高校名校资源打造"教育舰队"	徐焱、贺兴梅	当代党员	2019/09/01	期刊
新型城镇化进程中的重庆农村留守儿童政策探讨	戚博	中共重庆市委党校	2019/09/14	硕士论文
健身气功改善农村留守女中学生焦虑、抑郁和自尊的调查研究	郑云峰	西南师范大学学报（自然科学版）	2019/10/20	期刊
基于服务效能最大化下关爱农村留守儿童的活动特色研究——以重庆图书馆蒲公英梦想书屋为例	金晓冬	图书馆理论与实践	2020/01/10	期刊
重庆民间儿童文学对留守儿童的阅读促进作用及应用策略	仵兆琪	白城师范学院学报	2020/02/20	期刊
农村留守儿童家庭亲子沟通能力提升的个案研究	陈建伟	西南大学	2020/05/04	硕士论文
农村留守儿童学前教育地方政府作用研究	龚泽斌	云南财经大学	2020/05/22	硕士论文
高校社会工作教育介入农村精准扶贫实践的探讨	郭紫妍	山东大学	2020/06/01	硕士论文
最美教师：聚焦留守儿童，让爱直达终端	徐宇	今日教育（幼教金刊）	2020/06/25	期刊

续表

题名	作者	文献来源	发表时间	来源库
农村学生就近入学的现实困境与破解对策——基于重庆市农村小学生就近入学状况的调研	贾伟、邓建中	教育探索	2020/07/25	期刊
重庆乡村小学教师队伍建设现状与提升策略	史妍、兰建蓉	重庆行政	2020/10/18	期刊
重庆市民政局等10部门关于进一步健全农村留守儿童和困境儿童关爱服务体系的实施意见	/	重庆市人民政府公报	2020/10/31	期刊
学校效能视角下学校环境对留守儿童复原力的影响研究	杜屏、张言平	教育经济评论	2021/03/15	期刊
农村初中留守学生英语厌学现象及矫正策略研究	刘璐	四川外国语大学	2021/04/01	硕士论文
渝东南民族地区留守儿童家校共育存在的问题与对策研究	聂羽彤	遵义师范学院学报	2021/10/25	期刊

从总体数量上看，重庆市留守儿童的相关研究方向多、内容广。结合重庆地区的实际情况，对其原因进行分析，一是由于该地区留守儿童数量庞大，问题突出，具有科学研究的价值和意义；二是因为该地区有教育部直属的六所师范院校之一——西南大学，在相关研究方面有带动作用。感性判断需要有理性分析为支撑，为更好地研究该地区的留守儿童研究现状与热点，更科学、准确地进行文献分析，将利用CNKI中国知网的计量可视化分析功能和CiteSpace文献可视化分析软件对已有文献进行可视化分析以及综述。

根据CNKI中国知网的计量可视化分析得到如表6-2所示的指标分析。根据上表可以看出，截止到2021年11月14日，在CNKI上能够检索到的满足条件的有效文献共121篇。这说明有不少学者关心重庆地区的留守儿童问题并在该地区进行了针对留守儿童问题的相关领域研究。已有文献的总被引数为868频次，篇均被引数为7.17频次，说明已有文献在留守儿童研究领域具备一定的影响力。但总下载数62947频次，下载被引比为0.01，说明该地区的相关研究质量还有待提升。根据指标分析可以得出，重庆市留守儿童相关研究数量有限，内容有一定参考价值但还有待提升。

表6-2 指标分析

文献数	总参考数	总被引数	总下载数	篇均参考数	篇均被引数	篇均下载数	下载被引比
121	2832	868	62947	23.4	7.17	520.22	0.01

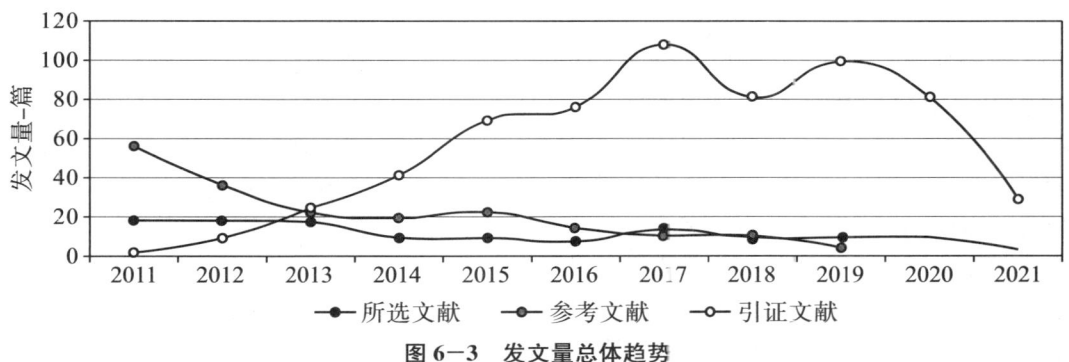

图 6-3 发文量总体趋势

从发文总体趋势看，该地区的相关研究年发文量变化趋势趋于平缓，年发文量保持在 10~20 篇左右。这说明自 2011 年以来，重庆市留守儿童相关研究趋势已趋于稳定。从引证文献量变化趋势来看，自 2011 年以来总体呈上升趋势并在 2017 年引证文献量达到峰值。从宏观背景来看，2016 年以来有多个与留守儿童有关的政策文件问世（见表 6-3）。如结合该时段国家的相关政策措施不难发现，峰值的出现与 2016 年以来国家的宏观政策密切相关。这也说明国家政策文件发挥着导向作用，引起了学者们对该地区留守儿童问题的广泛关注。

表 6-3 2016—2017 年国家相关部门颁布的留守儿童相关文件汇总

文件名称	颁布时间	发文机关
国务院关于加强农村留守儿童关爱保护工作的意见	2016 年	国务院
关于做好农村留守儿童健康关爱工作的通知	2016 年	国家卫生健康委员会
关于在全国开展农村留守儿童"合力监护、相伴成长"关爱保护专项行动的通知	2016 年	国家民政部
关于在农村留守儿童关爱保护中发挥社会工作专业人才作用的指导意见	2017 年	国家民政部

从学科分布情况来看（图 6-4），已有研究主要集中于社会科学领域，部分文献分布于医药卫生科技、信息科技和哲学与人文科学领域。留守儿童问题是一个相对复杂的社会问题，涉及教育学、心理学、社会学、经济学、农学、医学等多个学科。已有研究的学科分布相对广泛，说明该地区关于留守儿童问题的研究已经进入了多学科多领域研究的相对成熟的阶段。

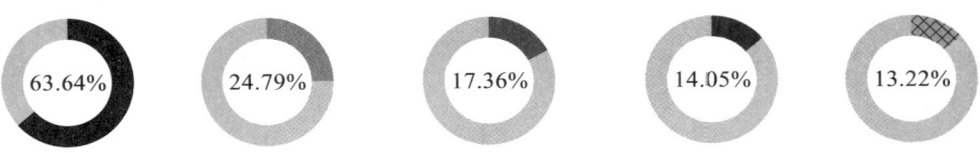

图 6-4 学科分布情况

利用 CiteSpace 文献可视化分析软件对检索到的 121 篇有效文献进行关键词共现分析，得到如图 6-5 所示的可视化图谱。由图 6-5 可以看出，已有研究的研究主题以留守儿童心理健康和情感教育为主。这说明留守儿童心理健康和情感教育是受到多数学者关注的问题，如学者杨晓燕用房树人技术的分析方法和绘画心理分析理论，从留守儿童对环境的适应性、人际关系和自我认知三个维度了解留守儿童的心理健康状态。通过研究发现调研地区的留守儿童心理状态与非留守儿童没有显著差异，因而从积极心理学的角度提出应该以积极的眼光将学生看做发展中的人，通过激发学生的积极心理品质来克服困难。学者程雪通过实地考察、访谈的方式调研了綦江区石角镇福禄村留守儿童的情感教育情况。她发现，相比于物质需求，留守儿童的情感需要更大。父母外出，更多关注儿童是否吃饱穿暖，而忽视了情感关爱，导致留守儿童的情感需求长期得不到满足。重庆市滨江区实验学校同样关注到了这个问题，并开发出了一门"情感教育"校本课程。课程分"育德"和"育智"两大系列，主要通过学科渗透或专门课程等方式授课，在实践中取得了较好的反馈。

图 6-5　关键词共现图谱

从研究类型来讲，以实践研究为主。这说明该地区的留守儿童相关研究偏向基于实践，解决实际问题。如宋义等学者运用田野调查和数理统计等研究方法，从体育锻炼与身心健康间的关系角度分析留守儿童的体育锻炼现状并提出了以留守儿童为主体的"1+5 模式"，希望通过体育健康教育来促进留守儿童的身心健康发展。这些切实可行的对策建议给未来很长一段时间当地的关爱留守儿童行动提供了理论借鉴和行动思路。

综上，已有研究主要针对在当时特定的时代背景下重庆市留守儿童问题的现状、原因、对策三个方面进行分析，希望能通过研究深入探讨留守儿童在教育上的困境以及"留守"对儿童的具体影响，并尽可能提出符合现实实际，能够帮助解决实际问题的对策。因此，关于"重庆市留守儿童问题"的相关研究的主要特点是现实性、实践性、可行性。

（三）城口县留守儿童形成的原因

从宏观背景上来讲，是城乡户籍"二元制"导致的。农村学龄儿童的户口在农村，因入学政策等的限制不能随父母"流动"。从现实选择来讲，国家为了解决流动人口子女的入学问题已经制定了相关的优惠政策，只要能提供相关证明材料，儿童就能在父母务工所在的地区入学。但是并不是所有外出打工的父母都会做出这样的选择，其原因是多方面的。一是大城市生活成本高，教育投入也更大。父母希望能把更多的钱存起来用在更紧迫的事情上，因此务工生活条件普遍艰苦，不愿意让孩子跟着一起吃苦；二是父母忙于工作，没有过多的时间照顾孩子，陪伴时间并不会太多，还会担心孩子独居时的安全问题，因此留在当地由爷爷奶奶或外公外婆照顾会更加放心。学者戚博在研究中提出，即使父母带着孩子去往务工城市，他们的各方面权益如医疗、教育等依然得不到保障。

三、城口县关爱留守儿童行动的发展历程

在关爱留守儿童行动中，政府的领导作用十分重要。在各项各类关爱留守儿童行动中，各级政府扮演着至关重要的角色。因此，在研究城口县关爱留守儿童的发展历程时，将主要从重庆市政府门户网站、城口县政府门户网站中对于留守儿童的新闻报道、政策文件中进行研究。同时由于在城口县人民政府网站中关于留守儿童的新闻报道相对较少，因此本次检索把范围扩大到了重庆市、城口县人民政府网站，市、县级教育局，体育局和民政局等相关网站，检索与"城口县留守儿童/困境儿童"高度相关的新闻报道和政策文件。按新闻报道发布的年份分类汇总得到表6-4的统计表。

表6-4 2011—2021年城口县人民政府网站等留守儿童新闻报道数量统计表

年份	报道数量（条）
2011年	0
2012年	0
2013年	0
2014年	0
2015年	0
2016年	3
2017年	2
2018年	23
2019年	14
2020年	14
2021年	15

根据分类汇总可以看出，在 2011—2015 年城口县人民政府等相关官方门户网站对留守儿童的新闻报道为 0。从有关学术文献可以看出，城口县关爱留守儿童行动开始时间较早，且一直持续。因此，分析 2011—2015 年报道为 0 的原因主要从当时当地缺乏宣传意识，2016 年以前因为经济、技术等原因网站建设不完备，不具备或不能熟练操作互联网信息公开的相关功能等方面入手。从 2016 年开始每年都有少量的关于当地留守儿童的新闻报道。除开技术、经济等因素不断发展以外，主要考虑 2016 年 2 月国务院颁发《关于加强农村留守儿童关爱保护工作的意见》对于重庆市、城口县关爱留守儿童行动的导向作用。

（一）萌芽期（2011 以前）——政府引导，初步探索

留守儿童群体自出现人口城乡区域流动以后就以逐年增长的趋势逐渐扩大。在 2011 年以前，国家解决留守儿童问题主要是将其作为解决"农民工""流动人口"等问题的一部分，并没有出台只针对留守儿童问题的相关文件，因此主要以地方关怀为主。重庆市财政局与市委研究室在 2010 年就"培养照顾好全市 130 万农村留守儿童"专题进行了深入探讨。这次专题探讨主要针对留守儿童面临的现实困难和问题，从整合资源的角度增加"留守儿童"的财政投入。并且提出通过改善寄宿制学校的软硬件设施、规范相关制度程序等具体措施，改善留守儿童的困境。这是当下能检索到的关于重庆市关爱留守儿童行动的最早报道。根据本篇报道可以看出，在这个阶段主要是以市政府牵头、拨款进行关爱留守儿童方面的政策设计。并且是从宏观发展的角度整体规划关爱留守儿童的行动方向，为下级区县关爱留守儿童行动提供了宏观引领和财政资金支持。

除了市政府的统一规划领导以外，城口县还在积极探索适合本土实情的行动路径。根据文献资料，城口县早在 2006 年就已经开始面向留守儿童推行"代理家长制"，以鼓励、动员的方式召集老师、村社干部担任"代理爸爸""代理妈妈"。同时，还从多渠道筹集资金，针对留守女童实施"春蕾计划"。截至 2006 年底，"春蕾计划"及各项相关活动已经救助女童 2030 人次。

（二）发展期（2011—2015 年）——社会参与，由点及面

被列为关爱留守儿童常规活动项目的"暖冬行动"，最开始来源于 2012 年城口县一名支教教师的微博求助。支教教师讲述了支教小学的困难生活并引起了《重庆晨报》的关注。在《重庆晨报》派记者前往当地进行实地调研和物资捐赠活动以后，开始引起社会的关注并持续升温。最后形成了由共青团重庆市委和《重庆晨报》共同推出的大型公益活动"暖冬行动"。在纸媒和社交新媒体的宣传下，由最开始救助农村留守儿童的具体帮扶行动，变成了受助留守儿童覆盖面更广、关爱领域更宽的社会行动。

（三）深化期（2016 年至今）——制度建设，合作帮扶

自 2016 年国务院颁发《国务院关于加强农村留守儿童关爱保护工作的意见》后，全国范围内开始广泛关注、重视留守儿童关爱保护行动，并出台了一系列具体政策。汇总国务院、民政部等主体关爱留守儿童政策文件见表 6-5。从汇总情况可以看出，自

2016年起,国务院、民政部等国家机关每年都会发布与留守儿童密切相关的政策文件。五年多的时间里,国家已从顶层设计、统筹规划的层面为关爱留守儿童行动提供了可靠的制度保障和行动纲领。从政策涉及的相关领域来看,国家首先对关爱和保护留守儿童工作做了总体指导意见,然后再逐年从不同角度提出关爱留守儿童的具体指导意见。如在2016年国务院颁发《关于加强农村留守儿童关爱保护工作的意见》后,2017年国家民政部从"发挥社会工作专业人才作用"的角度发文,2018年国务院办公厅从建立"农村留守儿童关爱保护和困境儿童保障工作部际联席会议制度"角度出发,完善关爱留守儿童行动的相关政策。

表6-5 国务院、民政部等主体关爱留守儿童政策文件一览

文件名称	颁布时间	发文机关
国务院关于加强农村留守儿童关爱保护工作的意见	2016年	国务院
国家卫生计生委关于做好农村留守儿童健康关爱工作的通知	2016年	国家卫生健康委员会
关于在全国开展农村留守儿童"合力监护、相伴成长"关爱保护专项行动的通知	2016年	国家民政部
关于在农村留守儿童关爱保护中发挥社会工作专业人才作用的指导意见	2017年	国家民政部
国务院办公厅关于同意建立农村留守儿童关爱保护和困境儿童保障工作部际联席会议制度的函	2018年	国务院办公厅
民政部关于开展全国农村留守儿童关爱保护和困境儿童保障示范活动的通知	2018年	国家民政部
关于组织开展全国农村留守儿童关爱保护"百场宣讲进工地"活动的通知	2018年	国家民政部
关于进一步健全农村留守儿童和困境儿童关爱服务体系的意见	2019年	国家民政部等
关于劳动密集型企业进一步加强农村留守儿童和困境儿童关爱服务工作的指导意见	2019年	国家民政部
民政部关于组织开展全国农村留守儿童和困境儿童关爱保护"政策宣讲进村(居)"活动的通知	2020年	国家民政部

重庆市城口县关爱留守儿童的行动路径紧跟国家步伐。自2016年国务院颁发《关于加强农村留守儿童关爱保护工作的意见》后,重庆市政府、城口县政府相继在同年发布《重庆市人民政府关于进一步加强困境儿童保障工作的实施意见》《重庆市人民政府关于加强农村留守儿童关爱保护工作的实施意见》和《城口县加强农村留守儿童关爱保护工作方案》。这意味着重庆市城口县关爱留守儿童行动开始走向制度化阶段。同时,在国家关注留守儿童的时代背景下,重庆市城口县顺应时代的步伐,不断完善留守儿童相关的制度政策,并将关爱留守儿童,解决留守儿童生活、学习困难问题纳入其经济发展规划。(表6-6)

表 6-6 重庆市、城口县等主体关爱留守儿童政策文件一览

文件名称	颁布时间	发文机关
重庆市人民政府关于进一步加强困境儿童保障工作的实施意见	2016 年	重庆市人民政府
重庆市人民政府关于加强农村留守儿童关爱保护工作的实施意见	2016 年	重庆市人民政府
城口县加强农村留守儿童关爱保护工作方案	2016 年	城口县人民政府
重庆市人民政府办公厅关于同意建立农村留守儿童关爱保护和困境儿童保障工作联席会议制度的函	2019 年	重庆市政府办公厅
城口县深入动员全县社会力量助推脱贫攻坚实施方案	2019 年	城口县乡村振兴局
城口县 2019 年脱贫摘帽工作要点	2019 年	城口县乡村振兴局
关于进一步健全农村留守儿童和困境儿童关爱服务体系的实施意见	2020 年	重庆市民政局
重庆市民政局　重庆市档案局关于印发《重庆市困境儿童保障业务档案管理实施细则》的通知	2020 年	重庆市民政局、重庆市档案局
城口县岚天乡人民政府关于解决"四类对象"等特殊困难群体脱贫攻坚问题专项行动方案	2021 年	城口县岚天乡人民政府
城口县教育委员会关于义务教育发展基本均衡的自查情况报告	2021 年	城口县教育委员会
城口县教育委员会关于进一步加强德育工作的指导性意见	2021 年	城口县教育委员会
城口县教育委员会关于进一步加强和改进新时代中小学心理健康教育的通知	2021 年	城口县教育委员会

在经济实力相对薄弱、经济发展动能不足的现实条件制约下，为了更有效地开展关爱留守儿童行动，让更多留守儿童从行动中获得温暖，城口县在关爱留守儿童行动中呈现出"多方协同，合作帮扶"特点。除本县独立开展各项行动外，还有很大一部分来自重庆市兄弟单位、市县爱心企业、爱心人士的结对帮扶，见表 6-7。帮扶活动主要涉及对留守儿童生活关爱和学业关爱两个领域，以慰问活动为主要方式。在具体的关爱行动中，几乎每一次都涉及物资捐赠。有针对留守儿童冬衣较少、过冬困难的情况赠送御寒物品的，如重庆市第五届红樱桃"冬日针爱"志愿行动为鸡鸣乡小学贫困、留守儿童赠送帽子、手套、围巾、棉衣等御寒衣物。有针对农村小学教学设施落后、必备教学用具缺乏的情况捐赠教学物品从硬件设备方面解决留守儿童学业问题的，如重庆市纪委监委机关为学校捐赠教学设备、文体用品等合计价值 9.98 万元。从汇总情况可以看出，在结对帮扶活动下，城口县关爱留守儿童行动领域相对全面。与本土关爱行动相互补充，弥补了城口县由于客观经济等原因带来的行动困难问题。

表 6-7　重庆市兄弟单位、爱心企业、爱心人士的结对帮扶活动部分汇总

时间	关爱主体	关爱领域	关爱形式	关爱行动
2018/01/26	重庆市委宣传部、市文明办等单位	生活关爱	慰问活动	重庆市第五届红樱桃"冬日针爱"志愿行动走进鸡鸣小学，为该校192名贫困、留守儿童赠送御寒物品。
2018/04/27	深圳市宝安区总工会、区妇联	生活关爱	公益活动	开展"关顾童心"公益活动，提升"爱心妈妈"关爱服务能力，关爱困境儿童学习生活状况。
2018/05/31	重庆市纪委监委机关	学业关爱	慰问活动	为学校捐赠教学设备、文体用品等合计价值9.98万元物资，同时，为庆祝六一儿童节的到来，特别为孩子们赠送了小礼品。
2018/08/07	九龙坡区离退休干部、关工委干部、九龙坡区杨家坪地区人大代表、政协委员及城口离退休干部党支部一行	生活关爱	慰问活动	开展九龙坡区·城口县"党建带关建·幼苗吐新绿"结对帮扶活动。给予每名儿童2000元帮扶助学金，同时，为孩子们赠送了书籍和学习用品。
2019/05/31	九龙坡区、城口两地关工委	学业关爱	帮扶活动	开展"夕阳暖人心·五老助成长"活动，帮助农村贫困青年脱贫致富，关爱呵护农村留守、困境儿童，让他们共享改革发展成果，成长为担当民族复兴大任的时代新人。
2019/06/18	九龙坡妇联、城口县妇联	生活关爱	结对帮扶	"爱心守护·与梦同行"——九龙坡妇联、县妇联为留守儿童集体过生日暨微心愿圆梦活动。
2019/08/26	北碚区民族团结进步促进会	生活关爱	帮扶活动	北碚区民族团结进步促进会到巴山二小开展"关爱贫困，牵手成长"教育扶贫活动，进一步关爱贫困学生成长，推动山区教育发展，助力城口县脱贫攻坚。

第二节　城口县关爱留守儿童乡土特色与行动年表

该节主要介绍城口县关爱留守儿童的乡土特色和行动年表。以重庆市政府，重庆市城口县政府、民政局、妇联、教体局等官方网站对关爱留守儿童行动的新闻报道为主要根据，在进入相关网站进行信息检索时将时间范围确定为2011年1月至2021年12月。由于网站更新维护导致信息同步不完善等原因，本次检索到的相关新闻报道的最早时间为2018年1月。将相关报道按关爱时间、关爱主体、关爱领域、关爱形式、关爱内容五个维度进行归类汇总得到表6-8。在进行该地区关爱留守儿童行动路径等相关分析时，主要通过对关爱主体、关爱领域、关爱形式三大维度内容进行饼状图的可视化处

理，最终总结出重庆市城口县在关爱留守儿童方面的乡土特色与乡土路径。

（一）城口县关爱留守儿童基本情况介绍

为保障留守儿童和困境儿童的相关权益，城口县采取了多种举措。在资助政策方面，义务教育阶段贫困寄宿生生活费补助标准为每人每年小学1000元、初中1250元；非寄宿贫困学生（除建档立卡贫困家庭学生）生活费补助标准每人每年小学500元、初中625元；非寄宿建档立卡贫困家庭学生由就读学校免费提供一顿午餐，市级补助区县按每人每天小学6元、初中7元，全年200天计算（含营养改善计划补助资金）。非寄宿建档立卡家庭学生实施县级特惠资助，标准为小学每人每年600元、初中650元；对非寄宿城乡低保家庭学生、特困人员、孤儿、残疾学生实施县级特惠资助，标准为小学每生每年500元，初中625元。在关爱机制方面，进城务工人员子女入学率达100%，并纳入财政保障体系，留守儿童入学率和关爱面达100%，贫困儿童入学率和关爱面达100%。

（二）城口县关爱留守儿童行动年表

为了更好地研究城口县关爱留守儿童的乡土特色，梳理典型经验，以表6-8为基础，分别将"关爱主体""关爱领域""关爱形式"三个部分再次进行分类汇总，并以饼状图的形式进行可视化分析。

表6-8　2018—2021年重庆市城口县关爱留守儿童行动年表

时间	关爱主体	关爱领域	关爱形式	关爱行动
2018/01/10	葛城街道联合团县委、县民政局、县妇联等单位	生活关爱	慰问活动	组织开展"冬日阳光·温暖你我"新春关爱行动，发动社会各界爱心人士，为辖区67名贫困孩子实现新年愿望。
2018/01/11	团县委书记、党组书记一行	生活关爱	基层调研	在复兴小学开展慰问座谈，看望慰问贫困户、留守儿童，了解贫困学生及留守儿童学习情况等。
2018/01/14	重庆市八个县政协委员小组	生活关爱	政策设计	委员建议，要加大对农村留守儿童的关注力度，让留守儿童更好地成长成才。
2018/01/18	城口县人民政府	生活关爱	公益活动	截至2018年，城口县已建成农家书屋173个，覆盖了全县所有的行政村。共向农村配送图书46万余册。
2018/01/25	城口县慈善会	生活关爱	慰问活动	县慈善会开展"情暖万家 温暖过年"为主题的新春慰问活动，为农村留守儿童等三类重点对象送去关怀温暖以及新春的美好祝福。
2018/01/26	重庆市委宣传部、市文明办等单位	生活关爱	慰问活动	重庆市第五届红樱桃"冬日针爱"志愿行动走进鸡鸣小学，为该校192名贫困、留守儿童赠送了毛衣、围巾、手套等御寒物品。

续表

时间	关爱主体	关爱领域	关爱形式	关爱行动
2018/02/02	共青团城口县委	生活关爱	慰问活动	开展"冬日阳光·温暖你我"城口县2017新春关爱公益行动募捐活动，向社会广大爱心人士发出倡议，帮助留守儿童和困难儿童完成新年心愿。
2018/02/02	北屏乡中心小学	学业关爱	特色课程	校内留守儿童数量占学生人数一半以上，为了让孩子们有一个丰富多彩的童年，帮助孩子们塑造积极健康的人格，北屏乡中心小学将"彩叶画"作为办学一大特色，用心打造"彩叶画"特色小学。
2018/02/08	葛城街道团工委	生活关爱	慰问活动	葛城街道团工委组织巾帼志愿者和大学生志愿者，到葛城街道庙垭村开展新春送温暖活动，与该村孤寡老人及留守儿童一起包汤圆，热热闹闹过小年。
2018/02/23	城口县修齐镇中心卫生院、社会事务办公室	健康关爱	公益活动	开展以"把健康带回家，健康幸福过大年"为主题的流动人口关怀关爱宣传教育。对妇幼保健、心理健康及留守儿童健康知识等作了深入讲解。
2018/04/02	城口县教委	/	政策设计	切实关爱留守儿童、残疾儿童和特殊困难家庭子女。进一步完善留守儿童关爱机制，推行代理家长、爱心小屋等关爱模式。
2018/04/12	城口县巴山二小	生活关爱	家访活动	巴山二小组织全体教师进村入户到贫困学生家中开展"入户家访助脱贫"主题家访，老师们在引导家长念好"育儿经"的同时，充分激发他们脱贫致富的内生动力。
2018/04/27	深圳市宝安区总工会、区妇联	生活关爱	公益活动	开展"关顾童心"公益活动，提升"爱心妈妈"关爱服务能力，关爱困境儿童学习生活状况。
2018/05/21	城口县青少年活动中心	思想引领	慰问活动	"童心向党·追逐梦想"流动少年宫走进左岚乡第一中心小学，开展2018年关爱农村贫困留守儿童"心有榜样·接受帮助"主题实践活动。
2018/05/31	重庆市纪委监委机关	学业关爱	慰问活动	为学校捐赠教学设备及文体用品等合计价值9.98万元物资。同时，为庆祝六一儿童节的到来，特别为孩子们赠送了小礼品。
2018/08/07	九龙坡区离退休干部、关工委干部、九龙坡区杨家坪地区人大代表、政协委员及城口离退休干部党支部一行	生活关爱	慰问活动	开展九龙坡区·城口县"党建带关建·幼苗吐新绿"结对帮扶活动。给予每名儿童2000元帮扶助学金，同时，为孩子们赠送了书籍等学习用品。

续表

时间	关爱主体	关爱领域	关爱形式	关爱行动
2018/10/09	城口县委办公室	/	政策设计	在加强文化引领方面，推进农村"文化服务中心"和"留守儿童之家"建设。
2018/10/21	城口县团委	生活关爱	公益活动	开展助力脱贫攻坚百场公益活动。引入专业志愿者与当地的"山茶花"脱贫攻坚志愿者开展普及心理健康知识心理历奇拓展训练、团体辅导等活动。
2018/11/02	城口县人民政府	/	政策设计	印发《推动乡村文化振兴工作方案》，内容提到深化农村精神文明创建和志愿服务活动，精准实施留守儿童关爱、文化进村等重点志愿服务项目。
2018/11/20	城口县教委	/	政策设计	建立留守儿童关爱体系，切实保障进城务工随迁子女享受同城待遇，大力实施营养改善计划，实现义务教育阶段学生和农村学前儿童全覆盖……不让一个贫困学生失学，不让一个留守儿童失爱。
2018/12/17	县检察院、县公安局、县司法局、县妇幼保健院	健康关爱	政策设计	留守被害人"一站式"救助站由县检察院、县公安局、县司法局、县妇幼保健院联合成立。站内设有心理咨询室、身体检查室和"莎姐"办公室，主要负责留守儿童心理咨询、心理疏导、预防未成年人犯罪等工作。
2019/01/24	重庆市委宣传部、市文明办、市教委等单位	生活关爱	慰问活动	重庆市第六届红樱桃"冬日针爱"志愿行动走进城口县两个市级深度贫困乡：沿河乡、鸡鸣乡，为两乡的752名贫困学子送去棉衣、帽子、围巾、手套等，带来冬日温暖。
2019/01/28	城口县实验小学	生活关爱	公益活动	开展2018年寒假"假期社会实践活动"之关爱行动，组织120名留守儿童、贫困儿童，游览土城老街，参与趣味活动。
2019/02/13	城口县各乡镇街道、单位部门	生活关爱	慰问活动	各乡镇街道、单位部门持续开展"冬日阳光·温暖你我"新春关爱行动，为贫困学生、留守儿童送去关怀和温暖。
2019/05/27	城口县人民政府	学业关爱	帮扶活动	开展教育帮扶活动，为该村小捐赠图书、搭建爱心图书角。
2019/05/31	九龙坡区、城口两地关工委	学业关爱	帮扶活动	开展"夕阳暖人心·五老助成长"活动，帮助农村贫困青年脱贫致富，关爱呵护农村留守、困境儿童。
2019/06/18	九龙坡妇联、城口县妇联	生活关爱	帮扶活动	"爱心守护·与梦同行"——九龙坡妇联、县妇联为留守儿童集体过生日暨微心愿圆梦活动。

续表

时间	关爱主体	关爱领域	关爱形式	关爱行动
2019/07/10	九龙坡区对口支援办工作领导小组	生活关爱	公益活动	九龙坡对口帮扶，圆42名城口少年夏令营梦。
2019/07/18	城口县图书馆	生活关爱	公益活动	建立爱心图书流通点丰富留守儿童阅读内容，促进留守儿童健康成长。
2019/07/22	重庆航天职业技术学院团委	生活关爱	公益活动	围绕"七彩假期"青年志愿者关爱农村留守儿童志愿服务项目和"情暖童心"关爱保护农村留守儿童工程，开展学业辅导、亲情陪伴等志愿服务。
2019/07/22	城口县妇联	/	公益活动	县妇联组织东安镇35名困境留守儿童代表参加"童眼看世界 童心赞祖国"快乐成长营体验之旅公益活动。
2019/08/13	城口县人民政府	法律宣传	宣传教育	城口县召开第四届"关爱明天、普法先行"青少年普法教育活动部署会。
2019/08/26	北碚区民族团结进步促进会	生活关爱	帮扶活动	北碚区民族团结进步促进会到巴山二小开展"关爱贫困，牵手成长"教育扶贫活动，进一步关爱贫困学生成长，推动山区教育发展，助力城口脱贫攻坚。
2019/10/11	城口县妇联	生活关爱	帮扶活动	县妇联整合资源，多方募集，筹措资金，深入基层开展扶贫济困系列活动，深入推进"不忘初心、牢记使命"主题教育，进一步助推脱贫攻坚。
2019/12/23	城口县公安局团总支	生活关爱	帮扶活动	县公安局团总支到左岚乡第一中心小学开展"冬日阳光·温暖你我"主题帮扶活动，为学生送去"新年心愿礼物"。
2020/04/26	高观镇	生活关爱	公益活动	高观镇11个村（社区）的新时代文明实践站组织村支两委干部、党员、民兵、青年志愿者等组成志愿服务队，集中开展志愿服务活动。志愿服务队集中看望关怀留守儿童，陪他们玩耍谈心。
2020/05/11	城口县妇联	生活关爱	公益活动	"幸福家庭 共同成长"家庭教育系列宣传及指导服务活动。
2020/06/12	县"紫藤花"西部计划志愿者	学业关爱	公益活动	县"紫藤花"西部计划志愿者利用周末空闲时间，开展了一场趣味十足的"共青团周末课堂"。
2020/06/28	共青团城口县委	生活关爱	公益活动	"浓浓中国心·丝丝端午情"端午节关爱贫困留守儿童主题教育实践活动。
2020/07/13	团县委、县妇联、北屏乡政府	健康关爱	公益活动	举行青少年防溺水安全教育暨"快乐健康包"发放仪式，全乡200余名学生、家长、爱心妈妈参加。

续表

时间	关爱主体	关爱领域	关爱形式	关爱行动
2020/08/03	共青团城口县委	学业关爱	公益活动	"七彩假期"活动。
2020/08/07	市扶贫开发领导小组	/	政策设计	提升农村公共服务水平：提升贫困地区教育教学质量、加强多重保障制度衔接，健全农村留守儿童、留守妇女、留守老人和残疾人关爱服务体系等内容。
2020/08/27	城口县妇联、县委党校	健康关爱	公益活动	"情暖童心，相伴成长"儿童心理辅导及关爱活动。全场100余名爱心妈妈和留守（困境）儿童参加活动。
2020/09/24	茅坪社区	生活关爱	慰问活动	茅坪社区联合县关工委、县委组织部及辖区网格单位对留守老人、留守儿童等困难群体进行慰问，送上慰问品和慰问金。
2020/09/27	沿河乡妇联、社区教育学校等	生活关爱	慰问活动	"庆中秋迎国庆"庆祝活动。
2020/10/22	县委教育工作领导小组	/	政策设计	完善留守儿童和随迁子女教育保障机制，鼓励和支持社会力量参与留守儿童关爱与服务工作。
2020/12/22	城口县妇女联合会、龙田乡人民政府、龙田乡妇联、龙田乡中心小学	生活关爱	慰问活动	"情暖冬日 相伴成长"儿童关爱活动，县妇联为100名留守儿童带去"温暖包"。
2020/12/29	县妇联、团县委、庙坝镇机关党支部、庙坝镇罗江村党支部	生活关爱	慰问活动	通过前期各村（社区）走访，共收集到100名留守儿童的新年心愿。本次通过亲子互动和文艺展示活动，切实解决了留守儿童在生活、学习、心理等方面的难题，并为他们送上了体育用品、学习用具等新年礼物，拉近了与孩子们的距离，增进了感情。
2020/12/30	龙田乡妇联和新时代文明实践志愿者服务队、龙田乡中心小学	生活关爱	慰问活动	"喜迎新年 欢庆元旦"关爱留守儿童主题活动。家长走进学生宿舍，了解学生在学校的"家"，开展"包饺子"比赛等。
2021/01/05	共青团重庆市委、城口县龙田乡、中建三局三公司西南分公司、重庆市出租汽车暨汽车租赁协会党委等相关爱心人士	生活关爱	慰问活动	"冬日阳光·温暖你我"新春关爱行动，一共实现了118名小朋友的新年心愿，其中各位爱心人士给予了很大的支持和帮助。

续表

时间	关爱主体	关爱领域	关爱形式	关爱行动
2021/01/07	九龙坡区人民医院、城口县人民医院、葛城街道滨河社区	健康关爱	公益活动	城口县人民医院代表九龙坡区人民医院为滨河社区40名留守儿童和留守老人，发放了由九龙坡区人民医院团委募集的爱心物资。
2021/01/11	城口县消防救援大队	安全关爱	宣传教育	向留守儿童、孤寡老人等特殊群体免费发放烟雾报警器、灭火器、灭火毯等消防设施设备，并对操作过程进行了培训演练，以便发生火灾时可以及时进行处理。
2021/01/27	城口县政府办公室	/	政策设计	逐步健全完善儿童福利工作机制和政策体系，提升关爱服务水平。召开全县农村留守儿童关爱保护和困境儿童保障工作联席会议。
2021/02/09	明通镇人民政府	生活关爱	慰问活动	向老党员、老干部、退伍军人、贫困户、留守儿童、留守妇女、空巢老人、失独家庭、孤寡残疾等特殊困难群体拜新年、纳福吉，送上最深情的新春祝福。"火儿坑"旁、腊肉架下，倾听他们'带露珠、冒热气"的所思所盼。
2021/02/11	城口县人民政府	生活关爱	慰问活动	以"巩固脱贫成果，喜迎牛年春节"为主题，广泛开展2021年春节慰问活动，进一步织牢扎紧民生"保障网"，让群众真切感受到党和政府的关怀和温暖。
2021/06/10	城口县图书馆、县妇联	学业关爱	公益活动	县图书馆依托星光村"星光夜校"，建立起少年儿童爱心接力服务流通点。
2021/06/24	城口县民政局	法律宣传	宣传教育	城口县民政局结合党史学习教育进社区宣讲活动，将《中华人民共和国未成年人保护法》作为宣讲的主要内容。提升干部群众对法律法规的了解，切实维护儿童合法权益。
2021/07/14	左岚乡人民政府	安全关怀	宣传教育	左岚乡紧绷安全弦，采取切实有效的措施，做好中小学生特别是留守儿童防溺水教育和管理工作。
2021/07/20	共青团城口县委	生活、学业	公益活动	重庆师范大学第23届研究生支教团到柳河村开展"七彩假期——学习党史共成长 安全知识不放假"主题活动，陪这里的留守儿童、未成年孩子们度过了一个意义非凡的假期，留下了弥足珍贵的回忆。
2021/08/03	重庆市委、市政府	/	政策设计	大力加强困难群体救助工作，城乡低保人数减少至139.66万人，城乡特困供养人员人数减至18.41万人。建立农村留守儿童和困境儿童关爱体系，4000余名孤儿、3150余名事实无人抚养儿童基本生活、医疗、教育得到保障。

续表

时间	关爱主体	关爱领域	关爱形式	关爱行动
2021/08/13	高燕镇星光村	生活关爱	慰问活动	高燕镇星光村开展"小手牵大手 感党恩跟党走"主题实践活动。以"心手相牵温暖您""手拉手共成长"等活动关心关爱独居老人和留守儿童,引导青少年学习党史、孝老爱亲、自强自立。
2021/09/10	明通镇人民政府	生活、健康关爱	宣传教育	明通镇民政办、镇新时代文明实践站和社会工作站联合开展"守护童心、关爱成长"困境儿童关心关爱活动。新时代文明实践站志愿者和社会示范工作站专业人才,为困境儿童集中进行心理辅导、教授绘画书法课程、开展趣味活动等,同时广泛宣传儿童安全防范知识。
2021/10/14	明通镇人民政府	思想引领	宣传教育	定期推出绘画、书法等精品课程,引导孩子讲红色故事、谈祖国愿景、绘丰收美图;打造"学习风采文化墙"进行集中展示,引导儿童从小树立知党情、感党恩之心。

（三）城口县关爱留守儿童的乡土特色与经验梳理

从关爱主体看（图6-6），为了更直观了解关爱主体的分布情况，将表6-8中的具体关爱主体进行分类，主要分为：以基层学校、乡/镇/街道为单位的党政机关、县/区级单位、市级单位、其他公益组织和团体五大主体，基于表6-8中的"关爱主体"一栏进行再次分类汇总后得到。由图6-6可以看出，近十年城口县留守儿童关爱行动以县/区级单位为主要行动主体（占总体的50%），其次为乡/镇/街道为单位的党政机关（占总体的21%）。这体现了当地县政府及其同级、下级机关单位在当地的留守儿童关爱行动中的积极引导和组织，同时由于城口县在2020年12月前仍属于国家级贫困县，因此在留守儿童关爱行动中不乏市级单位、其他公益组织等的帮扶。如2018年重庆市纪委、监委为学校捐赠教学设备及文体用品等合计价值9.98万元物资。同时，为庆祝六一儿童节的到来，特别为孩子们赠送了小礼品。2019年8月重庆市北碚区民族团结进步促进会到巴山二小开展"关爱贫困，牵手成长"教育扶贫活动，进一步关爱贫困学生成长，推动山区教育发展，助力城口县脱贫攻坚等。

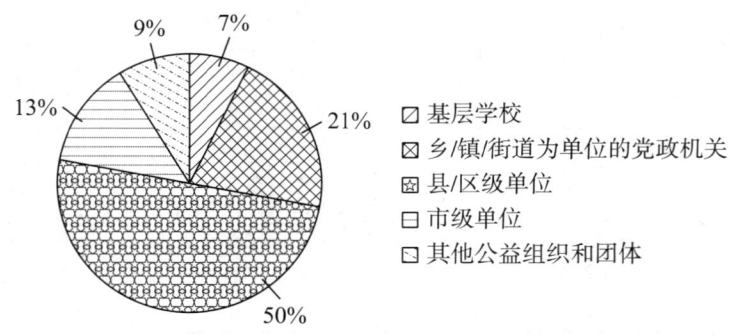

图6-6 城口县留守儿童关爱行动主体

从关爱领域看（图6-7），从2018—2021年城口县关爱留守儿童行动的主要关注点集中于对留守儿童的生活关爱（占总体的63%）。结合当地留守儿童的实际生活情况不难发现，城口县留守儿童关爱行动更加侧重于改变留守儿童窘迫的生活现状，保障留守儿童基本的衣、食、学习用具的需要。如每年开展的"暖冬行动"，为留守儿童购置过冬的保暖衣物，让留守儿童在寒冬中身心都得到温暖；多数关爱行动都涉及学习用具的捐赠，能够保障留守儿童在学习中不因用具缺乏而感到困扰。但相比之下，已有关爱行动对于留守儿童的健康关爱、法律宣传、思想引领相对较少。这说明更多在改善留守儿童物质生活条件方面采取行动，而对留守儿童的身心健康、思想发展、安全关怀等方面的行动还需进一步加强。

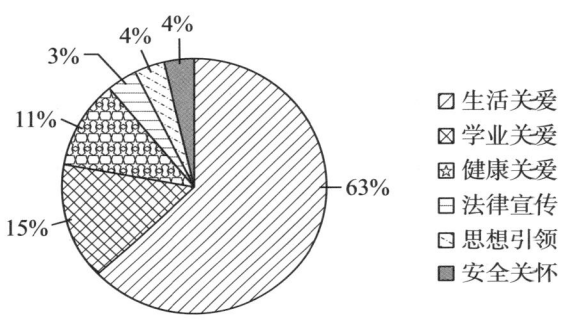

图6-7 城口县留守儿童关爱行动领域分布

从关爱形式看（图6-8），现有关爱行动以公益活动和慰问活动为主，主要是节日慰问、物资捐赠、常规公益活动等。其他关爱形式如帮扶活动、宣传教育、政策设计等分布相对均匀，并且辅之以家访活动、基层调研等活动，这说明该地区开展关爱留守儿童行动的形式多样，注重从多角度、多举措关爱留守儿童。这种现象与趋势是令人欣喜的，也是值得进一步发展的。

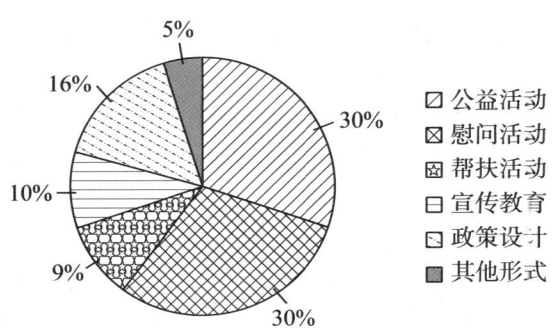

图6-8 城口县留守儿童关爱行动形式分布

第三节　城口县关爱留守儿童的经典案例与典型经验

一、城口县关爱留守儿童行动典型经验

（一）"3+1"原则为依托

根据城口县关爱留守儿童行动年表与2016年城口县人民政府印发的《城口县加强农村留守儿童关爱保护工作方案》，总结出城口县在关爱留守儿童行动上坚持"政府主导、家庭尽责、全民关爱、标本兼治"的"3+1"关爱原则（图6-9）。

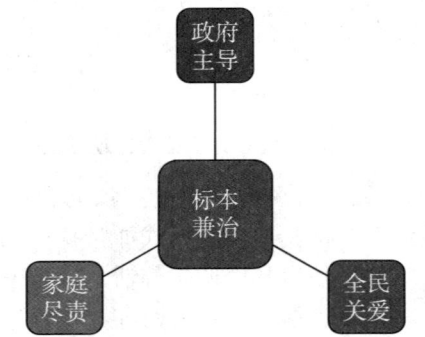

图6-9　城口县关爱留守儿童行动"3+1"关爱原则

坚持政府主导。城口县人民政府在关爱留守儿童行动中始终坚持其主导作用，把农村留守儿童关爱保护工作作为各级政府重要工作内容，在具体工作中落实乡镇人民政府（街道办事处）属地责任，强化民政等有关部门的监督指导责任，健全农村留守儿童关爱服务体系和救助保护机制，从政策设计、体制保障、监督落实等各方面切实保障农村留守儿童合法权益；坚持家庭尽责。在家庭发展中首先考虑儿童利益；在社区工作中加强对家庭监护和委托监护的督促指导，确保农村留守儿童得到妥善监护照料、亲情关爱和家庭温暖；坚持全民关爱。充分发挥村（居）民委员会、群团组织、社会组织、专业社会工作者、志愿者等各方面积极作用，着力解决农村留守儿童在生活、监护、成长过程中遇到的困难和问题，形成全社会关爱农村留守儿童的良好氛围。留守儿童问题是一个存在已久并且短期内无法从根本上完全解决的社会问题，城口县人民政府坚持标本兼治。既立足当前，完善政策措施，健全工作机制，着力解决农村留守儿童监护缺失等突出问题；又着眼长远，统筹城乡发展，从根本上解决儿童留守问题。

（二）四大机制共保障

1. 建立强制报告机制

县内学校、幼儿园、医疗机构、村（居）民委员会、社会工作服务机构、救助管理机构及其工作人员，在工作中发现农村留守儿童脱离监护单独居住生活或失踪、监护人丧失监护能力或不履行监护责任、疑似遭受家庭暴力、疑似遭受意外伤害或不法侵害等情况的，应当在第一时间向公安机关报告。负有强制报告责任的单位和人员未履行报告义务的，其上级机关和有关部门要严肃追责。其他公民、社会组织积极向公安机关报告的，应及时给予表扬和奖励。关爱留守儿童救助保障机制如图6-10所示。

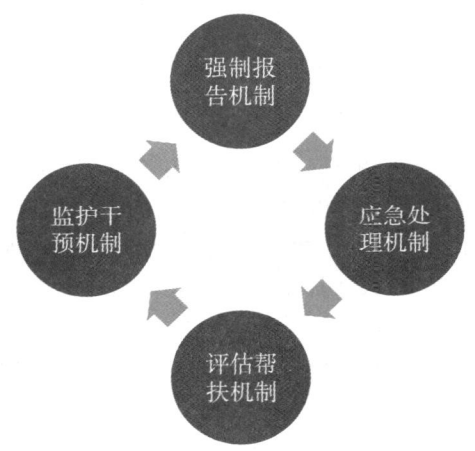

图6-10 城口县关爱留守儿童救助保障机制

2. 完善应急处置机制

公安机关要及时受理有关报告，第一时间出警调查，有针对性地采取应急处置措施，强制报告责任人要协助公安机关做好调查和应急处置工作。督促强化家庭监护主体责任，属于农村留守儿童单独居住生活的，要责令其父母立即返回或确定受委托监护人，并对父母进行训诫；属于监护人丧失监护能力或不履行监护责任的，要联系农村留守儿童父母立即返回或委托其他亲属监护照料；上述两种情形联系不上农村留守儿童父母的，要就近护送至其他近亲属、村（居）民委员会或救助管理机构、福利机构临时监护照料，并协助通知农村留守儿童父母立即返回或重新确定受委托监护人。属于失踪的，要按照儿童失踪快速查找机制及时开展调查。属于遭受家庭暴力的，要依法制止，必要时通知并协助民政部门将其安置到临时庇护场所、救助管理机构或福利机构实施保护；属于遭受其他不法侵害、意外伤害的，要依法制止侵害行为、实施保护；对于上述两种情形，要按照有关规定调查取证，协助其就医、鉴定伤情，为进一步采取干预措施、依法追究相关法律责任打下基础。公安机关要将相关情况及时通报乡镇人民政府（街道办事处）。

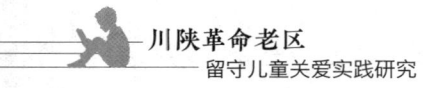

3. 健全评估帮扶机制

乡镇人民政府（街道办事处）接到公安机关通报后，要会同民政部门、公安机关在村（居）民委员会、中小学校、医疗机构以及亲属、社会工作专业服务机构的协助下，对农村留守儿童的安全处境、监护情况、身心健康状况等进行调查评估，排除风险隐患，做到发现、报告、转介、干预、帮扶工作有效衔接，有针对性地安排监护指导、医疗救治、心理疏导、行为矫治、法律服务、法律援助等专业服务。对生活困难农村留守儿童、残疾农村留守儿童、农村留守女童等重点对象，要随时跟踪掌握情况，及时实施救助保护。对于监护人家庭经济困难且符合有关社会救助、社会福利政策的，民政及其他社会救助部门要及时纳入保障范围。民政、教委、卫生计生、妇联等部门要牵头开展"爱在身边——关爱困境儿童关心失独家庭志愿行动"，解决困境儿童和失独家庭系列实际问题。

4. 强化监护干预机制

对实施家庭暴力、虐待或遗弃农村留守儿童的父母或受委托监护人，公安机关应当给予批评教育，必要时予以治安管理处罚，情节恶劣构成犯罪的，依法立案侦查。对于监护人将十六周岁以下农村留守儿童置于无人监管和照看状态导致其面临危险且经教育不改的，或者拒不履行监护职责六个月以上导致农村留守儿童生活无着的，或者实施家庭暴力、虐待或遗弃农村留守儿童导致其身心健康严重受损的，其近亲属、村（居）民委员会、民政部门等有关人员或者单位要依法向人民法院申请撤销监护人资格，另行指定监护人。

二、城口县关爱留守儿童典型案例与感人故事

（一）课程开发，基层学校积极行动——北屏小学彩叶画校本系列课程

北屏乡中心小学开发校本课程的初心源自本校学生的基本情况，北屏乡中心小学校长朱耀雄在介绍彩叶画校本系列课程时说："校内留守儿童数量占学生人数一半以上，为了让孩子们有一个丰富多彩的童年，帮助孩子们塑造积极健康的人格，结合自己的特点，决定将'彩叶画'作为我校的办学特色，打造多彩校园。"

北屏乡地处城口县大巴山脉，彩叶资源丰富，样式多彩各异，"彩叶画"的制作，可就地取材。通过常规的清洗、浸泡、软化、防虫、防腐、恒温烘干等手工处理后，一幅"绿色艺术"就完美呈现出来了。这制作工艺不仅环保，还可以让孩子们在手工制作过程中体验到艺术的魅力。

用剪刀将一张大片的叶子剪成树枝的条状，再将碎碎的叶子贴在上面，用笔勾画出山的形状，树枝左侧，一个勤劳的农夫挑着装满果实的篮子正准备回家……六年级一班的王丽娜同学正在创作自己的彩叶画。她在专心完成自己的作品时还兴奋地说道："这是我爸爸一天早上干完农活回家的景象，我把它做成'彩叶画'送给我爸爸。……我们

制作的彩叶画里,每一片叶子都来自大自然,制作的每一步都需要自己动手。"

彩叶画教学研究室陈瑾说:"孩子们在创作中,将自己的生活、想象的景象用画的方式呈现出来,既可培养孩子们的细心、耐心,也能提高他们的创新能力、审美情怀,让孩子们受教其中、美育其中、乐在其中,这就是我们的教育初心。"

该校以现有的专职美术教师为主力,再从每个年级抽调一名老师共同建立"彩叶画教学研究室",采用外派学习与内部培训相结合的方式,提升教师的教学能力;根据学校的办学思路,将彩叶画艺术与小学大纲相结合,研究编撰《北屏小学彩叶画校本系列课程》,进行学科整合,在每个学科中引入彩叶画教育智慧,让彩叶画的学习成为一个长期的不间断的课程,不断吸引学生的兴趣。同时,确定彩叶画教学"要贴近生活、要培养个性、要引导创新"三原则,开设固定课时教学,确保每个年级、每个班都能接受"彩叶画"专业辅导;构建"彩叶画"主题系列活动,集竞赛、展览、评比于一体,培养孩子们的创新意识和创造能力,点燃孩子们创造美的兴趣与热情。

(二)多方联手,公益项目按需"点单"

为进一步关心关爱留守儿童、贫困青少年,帮助他们健康成长,共青团城口县委在全县范围内,依托村(社区)便民服务中心、文化站等服务阵地,重点打造了12个示范性"青少年之家"。结合新时代文明实践工作,组织团员青年志愿者、西部计划志愿者等开展"小手拉大手"青年志愿服务、"共青团周末课堂""七彩假期"课业辅导、贫困青少年帮扶关爱等活动。这些公益项目、志愿服务有效改变了以前志愿者提供什么服务,村(社区)就接受什么服务的模式,而是根据所在村(社区)的工作重点和青少年的兴趣爱好和需求"点单"。

"全国示范农家书屋"着力文化扶贫、增强文化自信。城口县河鱼乡河鱼社区农家书屋在2018年从全市8000余个参评农家书屋中脱颖而出,荣获国家新闻出版广电总局颁发的"全国示范农家书屋"荣誉称号。自党中央实施"农家书屋工程"以来,城口县积极响应,从2008年开始,共建成农家书屋173个,2010年提前实现全覆盖全县所有行政村的目标。在此基础上,自2010年开始,县文化委继续坚持以先进文化引导人、塑造人、鼓舞人,坚持以书屋为载体,重点狠抓农家书屋的完善和全面提升工作。每年为全县农家书屋配送图书26万余元。截至2017年底,已累计投入资金200余万元,续配图书20余万册,续配光盘1万余张,有条件的村还配备了计算机等现代化设备。每年暑假期间,城口县各地根据实际情况,利用书屋的场地和设施开办了读书辅导班,组织本村中小学生读书、观看影片并辅导作业,还开展了"我的书屋,我的梦"为主题的农村少年儿童阅读实践及中小学生征文活动,让农村少年儿童度过一个书香相伴的快乐假期。这样既帮助了留守儿童的健康成长,避免了孩子荒废学业,又解除了外出务工村民的后顾之忧。

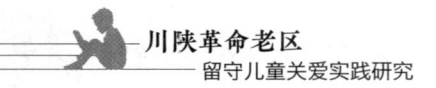

本章小结

　　本章节从留守儿童的现实处境出发，深入探究了重庆市城口县留守儿童关爱行动的各主体关系及关爱行动脉络，详细介绍了重庆市城口县的留守儿童关爱行动，并总结其特征。

　　依托重庆市城口县的留守儿童关爱行动，本章确定了如下的写作思路：首先，从自然和人文两个角度分析城口县留守儿童关爱行动的现实背景，总体简要分析该地区留守儿童问题存在的具体原因；其次，对该地区的留守儿童相关学术研究进行梳理，了解研究现状；再次，通过政府网站等平台的新闻报道、文件政策等梳理当地留守儿童关爱行动的行动脉络、发展历程，在发掘其本土特色的同时尝试总结出其行动路径和行动特点；最后，基于以上梳理总结出当地的经典案例与典型经验。

　　总的来说，本章的内容主要包括：

　　第一，从自然和人文两个方面分析重庆市城口县关爱留守儿童的现实处境和生成背景。因踞三省之门户名"城"、扼四方之咽喉称"口"而得其"城口"之名。从地理位置和地形地势上看，城口县地处边远地区、山大坡陡；从经济情况上来看，城口县经济体量弱小、农业发展零散、工业发展受限、商贸物流不畅；从教育文化发展方面看，城口县教育文化投入不足、人才匮乏、文化积淀不深、缺乏发展动能；从民众生活状况来看，群众普遍生活拮据、工作艰苦、为了维持生计只能背井离乡打工赚钱。如此种种内部局限性因素的影响加上缺乏外力支撑，导致城口县经济一直处于全市的弱势地位，是重庆短板中的短板，长期处于"在落后中发展，在发展中更加落后"的境地。

　　第二，由于重庆市城口县留守儿童相关研究相对较少，因此本研究在文献梳理上将范围扩大到重庆市，以期望从共性中反映个性。通过文献检索，整理与该地区留守儿童相关的研究，掌握重庆市留守儿童的研究现状。利用中国知网CNKI的可视化分析功能和 CiteSpace 文献可视化图谱软件对已选文献进行计量可视化分析，分别从指标分析、发文总体分析、资源类型分布情况、学科分布情况、研究主题五个方面对已有文献进行计量和综述。

　　第三，根据政府、学校、公益团体和爱心个人等关爱主体在网络上发布的新闻报道、文章、微博博文、公众号文章等，以时间为线索进行梳理分析，寻找其内在逻辑，找到该地区留守儿童关爱行动的发展特征，并根据发展特征将关爱路径分为不同的阶段。

　　第四，通过政府网站发布的新闻公告等以时间线为线索整理重庆市城口县的留守儿童关爱行动年表。并从关爱领域、关爱形式、具体的关爱行动几个维度来进行具体分析，以表格、饼状图的形式进行可视化呈现。通过分析发现城口县各主体都在发挥各自的优势来积极展开行动，其中县政府、党政机关在其中起着积极引领作用。从中也挖掘到很多具有乡土特色的典型经验，如北屏小学彩叶画校本系列课程、公益项目按需"点单"、农家书屋建设等,为其他区域的行动开展提供了有益借鉴。

参考文献:

[1] 城口县人民政府. 城口县第七次人口普查公报[EB/OL]. (2021－12－12) [2024－7－21]. http://www.cqck.gov.cn/zwgk_270/fdzdgknr/tjxx_55115/tjgb/202205/t20220513_10712923.html.

[2] 杨晓燕,吴晓川. 积极心理学视野下留守儿童心理健康调研报告[J]. 中小学心理健康教育,2011 (24):15－17.

[3] 程雪. 农村留守儿童情感教育的调查研究[D]. 重庆师范大学,2012.

[4] 梁林. 重庆滨江实验学校"12年一贯制学校情感教育课程建构与实施研究"中期报告[J]. 科学咨询(科技·管理),2015 (11):22－24.

[5] 宋义. 西部农村留守儿童身心健康可持续发展模式研究[D]. 西南大学,2012.

| 第七章 |

川陕革命老区关爱留守儿童的教育政策建议与举措

农村留守儿童面临的困境及状况不仅仅关系到一个小的家庭，还关系到整个社会的发展，政府必须做出努力，动员社会各界的力量，积极参与、共同关注他们健康成长。本章将站在资源整合的角度，探索政府和社会的公共服务职能，积极探索农村留守儿童关爱服务新方法，将关爱服务和救助保护结合起来，助力走出一条"政府主导、群团协同、学校配合、家庭尽责、社会参与"的新路子，共同营造关心呵护农村留守儿童的氛围。

第一节 党和政府是关爱留守儿童的中流砥柱

做好留守儿童工作，对于保障农村中小学生健康成长、促进社会文明和谐进步、推进全面建成小康社会和现代化建设，具有重要意义。解决好留守儿童问题，是贯彻落实科学发展观的重要任务，是社会主义和谐社会的必然要求，是实现社会主义现代化的内在需要，是人力资源强国的基础工程。各级党委政府，必须以高度的政治责任感看待留守儿童工作，以时不我待的紧迫感对待留守儿童工作，以求真务实的态度做好留守儿童工作（刘利民，2011）。

一、提高政治站位，明晰政府职能部门职责

"（伸大拇指）是'好'，弯一弯是'谢谢'。"冬日温暖的阳光里，习近平总书记向聋哑女孩儿王雅妮学习哑语，脸上挂着慈祥的笑容。

这暖心的一幕出现在2014年1月，习近平总书记来到内蒙古自治区呼和浩特市儿童福利院，看望在这里生活的孤残儿童。看到孩子们无忧无虑地学习和生活，习近平总书记感到很欣慰。他动情地说，对儿童特别是孤儿和残疾儿童，全社会都要有仁爱之心、关爱之情，共同努力使他们能够健康成长，感受到社会主义大家庭的温暖。

"感受到社会主义大家庭的温暖",这是习近平总书记对孤儿的关怀和牵挂,也为"幼有所育"指明了方向。民政部门牢记习近平总书记的殷切嘱托,不断完善儿童福利保障制度,推动儿童福利事业从"补缺型"向适度普惠发展。

党的十八大以来,党中央高度重视留守儿童福利和未成年人保护工作,明确要求各级党委和政府、全社会都要关心关爱留守儿童,为留守儿童茁壮成长创造有利条件。各级党委政府必须充分认识做好留守儿童工作的重要意义。关爱留守儿童是党与政府的中心工作之一,留守儿童社会关爱服务既是社会转型时期特殊的社会问题,也是留守儿童特殊群体权利保护问题,本质上属于社会公共事务管理,是政府的主要职责。各级党委政府,特别是基层政府组织,必须提高政治站位,充分认识做好留守儿童工作的重要价值与战略意义,增强责任感和紧迫感。因此,必须把留守儿童关爱与服务纳入社会公共管理范畴,并按照社会公共事务管理的要求,建立党委政府统筹协调、部门尽职尽责、社会各界广泛参与的工作机制,推进农村留守儿童工作全面协调发展。应把留守儿童工作作为一项民生工程、希望工程、德政工程来抓,纳入城乡经济总体规划,与实施《儿童发展纲要》相结合,加强领导,统筹兼顾,明确目标,制定措施,完善机制,切实解决留守儿童切身利益问题。

回顾留守儿童的关爱历史与关爱政策,可以清晰地认识到,唯有党委、政府充分发挥主导作用,留守儿童健康成长才能得到保障,留守儿童工作面貌才能焕然一新,留守儿童的健康成长才能得到较好保障。笔者在调查中发现,唯有党委、政府高度重视主导作用的发挥,全国培养照顾留守儿童才能如此声势浩大、细致深入、影响深远。例如2016年国务院印发《关于加强农村留守儿童关爱保护工作的意见》《关于加强困境儿童保障工作的意见》,一系列有针对性的政策安排和系统性的顶层制度设计相继出台。2016年4月,由民政部牵头、27个部门共同参与的农村留守儿童关爱保护工作部际联席会议制度建立,后调整为农村留守儿童关爱保护和困境儿童保障工作部际联席会议,统筹留守儿童关爱保护和困境儿童保障工作,加强政策衔接。2019年民政部会同相关部门印发《关于进一步健全农村留守儿童和困境儿童关爱服务体系的意见》,以未成年人救助保护机构和儿童福利机构为主要阵地、以儿童主任和儿童督导员为基层工作队伍、鼓励和引导社会力量广泛参与的工作体系稳步推进。截至2021年底,全国省、市、县三级人民政府全部建立了由党委、政府有关领导牵头的农村留守儿童关爱保护工作领导协调机制;全国共配备乡镇(街道)儿童督导员5.5万名,村(居)儿童主任66.7万名。农村留守儿童关爱保护和困境儿童保障工作能力不断加强。随着脱贫攻坚、推动返乡创业就业和一系列关爱保护政策的实施,留守儿童数量逐年下降。2016年民政部会同教育部、公安部对农村留守儿童开展了首次摸底排查,共有农村留守儿童902万人。到2021年底,农村留守儿童数量降至477万人。综上所述,在党与政府深度主导留守儿童的关爱实践下,关爱留守儿童的成果十分显著。

党与政府主导留守儿童关爱的领域,涉及四项内容:第一是针对农村地区留守儿童集中的学校,各级政府要加大寄宿制学校建设。另外,针对山区道路不便的某些教学点分散地区做好寄宿制学校建设和校车安全管理。笔者在调研中发现,寄宿制学校在促进留守儿童心理成长、社会支持、生活救助等多个方面均有一定的优势,各级政府应该通过科学规划与合理设计，加大财政支持改善寄宿制学校的食堂、浴室、文化体育设施、校车配备等方面的基础条件。同时，招收更多的公费师范生稳定山区教师队伍，特别要及时补充寄宿制学校的师资力量，针对留守儿童心理问题较多的现状，尤其是心理咨询教师与生涯规划教师，通过有效的心理咨询与心理救助，给予农村留守儿童更多的生活扶助与心理关怀。同时，当前寄宿制学校的建设与发展或多或少有些不足，还不能完全满足留守儿童的需求，各级政府还要进一步完善，饮食、住宿、教学设施、师资配备等多个方面尚存较多问题，且很多寄宿制学校属于民办学校，其办学资金来源易受较多外界因素影响，这也导致了县域内寄宿制学校的建设力度不如一些老牌的公立学校。第二是健全地方留守儿童教育保护的相关法规制度建设，政府应综合考虑地方留守儿童的留守背景因素，针对不同地区留守儿童差异以及自然环境不同，教育主管部门要细化留守儿童的基本信息，例如留守时间、留守类型、看护人类型、看护人受教育程度、父母回家频率等，同时要根据当地的实际情况并考虑留守儿童学校适应及其政府支持的现状及问题，整合各类社会资源设计可有效促进留守儿童学校适应与生活发展的制度体系。第三是运用新公共治理理论创新政府管理机制，统筹各方面资源，协调多方力量，建立精准的留守儿童成长档案，科学致力于实现留守儿童教育保护工作的个性化与人性化。科学准确的留守儿童基础资料与成长档案，不仅仅涉及政府教育行政部门，也需要学校、妇联、共青团、社区等部门或组织的配合，其关键在于基层学校和一线教师层面的具体落实。政府可尝试牵头建立留守儿童档案或成长记录卡，这在一定程度上有利于家庭、学校、社区及政府及时且全面地了解与分析留守儿童的学习轨迹与生活规律，以便各级中小学校能够针对留守儿童的学校适应现状及问题及时对症下药，如此一来，留守儿童的关爱保护及教育管理工作便更具科学化、个性化与人性化。第四是以便捷沟通与信息分享为关注点，由政府牵头，建立留守儿童学校适应状态的监测机制。基层政府要加强家庭、学校及社区与留守儿童的沟通与联系，用高效的方式实现留守儿童的有效监护。根据以往的经验，在建立留守儿童学校适应状态的监测机制方面，可通过开办亲情 QQ 热线、微信家长交流群等多种方式搭建家庭、学校及社区的高效联络平台。特别是各县乡镇可通过乡镇政府、民政所、计划生育服务中心等单位机构的协调运作，成立政府工作人员、留守儿童家长、社区工作人员、学校工作人员、留守儿童的村级或乡镇级交流群，推动家长与留守儿童的定期交流。

二、做好顶层设计，加强社会关爱服务主体间的联动协作

农村留守儿童工作联席会议制度是凝聚各方面力量的有效工作机制，是做好留守儿童社会关爱服务工作的重要组织保证。根据中央关爱留守儿童的有关精神，各级地方政府应该成立专门的留守儿童协调机构，一般而言，农村留守儿童工作联席会议应由同级党委、政府主要负责人牵头，各相关职能部门"一把手"任成员，切实提升其规格，充分利用社会主义政治体制的优势，以便于对区域内各社会关爱服务主体进行统筹、组织、协调、督促，组织领导各关爱主体在其职能范围内发挥优势积极开展关爱服务工作；按照以往的经验各级地方政府应切实担当起组织领导和议事协调职责，必须明确社

会关爱服务工作目标，防止形式主义盛行没有解决实际问题，必须详细制定社会关爱服务工作方案，科学细化政府相关职能部门的职责分工，在全面掌握当地留守儿童基本情况的基础上，科学深入分析农村留守儿童心理、生活、生存、成长中存在的突出问题与关键领域，制定出可以操作的具体的工作措施。一般而言，联席会议应该每年年初召开一次工作任务会议，根据新的情况与形势，在总结以往经验的基础上研究制定年度计划，安排部署工作任务；每年年末，政府有关部门要对年前的工作进行督导检查，对工作中出现的突出问题与形式主义，及时协调指导推进解决，形成层层传导压力抓落实的工作机制，各级政府组织要充分发挥各级农村留守儿童工作联席会议成员单位的作用，从宣传、教育、经费投入、权益维护等方面加大工作力度，使留守儿童工作组织领导到位、责任到位、措施到位、落实到位。

打破条块分割、部门分割的管理体制，系统地破解农村留守儿童、困境儿童之"困"，需要有大局意识全局意识。由于我国留守儿童众多，分布广泛，涉及的领域与内容非常多，是任何一个政府职能部门都无法独立承担的综合性系统工程，必须在党和政府的坚强领导下整合各类社会关爱资源以及渠道，每个部门要放弃狭隘的政绩观，在民主与集中制原则下合理分工细化各自的工作任务，逐步将政策、财力、人力、物力用在关爱留守儿童的刀刃上。同时政府有关部门要协调、调整留守儿童社会关爱服务政府系统与外部环境之间及内部纵向、横向各利益主体之间的利益分配及职责担当，特别是一些模糊性的问题，要提前做好有关工作，在具体操作中做到职责明确、全力协作、统筹推进，有效地提高社会关爱服务整体效能，以此推动关爱留守儿童的短期与长期目标。笔者在调研中发现，各级政府还需要根据关爱服务的战略目标要求，围绕特殊的留守儿童的特殊需求，对有关社会资源进行重新配置和统筹，努力寻求资源配置与留守儿童特殊需求的最佳结合点，确保各主体间关爱服务体系统一、高效、有序运行，取得整体大于局部相加的效果。在现实的操作层面与技术方面，县一级人民政府要及时向联席会议办公室上报关爱服务活动计划，将关爱服务参与人力资源状况、物力资源、财力资源等具体的意向上报，由联席会议办公室打破条块分割、部门分割的管理体制，统一梳理汇总统计，在整体掌握各职能部门关爱服务资源的基础上，以发挥各自优势及普惠每一个留守儿童为原则，根据不同留守儿童的需求，统筹投入社会关爱服务财力资源，实现人尽其才、物尽其用、财尽其力，避免社会关爱服务工作重复和"撞车"及"不平衡"现象发生，避免资源浪费，提升关爱服务的社会效果。

在我国的关爱领域，民政部门、司法部门与公安部门有非常好的关爱经验与运行模式。每年，民政部门都根据中国留守儿童的规模、分布以及特色，运用系统化的思路通过大数据系统，为中国农村的留守儿童建立信息化的关爱保护动态信息库。此系统以及机制能及时为家庭困难的农村留守儿童提供生活补助，指导救助管理机构、福利机构发挥农村留守儿童关爱保护和未成年人社会保护的关键作用。我国司法部门每年都要面向基层开展各种类型的法制宣传教育，强化政治意识，引导留守儿童父母自觉履行监护责任，同时强化强制报告主体的法律意识，法律服务工作者积极为合法权益受侵害的农村留守儿童及其家庭提供专业服务。公安部门要开展打击侵害农村留守儿童权益的各种违法犯罪行为，对虐待及暴力对待留守儿童的行为进行干预，配合教育部门指导和协助中小学校完善校园人防、物防、技防措施，加强校园周边治安整治，选派民警到学校开展法治和安全教育。在实际开展工作时，各级政府和各个职能部门首先要明确制度要求的自身职责，认真完成工作任务。

三、创新工作机制，构建多元主体参与的立体关爱服务网络

关爱留守儿童必须形成一张网，这是开展留守儿童关爱的重要举措。开展完善的留守儿童社会关爱服务的前提，是构建党委政府统一领导、各部门齐抓共管、上下贯通融合、左右协调协作、多维参与协作、立体互动助力的社会关爱服务工作网络。首先是在县级人民政府构建以党委政府为主导的协调指导网络，强化责任担当，充分认识留守儿童社会关爱服务的政治意义与工作性质，科学明确党委政府在留守儿童关爱服务中的主导责任与核心地位，同时整合系统内部的各种关爱资源，配齐配强相关的议事协调领导机构，切实承担起组织领导全市留守儿童社会关爱服务的职责，出台有关文件健全完善相关的体制机制，杜绝形式主义，确保社会关爱服务活动的效果。其次是下沉关爱点，精准关爱留守儿童，运用系统化的战略思维构建以职能部门为支点的社会关爱服务帮扶网，教育、民政、财政、卫生、公安、司法等政府职能部门都是留守儿童社会关爱服务工作联席会议成员单位，根据部门的工作内容以及其自身的职能在关爱服务工作中有相应的职责分工，因此，各职能部门要发挥各自职能优势，实施各具特色的农村留守儿童社会关爱服务措施，帮助扶持留守儿童健康快乐成长。再次是充分发挥乡村学校关爱留守儿童的主阵地作用，在教育局的顶层设计下构建以学校为重点的教育监护网，教育部门要结合《义务教育法》以及《未成年人保护法》等相关法规政策的贯彻落实，及时出台推进农村留守儿童平等接受义务教育的政策办法，特别是在解决留守儿童实际问题方面，要在制定地方义务教育发展规划时充分考虑农民工子女接受义务教育的权益。办好农村寄宿制学校，对建有留守儿童之家的学校应及时予以帮助、指导，协助学校开展丰富多彩、形式多样的活动。最后是根据乡土文化以及留守儿童的生活环境，因地制宜地构建以社区为依托的爱心联系网络，对孩子们而言，社区是留守儿童社会关爱服务的最基础的单位，从全国关爱留守儿童的典型经验来看，社区在留守儿童关爱服务实践中发挥着越来越重要的作用。各级政府组织应建立务工人员和留守儿童信息档案，做好随访与家访工作，同时根据有关的法律督促监护人切实发挥监护与教育义务，此外，针对留守儿童家庭结构破裂，各级社区组织应充分利用社区家庭服务中心的作用，不定期地及时走访联系留守儿童监护人，全面了解留守儿童各种需求，为留守儿童及家庭提供各种爱心服务。

同时，各级政府部门应该充分发挥共青团关爱留守儿童的堡垒作用，积极与妇联、民政部、公安机关以及村委会等多种社会爱心力量相结合，全面形成凝聚力、整合资源，设立监护留守儿童以及共同建立教育的体系，同时再加上必不可少的后续的辅导。教育主管部门特别是班主任要告诉留守儿童的家长，切实承担起教导孩子的责任，亲戚要配合家长进行监护，好心人要伸出援助之手。各级基层政府应该充分发挥自身优势，加大对农村留守儿童的保护力度，通过各类社会网络在全社会形成良好的社会环境，促

进留守儿童快速融入社会，充分结合各项社会力量，积极参与到关爱儿童的工作中去。

四、把钱用在刀刃上，加大关爱服务留守儿童经费保障力度

对于有限的留守儿童关爱与救助经费，要科学规划使用，不能浪费。留守儿童关爱工作涉及留守儿童的生活、教育、心理等诸多方面，这些服务属于长期发展项目，需要投入大量的人力和物力，更需要大量的资金保障。防城港市在各区、镇（街道）、村（社区）分别搭建了"未成年人保护中心""未成年人保护站""儿童之家"等留守儿童关爱服务平台，并向专业社会组织购买了留守儿童社会工作服务项目，这些工作都需要足够的经费保障。而经费的制约是当前许多关爱服务阵地利用率低、服务开展成效有限的重要原因。各地方政府应该强化农村留守儿童关爱服务的公共财政支持，健全资金保障机制。首先，政府要加大对农村寄宿制学校的财政支持力度，合理分担寄宿制学校新增寄宿成本。改善义务教育阶段学校的办学条件，尤其是农村寄宿制学校，健全学校基本生活设施，增加文化娱乐设施配备，为农村留守儿童创造良好的教育环境，并安排专项经费给予贫困留守儿童进行生活补贴。其次，在留守儿童关爱平台建设的过程中，政府应为学校、社区提供必要的运行经费。最后，专门用于购买留守儿童关爱服务专业社工项目的资金也要加大投入，在待遇上给予社工足够的经济报酬，吸引更多的社会组织开展关爱项目。

（1）加大社会关爱服务项目的实施力度。从各地留守儿童关爱服务实践来看，相关社会关爱服务项目的实施为留守儿童关爱服务注入了强大的资金支持，因此，地方政府应通过各种渠道加大社会关爱服务项目的实施力度。一是地方政府应围绕农村留守儿童民生需求，推出实事服务项目，将留守儿童教育培训、健康关爱、心理疏导、法律援助等项目纳入政府购买公共服务内容和指导目录，切实为经常化、持续性的社会关爱服务提供财力保障。二是应积极向国家、省上争取留守儿童社会关爱服务项目，争取农村薄弱学校改造、乡镇幼儿园建设、留守儿童之家、儿童快乐家园等关爱服务阵地建设项目，争取留守儿童所需的教学设施以及文体娱乐器材器具，争取将留守儿童关爱服务列入为民办实事范围，并确保项目所需要的地方政府配套资金的投入力度，切实推动项目顺利实施。三是应积极争取引进社会爱心企业及慈善机构在儿童医疗救助、营养支持、物资捐赠等方面的社会公益项目，并向留守儿童倾斜。

（2）加大对农村教育管理信息化的经费投入，有效提升政府管理成效。农村教育管理信息化的推进工作涉及教育信息化方式、理念、设备、平台等多个方面的更新，而且很大程度上需要地方政府对农村教育信息化的发展有针对性地进行经费投入，以便为大力推动校园网、信息化教学设备、教育信息化服务平台等方面的建设提供基础保障。地方政府、学校可加大对教育信息化服务平台的经费投入，可借助于大数据分析技术与网络信息统计平台，将留守儿童成长信息的更新工作交由教师具体负责与落实，并及时交由学校统一汇总与分析，以便更为科学且有效地把握留守儿童的成长规律。

五、进一步解放思想,出台优惠政策促进农民工返乡创业就业

留守儿童问题的根源在于家庭的离散,因此农村留守儿童关爱服务工作不仅仅需要关注留守儿童个体的生理及心理需求,更应该关注其家庭的离散状态,政府要把家庭回归视为关爱服务的切入点,建立针对留守儿童家庭的家庭政策。父母返乡能给留守儿童带来亲情抚慰,也增强了对儿童的安全监管力度,因此政府要创造有利的条件和社会资源,鼓励引导外出务工人员回乡创业,促进家庭经济发展,从而有效改善"儿童留守"的状态,从源头上减少留守儿童群体数量。动员、引导、鼓励外出务工人员回乡创业是山区经济社会发展的重要路径,进一步扶持外出农民工返乡创业,鼓励农民工创业带动就业。外出务工人员回乡投资创业,不仅可以享受相关税收优惠政策待遇,而且各类人才交流服务机构和公共职业介绍机构应开展创业培训,为回乡创业人员提供职业介绍和就业指导服务,增强回乡人员的创业能力,给予减免或补贴费用。对于回乡创业所要办理的落户、子女入学、办证、融资等事宜,相关部门应简化手续和流程,给予优先办理,提高返乡创业工作效率。在留守儿童的关爱服务中,政府的支持程度决定了社会资金的参与水平。

通过优惠政策的扶持和引导,将部分留守儿童关爱服务职能分流给社会力量,这不仅能够减少政府的财政压力,有助于社会保障程度的提高,同时可以有效减少留守儿童事件发生,及时回应困难留守儿童的特殊需要。地方政府应出台引进社会资本的优惠政策,并创新良好的投资环境,大力鼓励、支持私营企业、事业单位、民营资本参与到留守儿童社会关爱服务中来,采用民办公助、市场化运作等方式,创建留守儿童之家、留守儿童爱心服务站等留守儿童托管机构,弥补政府财政资金不足的困难,有效满足留守儿童的多元需求。

第二节　建立有川陕乡土特色的农村留守儿童关爱服务体系

一、国内外农村留守儿童教育经验的典型性分析

在调查过程中发现,各地实际上已经意识到留守儿童这个群体的特殊性,并对留守儿童问题的解决进行了相应的积极探索。这些深深根植于实践中的经验无疑对留守儿童教育问题最终妥善的解决提供了借鉴。

(1) 陕西省安康市石泉县教育模式。作为陕西省定点贫困县,安康市石泉县常年在外务工的人员约为3.9万人,占农业人口的22.66%。由于留守儿童数量占全县儿童人数的48.4%、分布广、困难多,从2006年开始石泉县就将解决留守儿童问题纳入政府工作运行、考评体系,初步建立了"党政统筹、部门联动、教育为主、家庭尽责、社会

参与、儿童为本"的"六位一体"留守儿童教育管护长效工作机制。建立全县留守儿童档案,在资金、设备和工作资源上向留守儿童集中的学校倾斜。根据留守儿童类型、年龄特征、身心发展规律,设置了四种管护形式,即"学校寄宿""校外监护""社区托管""教育管护"。学校开设心理教育课程,每学期6个学时。2007年6月开始,石泉县实行留守儿童代理家长制。全县范围内已经聘请代理家长2477名,基本覆盖了所有的留守儿童。与此同时,组织各类志愿者参与农村留守儿童教育过程以及城乡儿童结对互助等活动,引入多功能的人本关爱机制。通过采取一系列有效措施,基本实现了留守儿童"学业有教、安全有保、亲情有护、生活有帮、困难有助"的工作目标,逐步形成了"石泉模式",受到教育部和全国妇联的充分肯定并在全国推广。第一,由过去的社团组织向党政部门联动转变。县上设立了以县委书记、县长为组长,各单位负责人为成员,县教体局负责日常工作的专门机构,即"关爱农村留守儿童健康成长工作领导小组",落实县—部门—乡镇—学校四级工作责任体系。第二,安全保卫工作细致而全面,基本上涵盖了儿童学习、生活、成长三个方面,符合留守儿童健康成长管护的需要。第三,多渠道的社会支持。通过不断努力,逐步形成了全社会参与的多元化格局。通过代理家长制、志愿者服务制以及城乡互动制,将社会工作介入留守儿童教育,一方面针对留守儿童自身在教育中存在的问题进行有效干预与引导,另一方面对影响留守儿童教育的社会支持体系进行引导,发挥其预防、复原、发展、稳定等功能。第四,学校德育与心理健康教育有机结合。在教育过程中,将德育内容融入心理健康课,通过具体的教学活动,唤起学生的道德认同感,增强对学生的道德内化。第五,作为加强留守儿童心理健康教育工作的源头机制,建立相应的师资培训中心,分期分批地对教师、代理家长和志愿者队伍普及心理健康知识,传授处理解决一般心理问题的技能技巧,切实提高他们的专业水平和工作质量。

(2)陕西省渭南市龙背乡前进小学的做法。前进小学从2003年起对学校留守儿童开始登记造册,建立详细档案。从档案登记的情况看,共有27名留守儿童,其中完全留守儿童15名,半留守儿童12名。档案中,留守儿童的姓名、年龄、性别、出生年月、班级、家庭住址、家长姓名、务工去向、返家次数(年)、目前监护人的情况、联系电话等都有详细记录。在掌握详细资料的前提下,2009年校内校外双管齐下对这些儿童进行有针对性地帮扶。校内为这些儿童聘请了青龙乡原在文工团退休下来的王居正老师,丰富他们的课余精神生活。值得一提的是,由王老师作词作曲的《留守儿童之歌》唱出了留守儿童的心声,被传唱一时。校外,学校工作小组与前进村关心下一代工作委员会相互配合,在学校辖区8个村民小组设立了3个"留守儿童辅导中心",并指定3名教师主要负责留守儿童家庭作业的辅导工作。其中,田康和韩雪英为在职教师,程秋云为校退休教师。按照地域分布情况,1、2、3组的留守儿童在田老师家接受辅导,4、8组的留守儿童在韩老师家接受辅导,6、7组的留守儿童在程老师家接受辅导。每天下午6:00—7:00为辅导时间,由这三位老师给学生指导家庭作业,答疑解惑。此外,学校要求班主任每月对班上的留守儿童进行一次家访,以便及时了解他们的情况,关心这些远离父母的儿童。一是学校规模较小(136人),留守儿童数量不大(27人),再加上该村属于密集型村落,便于走访与帮助。二是学校重视。首先,制定了切实有效的管理措施,坚持责任细化。其次,校长本人的榜样作用。前进小学校长雷国强,有着20年教龄的老教师,家虽然在县城,每两周才回去一次,一次待一天就匆匆赶回。按照他的话说,"我得在这里看着,要不,总是不踏实"。三是教师负责。学校共有12名教师,课时量都很饱满。学校对留守儿童的规范性管理必然使得教师的职责扩张,带给教师的是劳动时间的延长,加之零报酬,这很大程度上需要教师的责任心支撑。而这种高度的责任心也很大程度上弥补了师资的不足,也就是说,对于小学阶段的留守儿童教育而言,师资条件本身不是决定因素,爱心和责任是最需要的条件。四是农村社区的大力协助。前进村党支部书记王银成一向对留守儿童问题关注有加,积极配合学校对留守儿童的管理措施,为学校创设了一个相当有利的环境。

(3)陕西省榆林市屈家庄小学的做法。2009年初,为提升全体市民科学文化素质和思想道德水平,提升人文内涵和城市文化品位,提升文化软实力和区域环境竞争力,榆林市开展了"书香榆林"活动。其根本目的就是加快社会全面进步和人的全面发展,塑造榆林气质,持之以恒打造"榆林精神"。榆林市屈家庄小学与社区合作,利用"农家书屋""农村社区阅览室"结合校图书室,开展"周周读书,人人学习"的活动,为学生开出书单,引导他们读名家经典,学校里5名住宿的留守儿童还组成读书小组,在老师的辅导下阅读,极大地丰富了他们的精神文化生活,消除了他们的失落感、孤独感。第一,创设文明和谐的人文环境。屈家庄历史上就是有名的文化村,村落中自发的优良文化传统加上"书香榆林"活动,不断优化的区域人文环境,发挥了其对留守儿童的正导向作用。第二,充分利用教育资源。教育资源不仅仅指师资力量、校舍建设、教学设备等,传统文化也是一种丰富的教育资源。读书活动中,加强国学宣讲,强化对传统文化的挖掘、体验和感悟,在此基础上将知识与儿童的日常生活联系起来,引导儿童尊重地方(乡土)知识和文化,这对改善农村教育资源的贫乏现状具有现实意义。第三,有意识地对儿童,尤其是留守儿童进行励志和自强教育。寓教于读书之中,引导儿童多看英雄传记,以他们为榜样,鼓励儿童在困难条件下,勇敢面对各种挑战,做社会认同的优秀儿童,很大程度上改善了留守儿童自哀自怨的情绪。

(4)四川省通江县留守儿童社会关爱服务借鉴。位于四川省东北部的通江县是国家级贫困县。面对其学龄阶段留守儿童占全县学生60%以上的现实,着力构建留守儿童社会关爱服务体系,政府专门成立由相关部门主要负责人为成员的工作领导小组,县委定期召开留守儿童关爱服务工作情况汇报及联席会议,及时协调解决工作中出现的具体困难和问题。从经济社会发展、创新社会管理及改善民生的高度,对留守儿童工作设置专门的考核指标,全面纳入年度政府绩效考核体系,及时督促检查,定期通报进度,对工作责任落实不到位的实行问责。将留守儿童关爱工作经费纳入政府财政预算,每年列支留守儿童工作经费300万元以上,并通过项目资金争取、部门支持帮扶、企业公益捐资及社会爱心援助等多种渠道筹集关爱服务资金,强化留守儿童工作经费保障。100%全覆盖建设留守儿童关爱阵地,致力于标准化建设,安装校讯通,设立亲子视频联系点,搭建留守儿童与父母亲子沟通交流的平台,配备专业的心理咨询、生活管护及医疗保健老师,并招募行政事业单位干部、学校老师、社会人员、"五老"人员等组成2万余名的"代理家长",为留守儿童开展辅导功课、照顾生活、疏导心理等志愿爱心服务。

举办家庭教育培训班，开设亲情大讲堂，提高留守儿童父母及监护人的家庭教育能力，强化家庭监护理念。利用红色教育基地和关爱服务阵地，广泛开展主题班会、扶贫助困、红色教育、自护教育及安全防范等主题实践活动，丰富留守儿童课余生活。同时充分利用舆论宣传网络，宣传留守儿童关爱服务政策，树立留守儿童先进典型，营造社会各界力量关注和支持留守儿童工作的关爱氛围。

（5）安徽省舒城县留守儿童社会关爱服务借鉴。地处安徽省中部的舒城县作为全国农村留守儿童服务体系试点之一，坚持党委政府主导推动农村留守儿童关爱服务模式创新，由县委牵头成立工作机构，制定留守儿童关爱服务工作意见，对成员单位的职责任务进行明确分工。完善健全相关的工作协作制度，推行实施将留守儿童政策措施、问题困难、生活学习、活动部署、经费开支等放在第一位优先倾斜考虑的管理机制。政府财政设立留守儿童关爱服务专项资金，通过以奖代补的方式，保障留守儿童关爱服务实践落到实处。县政府加大资金投入，依托民生工程实现了留守儿童之家等关爱服务阵地全覆盖的目标。充分利用双休日、节假日、放学后等留守儿童安全"真空"时间节点，组织爱心志愿者及关护人员举办各种文教娱乐及安全法制宣传活动，既丰富留守儿童的业余生活，也保障了留守儿童的安全。在留守儿童所在行政村实行留守儿童协管员制度，加强留守儿童自我防护和维权教育。充分发挥政府各职能部门的优势，延伸留守儿童社会关爱服务手臂，构建社会各界广泛参与的开放型关爱服务格局。定期总结交流关爱服务工作经验，培养留守儿童先进典型，开展"手拉手献爱心"等主题结对帮扶活动。聘请"爱心家长"开展志愿服务，进行健康义诊，强化济困助学服务。借助大众主流媒介宣传关爱服务工作成功案例，动员社会人士参与，采访报道爱心妈妈，开展印发致留守儿童家长的一封信、编印留守儿童关爱服务工作简报、印发关爱服务工作宣传页、留守儿童问卷调查、广播电视专题宣传等"五个一"宣传活动，对留守儿童关爱服务工作进行评先树优、表彰奖励，发挥典型示范引领作用，以点带面推进留守儿童社会关爱服务工作。

二、优化社会环境，形成关爱与服务社会共识

优化社会环境，形成关爱与服务社会共识。优化社会环境必须从"软环境"与"硬环境"两方面入手，双向优化、相互促进。

（1）大力鼓励社会各种力量参与留守儿童关爱体系建设。针对基层政府而言，政府的支持系统主要体现在制定各类留守儿童政策，同时给予立法保障、行为上的协调以及舆论宣传的行为。在关爱的基层一线，留守儿童关爱的群体支持系统则由农村学校、城区公办学校、各类非营利组织以及留守儿童学校等四部分组成。其中，当地政府以及留守儿童学校要在社会上营造关爱留守儿童的氛围，宣传好留守儿童有关的教育政策。针对留守儿童在学校外面受到的伤害而言，还要特别净化学校及周边环境，特别是一些网吧、游戏厅以及各类传销机构等。彻底禁止未成年人踏足网吧，对学校人员出入管理系统加以规范，杜绝社会流氓地痞以及闲杂人员到学校去搞破坏，给学生的健康成长营造一个良好的氛围。将各职能部门的重要作用发挥到最大限度。通过政府渠道广泛发动社

会力量，通过各种帮扶关爱留守儿童。如组织"爱心妈妈"与大学生志愿者等爱心群体同农村留守儿童结成对子，定期给农村留守儿童进行生活帮助、学习辅导以及心理辅助。将志愿者组织起来进入"留守儿童之家"进行志愿服务活动，聘请返乡大学生、大学生村官以及"五老"人员担任儿童管理员以及辅导员，定期对留守儿童进行思想道德教育和革命传统教育，为他们开展法律与安全知识讲座。借助于各种途径不断支持与鼓励企业进行爱心捐款，力求能提升非政府组织的援助力度。对新的媒体帮扶机制进行探索，采用"微公益"等新的网络渠道来对留守儿童的社会关爱平台进行创新，梳理助力儿童关爱工作的常态化与平民化，创新留守儿童关爱工作的新机制、新途径。动员全社会共同关心和关注农村留守儿童成长。

（2）提高志愿组织的责任感与专业性。应该加强发展志愿服务事业，为解决留守儿童问题提供一定的补充。在很多地区开展的关爱留守儿童活动中，志愿服务队伍逐渐引起大众的关注，但他们并没能成为解决留守儿童问题的中坚力量。要发挥好志愿服务的作用，就应该进一步加强志愿服务和关爱留守儿童工作的相关宣传，面向社会推出关爱农村留守儿童的志愿服务项目，使关爱农村留守儿童活动可以对社会各界人士发挥最大程度的吸引力与动员力。对社会各类资源加以整合，为关爱留守儿童事业的平稳快速健康发展提供有力的支撑。另外，还可以借助于非营利性的社会机构对推动设立关爱留守儿童基金进行研究，借助基金来设立稳固的关爱平台、不断开展行之有效的关爱活动，以此凝聚更多的社会关爱的目光、开展广泛的社会募捐活动。倘若有可能，可以把关爱留守儿童基金发展成为全国性的网络，此举能够吸引更多的社会爱心人士来帮助与关注留守儿童。与此同时，关爱留守儿童基金必须制定严格的章程，管理一丝不苟，要让基金的实际作用得到充分的发挥。政府可以对这些机构加大监管力度，确保其提供的服务规范达标，适应于农村留守儿童的实际需要与根本利益。

（3）营造关爱留守儿童的社会氛围。

三、发挥学校职能，构建完善校园服务网络

对于留守儿童而言，在学校支持方面，着重关注社交与学业，建设关怀型学校支持环境，借力行政支持、教师支持、同伴支持的协同推进，着力为留守儿童提供优质的学校支持服务，在一定程度上有利于促进留守儿童的学校适应。

（1）扩建农村寄宿制学校。经过实际走访问卷和调查研究发现，扩建农村寄宿制学校是解决农村留守儿童问题的最好方法之一，这样可以保证孩子的生活、学习等方面的要求。近些年来，依托"农村寄宿制学校建设工程"设立了很多的农村寄宿制学校，这从某种程度上让留守儿童的问题得到了缓解，但是笔者在调研中发现，个别学校仍存在一些不足：一是寄宿制学校标准较为统一，没有入乡随俗，特别是没有与当地文化与经济形成互利共赢的效果，不能助力于整个地区教育事业可持续发展的推动，因此它并非一个绝好的缓解留守儿童问题的措施。为了能够最大限度地缓解留守儿童问题，可以利用创建寄宿制学校的资金来设立一些比较高端的寄宿制学校。二是项目建设没有具体解决留守儿童的教育问题，它不是也不可能成为专门全面地解决留守儿童教育问题的一套

完整方案。针对以上问题，为了更好地建立农村寄宿制学校，由国家和地方政府共同负担相应资金，专款专用，指定专人来负责这部分资金的使用，确保寄宿制学校的宿舍、教室、食堂和公共设施配套齐全。

（2）加强心理健康课程建设。高度重视和加强对留守儿童的心理健康教育工作，学校可以在校内定期举办培训课程，聘请专业的心理教师对学生进行心理疏导，针对性地解决留守儿童的心理问题，缓解不良情绪，提升学生的心理健康水平。也可以设立专门的心理咨询室，为留守儿童免费提供心理咨询服务，或者在学校内部建立健康咨询体系，开设农村学校心理学课程，开展心理教育和心理咨询活动，为留守儿童的心理健康教育搭建起一个全新的平台，普及心理健康知识；配发专门的心理健康教育材料，聘请专门的心理健康教育教师，将心理健康教育的内容纳入所有教师培训课程，尤其是组织从事心理健康教育骨干教师的专业培训，以提高他们的专业理论和专业技能水平，为开展留守儿童的心理健康教育提供师资保障。设立心理咨询室；建立心理网站，对留守儿童进行心理辅导，或者成立网上心理咨询室，针对其生活中遇到的问题进行辅导，帮助留守儿童心理健康成长，及时发现、正确疏导、有效化解留守儿童出现的心理问题。

（3）建立留守儿童档案。通过建立留守儿童档案，结合联系卡制度及家访制，可以方便地让学校和教师及时了解留守儿童的具体情况，通过定期让其外出务工父母同临时监护人及时互通留守儿童信息，保持联系通畅，交换意见，定期进行座谈会，及时了解和掌握留守儿童的思想状况及学习动态，将留守儿童的相关个人情况、联系电话、家庭情况、临时监护人情况等都记录在册。在"留守儿童"成长档案中，可以定时或不定时地记录学生在校的健康情况、荣誉情况、成绩情况、评价情况等，便于学校及时与留守儿童家庭、亲邻、朋友沟通，也便于留守儿童家长、监护人和班主任更加了解留守儿童的思想、生活和学习情况，以便对其有针对性地因材施教、因时施教。特别是对学习困难、行为和性格异常的孩子，做好帮助引导工作，对因逃学、辍学而闲散的留守儿童进行定点寻访，帮助他们重返学校，从而可以对他们进行定点管护；学校的各种硬件设施必须保证到位，必须提供必要的体育娱乐场地和设施，进一步加强对留守儿童精神生活的关心关爱。发挥教师育人职能。对于没有家长在身边的学生，在学习教育和生活上给予关照。教师应随时做学生辅导工作，与他们交朋友。了解他们的家庭背景、人际关系、道德品质、人格特质、生活习惯、学习动机和态度等，并且有针对性地对他们开展教育，及时干预他们的反常行为，正确引导和进行相关心理辅导，给他们更多的心灵和精神上的关怀。留守儿童没有父母的束缚和管教，自我约束和自我控制相对较差，内心也会比较孤独，教师要付出更多的感情来弥补这些儿童的情感空缺，学校和教师应给予留守儿童更多的关注、鼓励和帮助。教育应该以爱为中心，教师应该与留守儿童成为朋友，多关心、爱护他们，要时刻关注他们的安全；尽可能帮助他们，细心观察他们的生活；指导他们的学习，积极解决生活中遇到的难题，帮助他们在班级大集体中充分发挥作用，缓解内心的苦闷和不良情绪，保持学习上的积极性，帮助他们形成乐观的生活态度，以填补其缺乏父母关爱的空白。对于留守儿童其自身的特征与需求，设立有针对性的教育管理措施，针对留守儿童的特点制定相关的管理方案；定期上门走访，定期举行座谈，就关爱管理留守儿童的经验教训进行互相沟通，就共同制定携手发展的教育措施进行交流;开展心理辅导,将心理咨询室设置在农村中小学里,为留守儿童提供心理咨询,也可以对学生的心理进行辅导,解答学生疑难问题。学校老师要给予留守儿童更多的关注和关怀,及时辅导,解决留守儿童在学习和生活中的困难。尤其是要注重留守儿童在心理辅导工作,学校应该邀请心理辅导老师到学校来为留守儿童进行心理辅导。通过及时掌握孩子的心理变化,并给予一定的指导和干预,让留守儿童切实感受到集体的温暖,提高他们的幸福感。

四、强化家庭责任,提升关爱自主能力

父母外出打工会对孩子造成诸多的不良影响,比如亲子之间的隔离,家庭结构的不完整,监护人监督的缺位等。这些问题已经发生,如果无法改变,当前最重要的就是构建留守儿童关爱服务体系。一是调整家庭架构,尽量从完全留守型向半留守型转变。笔者从实际走访中发现,对父母仅有一方外出打工的留守儿童,其基本生活还能够得到保证,心理状况也相对好一些。具体而言,就是尽量保证父母仅有一方外出打工,留下的一方在家里照顾孩子,这是一种有效的调整方法。父母尽量避免孩子在3岁前和青春期这两个阶段外出打工,即使不可避免要外出,也建议仅有一方外出,而且最好是父亲外出。母亲在儿童社会化的过程中,具有难以替代的角色意义。母亲留在家中照顾孩子,要多与孩子进行沟通和聊天,了解孩子的内心想法,发现问题就及时寻找办法解决。二是亲情补偿的方式,充分发挥家庭亲属网络的正功能。父母在难以履行监督职责的时候,要尽量通过电话、微信等方式与孩子进行沟通,加强情感交流,让孩子能够感受到父母的关爱。父母如果能够定期回家看望子女,则是更好的选择。最后要保持宽容的心态,更多地给予孩子心灵的慰藉。对于委托监护人来讲,要切实负起教育孩子的责任,通过与孩子构建良好的关系,进而对孩子的品性进行引导。同时,亲属还要充分发挥"缺席替代者"的作用,多给予留守儿童家庭关怀,努力为留守儿童创造出类似完整家庭结构的成长环境,从而弥补家庭关怀的缺失。父母一方外出时,如果能够有亲属充分替代父亲或母亲的角色,就能够很好地缓解缺失性问题,保证儿童的心理安全感。

尊重留守儿童心理需求,强化父母与孩子的情感联系。立法健全留守儿童监护。国家应按照《未成年人保护法》切实出台可行的实施细则或法规;并根据各地实际情况,因地制宜,进行地方立法和政府规章,出台具有很强操作性的实施细则或法规;也可以结合各地实际情况,强化父母对监护留守儿童的责任,在法律条款中明文规定父母和子女要保持联系、定期回家探望子女以及将子女接到身边等。加强对留守儿童家长的教育,要使留守儿童父母主动地履行教育子女的责任和义务,有针对性地解决留守儿童缺乏父母教育管理的问题。一是加大宣传、组织学习。通过公益广告、组织宣传队到农民工聚集的地方去宣传等方法,强化他们"父母是子女的第一监护人"的意识。二是在农村留守儿童地和城市农民工聚集地分别组织留守儿童父母免费学习,开展家庭知识教育培训,传授家长在异地教育孩子的策略方法,引导家长和留守儿童进行情感交流。拓宽亲子沟通新的渠道,由社会力量举办的各种活动提供留守儿童和他们的父母共同的话题,以活动为载体促进他们之间的情感交流。如组织家长、留守儿童之间的阅读活动,

通过书籍建立起他们之间情感的桥梁；例如组织部分儿童到城市探望父母，拉近彼此距离。三是开辟家庭和学校沟通的新途径。学校应积极探索与家庭联系互动的有效模式，努力促进留守儿童家长参与教育留守儿童工作的积极性。

五、整合社会力量，构建多元的社区关爱环境

（1）发动社会力量，形成关爱合力，拓宽公共服务思路。

做好新时期的留守儿童关爱服务工作，需要政府主导，更需要全社会的支持。根据需求层次理论，农村留守儿童不仅有着衣食住行等物质方面的需求，还有情感需求、安全需求等更深层次的需要，因此应不断拓宽公共服务思路，有效解决留守儿童深层次的需求。在这方面，社会组织可以充分发挥其优势，征集公共服务需求，优化公共服务的内容，促进公共服务能力持续提升。加强宣传引导，营造关爱工作浓厚氛围，利用报纸、广播等媒体，通过制作专题片等方式，广泛宣传留守儿童关爱服务活动。广泛向社会发放《关爱帮扶留守儿童倡议书》，宣传关爱留守儿童活动，动员社会各界爱心人士、志愿者等各方力量共同关注留守儿童的关爱服务工作。发动社会力量，开展扶贫救助活动，一是组织发动女企业家协会及社会爱心人士，为留守儿童捐赠生活及学习用品，募集善款帮扶贫困留守儿童。除了物质帮扶之外，也应发动社会力量帮助困境留守儿童圆梦，比如开展"戏曲、舞蹈进校园"活动，精心辅导留守儿童学习戏曲及舞蹈等，充实孩子们的业余生活。二是实施品牌联动，开展社会关爱服务行动。比如实施"蒲公英行动""爱心助学金"等公益助学项目，资助贫困留守儿童完成学业。发挥社会组织优势，积极推动建立健全公共服务需求征集机制，以便于及时收集、汇总公共服务需求信息，更加有效地开展关爱工作。鼓励爱心企业组织等社会各界力量通过政府购买服务等方式有效地提供留守儿童需要的关心帮扶服务，优化公共服务内容，扎实有效地开展关心和服务农村留守儿童工作。

（2）提升农村社区活力，塑造充满"感染力"的社区教育氛围。

提升农村社区活力，塑造充满"感染力"的社区教育氛围，这在一定程度上有利于从社区环境及氛围改善的角度为农村留守儿童的学校适应提供社区支持。农村社区因自身管理体系不健全、缺乏经济保障等多种因素很难为留守儿童学校适应提供很多的支持条件，社区居民也很难对社区发展及儿童保护保持长久的热度与积极性，如此一来，培育良好的社区教育氛围着实面临极大的现实阻碍。因此，提升农村社区活力、塑造充满"感染力"的社区教育氛围便成为农村留守儿童学校适应状态改善的社区支持关键路径之一。优化社区关系网络，以人际关系为重要载体，增强留守儿童的行为适应能力以及关系适应能力。农村社区不仅拥有大批的农村留守儿童，而且众多农村学校教师以及非留守的同学也生活在农村社区之中，师生关系及同伴关系在农村社区之中也有多种体现与功效。社区人际关系的优化不仅有利于形成良好的归属感、价值观，而且有利于规范留守儿童的行为表现。和谐的社区关系网络本身也是留守儿童学校适应的社区支持有效开展的基础。留守儿童社区支持与心理状况具有相关性，留守儿童若面临社区人际交往困境，则其心理状态易受到明显影响，孤独感、抑郁与焦虑等问题会在很大程度上影响

留守儿童的学校适应表现。可尝试联合社区政府、非政府组织及机构，借助传统节日及假期，开展留守儿童社区团圆活动及文体娱乐活动，拓展留守儿童的人际交往范围，以人际交往为载体，发挥先进及优秀儿童的行为示范作用，大力提升留守儿童学校适应能力。村委会、妇联、关工委、退休教师、老党员等多种治理参与主体可共商留守儿童的教育保护路径，相关治理参与主体可成立专门性的留守儿童工作小组，并着力于搭建留守儿童的社区保护机制。具体而言，可依托社区家访、社区居民活动、社区座谈会等多种形式了解留守儿童及其家庭的动态信息与实际需要，通过拓展多种渠道（例如希望工程、社会捐助）实现贫困留守儿童就学救助、留守儿童个体信息动态更新与反馈以及留守儿童个体成长的个性化支持，以便真正通过社区动态监管与预警推动留守儿童适应状态的有效改善。

后　记

为什么要研究山区的留守儿童？这是我许多朋友一直在问我的问题。同样，我也一直在问我自己。为什么这么执着研究这些孩子？我至今仍然没有答案，只有一些线索与思考。大约七年前，一个偶然的公益机会，我在秦岭大山深处为午多乡村儿童做公益讲座。讲座的内容非常简单，主要是勉励大山里的孩子们奋发图强，不要放弃梦想。我用自己与身边同学的求学经历以及国内外游学所见所闻，告诉山区的孩子们：外面的世界很精彩，读书能改变命运。演讲完，效果还不错，一线学校以及老百姓和孩子们非常喜欢。在讲座期间，我有机会直接接触到山区的大量孩子们。其中有两幕，我至今记忆深刻。每每回忆，我都会掉眼泪。

第一幕是这样的：一滴眼泪感动了我。与往常一样，我给全校的孩子们做完讲座，正准备离开学校，孩子们把我送到校门口，向我挥手告别。我准备骑上摩托车的时候，突然有个孩子离开同学们慢慢向我走来，他的头一直低着，走得非常慢，步子很犹豫，有时候又掉头向回走，但最终朝我走来。十多米的距离，他一直在艰难地走，顿时全场的气氛安静了，老师与同学们看着他，我也赶紧从摩托车上下来，等着他。当他来到我身边的时候，我耐心地等他说话，真诚地望着他，他却一言不发，满脸通红。这样的等待让人心急，他有什么问题要问我吗？他要说什么呢？他的同学也都在焦急地等他开口。突然他身后有位同学说：他内向得很，不会说话，口吃。听到此话之时，我什么都没有说，因为我知道内向口吃的孩子，不是不会说话，而是因为他缺少温暖。我一下紧紧地抱住了他，他感觉到了温暖，过了一会儿孩子放声大哭，他流着泪说了一句话："杨老师，你还会回来吗？"原来，孩子想留住我，不想让我离开。我的心一下子被感动了，大声告诉他："我会回来的。"我说出这句话时，我的眼眶也湿润了。慢慢地，我发现他身后的孩子们也在哭。这件事对我的触动非常大。当一个人被别人思念，这就是人间真情。我不舍地离开了他们，但我的心深深地留在了这片山区。这就是我出山之后放弃已成熟的研究，一头扎进陌生的留守儿童的世界的初心。

第二幕是这样的：一个微笑让我沉默了。那是一个上午，我给全校孩子们讲完课，想随孩子们在食堂吃午饭。每次到山区讲学，我都是背上书包，一个人往来，从来不需要接待，主要是想避开成年人的一些干扰，直接与孩子们在一起。那天的饭很好吃，有土豆烧牛肉。我猜测可能是为我准备的，孩子们象征性地有一点，我却有一大盘。当我坐下的时候，许多孩子却自觉坐在另外一桌，他们隔着桌子开心地与我交流着。我邀请他们过来一起吃，他们说，那是老师的桌子，他们不敢过来。当我放弃邀请，打算主动走到另外一桌与孩子们一起吃的时候，突然有两个孩子端着饭菜向我走过来。我看见这一幕，特别激动，终于有孩子明白了我的心意。两个孩子很阳光，一直朝我笑，我也朝着他们笑，他们来到我身边，一边一个坐下，他们开心地吃着饭，不时地抬头看着我，望着我笑。我非常开心，与他们说话，同时将自己盘子里的牛肉分享给他们。我问了几个问题，但是没有任何回应。我开始以为是自己声音小，当我多次重复时，另外一桌的小朋友悄悄说："杨老师，这两个人是傻子，是两兄弟，父母跑了，留在学校学习的。"我一下子震惊了，他们仍然望着我笑，我也望着他们笑，顿时整个食堂安静了，大家都在安静地看着他们吃饭。后来，我跑的山区学校越来越多，我发现在山区有不少这样被成年人遗弃的孩子们。他们生活在学校，却不被外界所知。这两个孩子的故事，我常常在我的课堂上讲，当我们走进大山做公益时，这些孩子是最需要帮助的人。

熊彼特有一句话，一直在激励我开展留守儿童研究。故事是这样的，熊彼特和德鲁克都是20世纪管理学大师级的人物，1950年的元旦，熊彼特即将离开人世，他最得意的学生德鲁克去看望恩师。熊彼特对自己的学生说，"我现在已经到了这样的年龄了，知道仅仅靠自己的书和理论而流芳百世是不够的，除非你能够改变人们的生活，否则就没有什么重大的意义。"这不仅是一个管理大师的忠告，更是一位老师对自己最得意的门生的嘱咐，是在他离开世界之前给自己学生讲的一句肺腑之言。8天以后，熊彼特去世了。这成为熊彼特在临终前给自己学生的一个遗训。是啊，一个学者的学术思想如果不接地气，不扎根在田野，如何真正改变异化教育的现状？如何有效影响儿童的生命成长啊？如果不与留守儿童成为知心朋友，如果两脚不沾上泥土，学者如果整天喊口号又整天搞些形式主义，怎么能写出对留守孩子们有用的心声呢？怎么能写出对党和国家有用的调研报告呢？这位大师的遗言一直在激励着我，让我甘于坐冷板凳，让我的留守儿童研究像熬稀饭一般，小火不紧不慢，走进留守儿童、倾听老百姓的心声以及他们对党与国家的期望。

正是这两个故事与一句话，7年来让我全身心投入到留守儿童的科学研究，田野考察与教育公益，持之以恒，久久为功。本书团队默默做了很多前期的基础工作，这些工作都为这本专著打下了良好的基础。(1) 五千多封革命老区孩子们的儿童书信。研究团队的专家们与大学生们，运用古老的儿童书信模式，持续7年与几十所山区小学几百位留守儿童保持密切的书信联系。通过研究留守儿童的书信，准确把握了革命老区乡村儿童的童音，收集到第一手真实的研究材料。(2) 申报并获批国家、省级与厅级等科研课题，并已开展了前期的基础理论研究。研究团队的专家们围绕革命老区的留守儿童申报了多项纵向科研课题，全部围绕留守儿童的心理健康、儿童权益保护、教育政策、精准扶志等领域，已经取得一定的理论成果。(3) 我们联合一线专家与行动者，向政府申请并获批四川省南充市的重点研究基地平台"革命老区留守儿童重点研究基地"。该基地已经多次赴大山区开展田野考察以及行动研究，受到乡村孩子与老百姓的喜欢。(4) 培育出一个原创的大学生公益组织"孔明灯心愿箱（Sky Lanterns of Box）"。研究团队的专家们指导大学生创新创业，历时多年，大学生几代相传，培育出一个原创的大学生创新创业特色项目：5年来多次大规模赴巴中通江与南江，开展的"励志小课堂""童话剧""儿童心愿仪式"等，受到老百姓的欢迎与当地政府的广泛报道。（5）已经与巴中通江团县委等政府部门签署多个正式的产学研横向科研协议。研究团队的专家们已经与通江县团委等部门签署了正式的产学研合作协议，协助当地政府开展留守儿童的相关工作，涉及的领域包括：乡村儿童救助与心理干预、乡村特色儿童绘本研发、红色革命精神传承等。（6）扎根大山区农户家，走进留守儿童的家庭，开展口述性研究。研究团队的专家们带领几十位研究生与大学生赴巴中通江县天兴村等地，多次入住农民家里，开展口述性研究、田野考察与乡村留守儿童治理研究，积累了上百万字的文字以及图片材料。（7）积极开展国内外的学术交流、科研合作建议。这就是本书编写成员能为山区孩子做的一点小事情，希望对他们有所帮助。

本书为融合出版，共十二章，其中纸质版部分共七章，数字版部分共五章。除纸质版部分外，数字版部分也是本书的重要组成，读者可以通过扫描本书二维码，进行相关阅读。本书纸质版部分各章分工如下：第一章为"绪论"，由西华师范大学杨川林，西华师范大学高雯静、钱文艺、邱豪撰写；第二章为"南充市关爱留守儿童的历史概述与经典案例"，由遂宁市河东新区河东实验小学徐鸿燕，阆中市木兰镇中心校梅雨童，西华师范大学杨川林撰写；第三章为"巴中市关爱留守儿童的历史概述与经典案例"，由成都市七中育才附属小学银杏分校（校区）钟惠，巴中市巴州区清江镇中兴小学蒲慧伶，西华师范大学杨川林撰写；第四章为"广元市关爱留守儿童的历史概述与经典案例"，由西华师范大学王琦、杨川林编写；第五章为"宝鸡市太白县、凤县关爱留守儿童的历史概述与经典案例"，由四川省广汉市宏华外国语学校赵镜巍，成都市温江区和盛小学校李林俊编写；第六章为"重庆市城口县关爱留守儿童的历史概述与经典案例"，由四川省广汉市宏华外国语学校赵镜巍，成都市温江区东大街第二小学校何书引编写；第七章为"川陕革命老区关爱留守儿童的教育政策建议与举措"，由西华师范大学杨川林、黎晨曦、范延婷、谢雨薇、吴雯鑫编写。最后由杨川林、周浩韵、王思源、罗碧月、范延婷、李倩等人定稿。本书数字版部分，各章分工如下：第一章为"绵阳市关爱留守儿童的历史概述与经典案例"，由南充科技职业学院康文迪，西华师范大学杨川林编写；第二章为"达州市关爱留守儿童的历史概述与经典案例"，由成都市高新区新川里幼儿园尹静，绵阳东辰国际学校小学二部罗婷编写；第三章为"陕西省汉中市关爱留守儿童的历史概述与经典案例"，由西安市第一保育院王彦淇，遂宁市船山区龙凤镇复桥小学校宋雨芮，西华师范大学杨川林编写；第四章为"陕西省安康市关爱留守儿童的历史概述与经典案例"，由南京师范大学方雨薇，遂宁大英县郪江外国语学校文加豪，西华师范大学杨川林编写；第五章为"陕西省商洛市关爱留守儿童的历史概述与经典案例"，由成都市第三幼儿园董星辰，西华师范大学高雯静，西华师范大学杨川林编写。最后由杨川林、周浩韵、王思源、罗碧月、范延婷、李倩等人定稿。

这本专著是川陕革命老区关爱留守儿童的基础文献书籍，历时五年完成，凝聚着团队的心血。我们在调研中发现，川陕革命老区各级人民政府、民间组织、爱心人士做了非常多的公益爱心行动，但是还没有一本全面介绍与总结川陕革命老区关爱留守儿童的

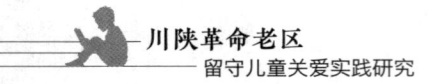

学术专著。本专著可以有效地弥补区域留守儿童研究的文献资料，同时也可以供后面研究川陕留守儿童的学者们参考。

  本书能够顺利地出版，是与四川大学出版社的大力支持分不开的，特别是责任编辑曾鑫等人为本书的出版做了大量的工作，付出了辛勤的劳动，在此，对他们表示衷心的感谢。同时，我由衷地感谢西华师范大学周开度老师、李雪平老师、吴吉惠老师、孔凡胜老师、康大寿老师、曾小梅老师以及付任老师等人，在本书构思、撰写与修改过程中给予我支持。同时，也感谢西华师范大学出版基金的资助，也要感谢西华师范大学学前与初等教育学院各位院领导与同事们的关心与帮助，他们给我创造了安心从事教学与科研工作的良好环境，才让我能够完成上述科研任务。最后感谢在书稿写作过程中提到的所有文献作者，是他们的研究工作为我们的研究开辟了道路，指明了方向。

  当然，由于能力有限，且涉及的资料实在太多，这本专著或多或少有不足的地方，恳请读者谅解与理解。

扫码阅读数字版

杨川林 于西华师范大学

2024 年 12 月 13 日